安徽财经大学服务地方经济社会发展系列研究报告 2018

安徽投资发展研究报告 2018

周泽炯　任志安　汤新云　等著

图书在版编目(CIP)数据

安徽投资发展研究报告 2018/周泽炯,任志安,汤新云等著.—合肥:合肥工业大学出版社,2018.6

(安徽财经大学服务安徽经济社会发展系列研究报告 2018)

ISBN 978-7-5650-4005-4

Ⅰ.①安… Ⅱ.①周…②任…③汤… Ⅲ.①投资—研究报告—安徽—2018 Ⅳ.①F832.754

中国版本图书馆 CIP 数据核字(2018)第 114112 号

安徽投资发展研究报告 2018

周泽炯 任志安 汤新云 等著　　责任编辑 陆向军 刘 露

出　版	合肥工业大学出版社	**版　次**	2018 年 6 月第 1 版
地　址	合肥市屯溪路 193 号	**印　次**	2018 年 6 月第 1 次印刷
邮　编	230009	**开　本**	710 毫米×1010 毫米 1/16
电　话	综合编辑部:0551-62903028	**印　张**	14
	市场营销部:0551-62903198	**字　数**	195 千字
网　址	www.hfutpress.com.cn	**印　刷**	合肥现代印务有限公司
E-mail	hfutpress@163.com	**发　行**	全国新华书店

ISBN 978-7-5650-4005-4　　定价: 39.00 元

安徽财经大学科研工作始终坚持立足安徽做学问、服务安徽出成果，特别重视立足地方和行业需求构建多层次智库平台。安徽经济发展研究院是安徽财经大学设立的研究安徽经济社会发展的专门机构，拥有安徽省人文社科重点研究基地、省级协同创新中心、省教育厅智库和安徽省重点智库四个省级科研平台。这些平台在优化资源配置、聚合科研力量，鼓励和引导教师围绕安徽省委省政府的重大发展战略选题，深入研究安徽经济社会发展中的重点、热点和难点问题，着力破解制约安徽地方经济社会发展的重大理论和现实问题，为建设特色鲜明的地方高水平财经大学提供了有益的智力支持，取得了较为丰硕的成果并积累了丰富的经验。安徽经济社会发展研究院努力实现在安徽经济发展方面的理论基础、政策研究与实践应用的紧密结合，把安徽经济社会发展研究院打造成为立足安徽、面向全国的财经智库。

安徽财经大学每年出版的服务安徽经济社会发展系列研究报告是由安徽经济社会发展研究院组织相关学院的专兼职研究人员编写的。我校 2006 年公开出版服务安徽经济社会发展的首部研究报告——《安徽经济发展报告》，2007 年《安徽省县域经济竞争力报告》发布，2010 年《安徽省贸易发展研究报告》出版，形成我校服务安徽经济社会发展的三大品牌报告。至 2018 年，年度研究报告增至 10 多部，主要包括：《安徽经济发展研究报告》《安徽县域经济竞争力报告》《安徽贸易发展研究报告》《安徽财政发展研究报告》《安徽投资发展研究报告》《安徽文化产业发展报告》《安徽城市发展研究报告》《安徽乡村振兴战略研究报告》《安徽农村普惠金融发展研究报告》《安徽劳动就业和社会保障发展研究报告》《安徽生态文明建设发展报告》《安徽养老服务发展报告》等。

服务安徽经济社会发展系列研究报告坚持稳定、控制数量，不断提升质量的指导思想，通过进入退出机制、激励机制、分级分类机制、合作机制、运行机制、评价机制和发布机制的改革，政策影响力和媒体影响力日益扩大。2016年，研究院成功入围中国智库索引首批来源智库，并获大学智库指数排名中普通高校第一名。根据《中国智库索引（CTTI）2017年发展报告》，我校进入大学智库指数Top50高校，其中安徽经济社会发展研究院排名第25位，安徽经济预警运行与战略协同创新中心排名第32位。

纵观这十多部研究报告可以看出，报告的组织者与撰写者都付出了辛勤的劳动和不懈的努力。当然，我们也清醒地认识到，报告也还存在这样或那样的缺点，与政府部门领导和社会各界对我们的希望还有相当大的差距，学校应当在智库建设方面做得更多、更好。我们坚信，只要坚持走下去，只要继续得到社会各界的关心和帮助，系列研究报告一定会越做越好！学校的智库建设也将结出更多的硕果！

安徽财经大学校长　丁忠明

2018年4月20日

目前，我国经济正处在转变发展方式、优化经济结构、转换增长动力的攻关期，充分发挥投资对经济发展的作用，仍然是实现经济高质量发展的关键。对于经济欠发达的安徽而言，扩大有效投资、优化投资结构和提升投资质量无疑是实现更高质量、更有效率、更加公平、更可持续的发展的重要手段和基本途径。本报告运用定性分析和定量分析相结合的研究方法，对安徽总体投资和主要部门投资情况进行详细分析，揭示2017年安徽投资发展的基本特征与存在的主要问题，提出对策建议，并对未来几年安徽投资发展进行合理预测，以期为政府部门的宏观调控和投资管理以及企业投资决策提供一些参考。

本报告主要研究内容如下：

一是宏观经济运行和投资形势分析。2017年，安徽经济保持平稳增长，稳中向好态势持续巩固；工业生产保持平稳较快发展，结构优化深度推进；服务业经济运行稳中向好，旅游业成为新的经济增长极；外贸增势平稳向好，结构优化效果显著，消费品市场平稳运行，消费升级步伐加快；居民收入增速平稳，城乡收入差距不断缩小。

二是现代农业投资分析。通过对现代农业投资分析发现，安徽财政对农业投资支出不断上升，农户的生产性固定资产支出不断增加，农业投资效率有所提高。但长期以来困扰农业投资的问题还没有解决，如投资系统划分不合理、投资决策机制不合理、激励保障机制不健全和融资机制滞后等。

三是工业投资分析。通过对安徽工业投资分析发现，安徽工业投资总体平稳，投资结构不断优化，项目带动效应日趋明显。但安徽工业投资还存在如下问题：工业投资占比及增速低，工业投资效率有待提高，工业投资的结构性矛盾突出，部分高耗能产业投资居高不下、各市投资差距进一步拉大等。针对这些问题，提出相应的对策建议。

四是房地产投资分析。通过对安徽房地产投资分析发现，安徽房地产开发投资规模不断扩大，房企开发投资企业资金情况向好，不同用途的房地产开发企业完成投资情况良好。但房地产投资增速波动明显，不同地区的房地产投资分化明显，房地产投资结构有待改善，经济适用房投入建设不足，中小型房企自有资金不足，房地产投资风险较大。

五是电子信息产业投资分析。2017 年，安徽信息制造业固定资产投资增长迅速，规模、增速位于中部省份第一，但主营业务收入水平偏低，在中部省份排在第三位，位于河南、江西之后。电子信息制造业投资增速虽然大幅回升，但宏观经济不确定因素较大，一定程度影响企业投资意愿。信息服务业的固定资产投资均快速增长，各地信息服务业固定资产投资差异明显，区域发展不平衡特征仍然突出。针对安徽电子信息产业投资存在的问题，笔者提出相应对策建议。

六是科研与技术服务业投资分析。2017 年，安徽推进科技服务业投资，在科技创新政策支撑体系、重大创新工程建设、创新平台载体建设、科技成果研发转化、区域创新协调发展和科技创新改革试验等方面做了大量的工作。财政支出力度加大，登记科技投资成果不断涌现，产品检测及其标准逐步建立，专利申请授权显著增多，技术合同交易比较频繁，高新技术产业投资规模扩大。

七是教育文化产业投资分析。通过对安徽教育文化产业分析发现，安徽教育事业发展迅速，投资规模不断扩大，投资结构更加完善，投资渠道逐步拓宽。但教育经费占财政支出比重仍然较低，投资结构与东部地区相比还存在一定的差距，专业性人力资本投资不足，教育经费使用效率不高。

本报告是集体智慧的结晶，主要撰写人是周泽炯教授、任志安教授、汤新云博士、李勇刚博士和叶安宁博士。研究生陆苗苗、黄振英、刘士栋、谢云飞、刘柏阳、朱康凤、王鸽、袁慧等也做了大量优秀的助研工作。

本报告在撰写过程中，得到了安徽财经大学和安徽经济社会发展研究院领导的大力支持和帮助，参阅了大量文献并借鉴吸收了一些作者的新观点。对于各方的支持和帮助，在此一并深表感谢。由于时间仓促和水平有限，本报告可能存在一些不足之处，恳求读者提出宝贵的意见和建议。

周泽炯　任志安　汤新云

2018 年 5 月

MU LU 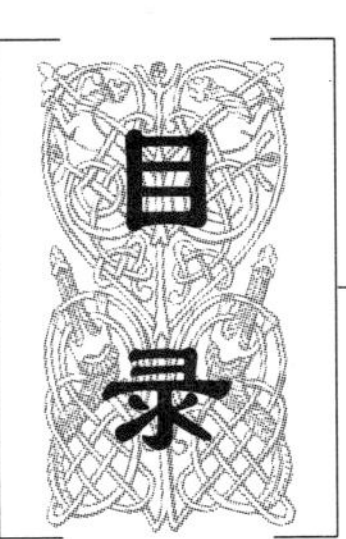

第一章 安徽宏观经济运行和总体投资分析

2017 年，在省委省政府的坚强领导下，全省上下坚持学习党的十九大精神以及习近平总书记视察安徽重要讲话精神，围绕加快实施“五大发展行动”，践行新发展理念，深入推进供给侧结构性改革，构建技术和产业、平台和企业、金融和资本、制度和政策四大创新支撑体系建设，实现了经济稳中有进、稳中向好的目标。2017 年，全省固定资产投资总体保持平稳增长，投资结构持续优化，投资质量不断提高，发展动力增强，但是固定资产投资结构仍需优化，南北投资差距有待缩小，民间投资回落明显。本章对安徽宏观经济运行和总体投资的基本情况、呈现的特点与存在的主要问题进行分析，并提出政策建议。

第一节 安徽宏观经济运行分析

2017 年，安徽经济运行实现稳中有进、稳中向好的目标，结构优化深度推进，各项主要经济指标稳步增长，工业增长加快，企业效益得到进一步改善，服务行业、高新技术产业和战略性新兴产业成为经济增长的新动力。

一、经济保持平稳增长，稳中向好态势持续巩固

2017 年，安徽经济运行平稳，经济增速符合预期，主要经济指标稳步增长，推进经济结构深度优化。经济运行质量提高、民生改善、经济发展活力的良好格局得到进一步巩固，经济总体运行继续保持着稳中向好态势。全省实现地区生产总值 27518.7 亿元，按可比价格计算，比上年同期增长 8.5%，增幅比全国高 1.6 个百分点，居全国第

6。其中，第一产业增加值2611.7亿元，增长4%；第二产业增加值13486.6亿元，增长8.6%；第三产业增加值11420.4亿元，增长9.7%。产业结构不断优化，一、二、三次产业比例为9.5：49：41.5。

2017年，安徽城镇常住居民人均可支配收入为31640元，增长8.5%；农村常住居民人均可支配收入为12758元，增长8.9%。城镇新增就业68.2万人，比去年同期增加1.4万人，完成年度目标任务的113.7%。居民消费价格同比上涨1.2%，涨幅低于全国平均水平0.4个百分点，比年度控制目标低1.8个百分点。财政民生支出5274亿元，占全部财政支出的85%，比上年提高1.2个百分点。社会消费品零售总额达到11192.6亿元，比上年增长11.9%，增幅比全国高1.7个百分点，居全国第9位。

全省主要宏观经济指标在中部六省的排名靠前，房地产投资、财政收入和进出口总额居中部六省第2位。房地产投资5612.5亿元，比第1位河南少1477.7亿元，比末位山西高4446.2亿元，是山西房地产投资的4.8倍。全省财政收入比湖北少583亿元，两省财政收入差额较上年减少3%。全省城镇居民人均可支配收入和出口额居中部第3位。可见，与其他五省相比，安徽总体经济发展较为平稳健康。具体数据详见表1-1、表1-2和表1-3所列。

表1-1 2017年安徽三次产业指标

指标	绝对量（亿元）	比上年增长（%）
地区生产总值	27518.7	8.5
第一产业	2611.7	4.0
第二产业	13486.6	8.6
第三产业	11420.4	9.7

数据来源：根据安徽省统计局网站和国家统计局网站相关数据整理。

表1-2 2017年安徽主要经济发展指标

主要指标	指标数值	比上年同期增长（%）
GDP（亿元）	27518.7	8.5

（续表）

主要指标	指标数值	比上年同期增长（%）
固定资产投资（亿元）	28816.4	11.0
房地产投资（亿元）	5612.5	21.9
社会消费品零售总额（亿元）	11192.6	11.9
进出口总额（亿元）	3631.6	23.7
出口额（亿元）	2065.2	9.8
城镇居民人均可支配收入（元）	31640.0	8.5
农村居民人均可支配收入（元）	12758.0	8.9

数据来源：根据安徽省统计局网站和国家统计局网站相关数据整理。

表 1-3　2017 年中部六省主要经济发展指标总量与安徽排名

主要指标	山　西	安　徽	江　西	河　南	湖　北	湖　南	安徽排名
GDP（亿元）	14973.5	27518.7	20818.5	44988.2	36523.0	34590.6	4
固定资产投资（亿元）	5722.2	28816.4	21770.4	43890.4	31872.6	31328.1	4
房地产投资（亿元）	1166.3	5612.5	2014.0	7090.2	4574.9	3426.1	2
社会消费品零售总额（亿元）	6918.1	11192.6	7448.1	19667	17394.1	14854.87	4
财政收入（亿元）	1866.79	4858.0	3447.4	5238.35	5441.0	4565.69	3
进出口总额（亿元）	1161.9	3631.6	3020.0	5232.8	3134.3	2434.6	2
出口额（亿元）	690.3	2065.2	2222.6	3171.8	2064.1	1565.8	3
城镇居民可支配收入（元）	29132.0	31640.0	31198.0	29558.0	31889.0	33948.0	3
农村居民人均纯收入（元）	10788.0	12758.0	13242.0	12719.0	13812.0	12936.0	4

数据来源：根据六省统计局网站和国家统计局网站相关数据整。

二、工业生产保持平稳较快发展，结构优化深度推进

2017 年，全省规模以上工业生产增速超预期，企业运行质量和效益不断提升，效益增长较快，工业结构深度优化，企业规模不断扩大，新动能加速成长，企业运行质态进一步提高，工业经济发展继续保持着良好格局。

(一)规模以上工业生产增速超预期,企业效益增长较快

全省规模以上工业增加值10988.5亿元,同比增长9%,比全国高2.4个百分点,居全国第6、中部第2名,为近三年最高水平。

分经济类型来看,国有企业累计值达到295.7亿元,比上年同期增长11.8%,比规模以上工业增加值增速高2.8个百分点;集体经济增加值15.6亿元,同比下降11.5%;股份合作企业增加值4.0亿元,同比增长4.1%;股份制企业累计值达到9204.8亿元,比上年同期增长9.1%;外商及港澳台商投资企业累计值达到1341.2亿元,比上年同期增长8.5%;大中型工业企业累计值为5697.9亿元,比上年同期增长9.0%;其他经济类型企业增加值124.0亿元,同比增长1.4%,详见表1-4所列。

分三大门类看,安徽工业的三大门类主要是指采矿业、制造业和电力、热力、燃气及水生产和供应业,2017年三大门类全面增长。其中,采矿业增加值增加0.5%,制造业增长9.5%,电力、热力、燃气及水生产和供应业增长9.2%。

分地区来看,合肥和芜湖规模以上工业累计值较为突出,分别居全省第1和第2位,其中,合肥规模以上工业累计值为2482.4亿元,比上年同期增长9.4%;芜湖规模以上工业累计值为1611.7亿元,比上年同期增长9.0%。合肥作为安徽的省会,具有较好的投资环境,人才和技术优势得到强化,先后出台多项政策支持工业发展,工业得到优先发展。而芜湖交通便利,大型交通项目增多,投资力度加大,交通运输业促进芜湖工业经济快速发展。阜阳规模以上工业累计值585亿元,同比增长10.3%,规模以上工业增速保持领先,快于全省规模以上工业1.3个百分点,见表1-5所列。

表1-4 2017年安徽不同经济类型规模以上工业企业增加值和增速

指　标	累计值(亿元)	比上年同期增长(%)
规模以上工业增加值	10988.5	9.0
国有企业	295.7	11.8
集体企业	15.6	-11.5

（续表）

指　标	累计值（亿元）	比上年同期增长（%）
股份合作企业	4.0	4.1
股份制企业	9204.8	9.1
外商及港澳台投资企业	1341.2	8.5
大中型工业企业	5697.9	9.0
其他经济类型企业	124.0	1.4

数据来源：根据安徽省统计局网站相关数据整理。

表 1-5　2017 年安徽部分城市规模以上工业累计值与利润

市　名	规模以上工业累计值（亿元）	比上年同期增长（%）	市　名	利润（亿元）	比上年同期增长（%）
全　省	10988.5	9	全　省	2285.3	19.7
合　肥	2482.4	9.4	淮　北	100.6	44.3
芜　湖	1611.7	9	亳　州	77.7	28.2
安　庆	732.5	9.2	宿　州	84	22
蚌　埠	689.2	9.8	阜　阳	104	17.9
马鞍山	677.9	8	滁　州	254	11.7
淮　南	364.6	7.3	马鞍山	205.4	29.11
滁　州	676	9.9	芜　湖	296.33	3.2
六　安	384.1	8.4	宣　城	105	15
铜　陵	593.6	8.9	池　州	40	22.8
黄　山	146.4	10.3	安　庆	361.2	15.2
阜　阳	585	10.3	六　安	68.8	16.7

数据来源：根据国家统计局、各市统计局和安徽省统计局网站相关数据整理。

2017 年，全省规模以上工业企业实现利润总额 2285.3 亿元，同比增长 19.7%。规模以上工业企业主营业务的利润率为 5.26%，比上年提高 0.31 个百分点。

从各类经济企业效益来看，国有控股企业利润总额 493.7 亿元，同比增长 68.6%，比集体控股企业和私人控股企业利润增速分别高 59.3 和 57.6 个百分点；国有控股企业新增利润 200.9 亿元，占全部新增利润的53.5%，比上年提高1.1个百分点，上拉全省规模以上工业增速10.5个百分点。

从三大门类企业效益来看，全省规模以上工业企业中，制造业实现利润总额2099.4亿元，制造业利润同比增长19.8%，比2016年提高8.7个百分点。制造业新增利润346.4亿元，占全部新增利润的92.1%，比去年提高8.1个百分点，上拉全省规模以上工业利润增速18.1个百分点。其中，装备制造业和高技术制造业利润分别新增94.3亿元和60.1亿元，增长12.2%和29.5%，占全部新增利润的25.1%和16%。装备制造业和高技术制造业利润较上年分别提高7个和21.4个百分点。电力热力生产和供应业等15个行业利润超50亿元，合计实现利润1829.3亿元，增长21.1%，利润额占全部规模以上工业的80%。

从地区企业效益来看，马鞍山、滁州、合肥、淮北、铜陵的规模以上工业企业新增利润居全省前列，分别为82.9亿元、75.7亿元、32.5亿元、30.9亿元、26.0亿元，分别占全省规模以上工业企业新增利润的22%、20.1%、8.6%、8.2%、6.9%，五市合计上拉全省规模以上工业利润增速13个百分点。淮北市利润总额为100.6亿元，同比增长44.3%，增速居全省第1位，比全省利润增速高24.6个百分点。淮北市大中型工业企业经营状况不断向好，企业效益不断改善，大中型工业企业是拉动全市工业经济发展的主要力量。其中，大中型工业企业实现利润57.6亿元，占全市规模以上工业利润的比重由上年同期的41.7%上升到57.3%，同比增长98.1%，对全市规模以上工业利润增长的贡献率为92.4%，拉动全市规模以上工业利润增长40.9个百分点。

（二）工业结构优化深度推进，企业规模不断扩大

为主动适应和引领经济发展新常态，安徽加快推进供给侧结构性改革，全省规模以上企业生产经营状况总体稳定的同时，工业结构继续优化，优化深度推进。同时，安徽出台了稳定发展规模以上工业企业的政策，大力实施制造强省建设，积极推动企业上规模、上台阶，有力促进了全省工业经济的发展。

在40个工业大类行业中，有16个行业的增速超过全省平均水平，有34个行业的增加值保持增长。其中，石油加工、电子信息和仪器仪表制造等三个行业增加值分别增长45%、20.9%和20.8%，三个行业增速领先，比全部工业增速高36个、11.9个和11.8个百分点。随着重点产业规模快速扩大，在工业体系中的比重越来越大，电子信息工业总产值占全部工业的比重为6.8%，比上年高3.5个百分点。战略性新兴产业总产值占全部工业比重为47.3%，比去年提高6.2个百分点，高新技术产业总产值占全部工业比重为63%，比去年提高2.1个百分点。

2017年末，全省规模以上企业数达20449户，较2016年净增1067户，净增数居全国第3位。全年新增2252户企业，实现工业增加值占全省规模以上工业的3.4%，对全省工业增长的贡献率达22.4%。新增产值超千亿元企业1户；全年产值超百亿元企业34户，比2016年净增2户，企业规模的连续上台阶，引领安徽工业持续走稳。

（三）战略性新兴产业加速成长，高新技术产业稳定增长

2017年，全省战略性新兴产业增加值12335.8亿元，比上年同期增长21.4%。其中，太阳能电池产量增长38.9%，新能源产业增长21.3%，新能源汽车增长27.9%，生物产业增长18.5%，光纤和光缆分别增长34.3%和58.2%，新材料增长26.1%。

2017年，全省规模以上高新技术产业产值21936.4亿元，规模以上高新技术产业增加值4700.9亿元，规模以上高新技术产业产值同期增长20.4%，增加值增长14.8%，增加值增速比规模以上工业高5.8个百分点。

高新技术产业增加值占全省规模以上工业增加值的比重为40.2%，比2016年提高0.4个百分点。全省规模以上高新技术产业对全省规模以上工业增加值增长的贡献率为63.5%。高新技术产业中，电子信息和家用电器产业增加值比2016年增长14%；汽车和装备制造产业增加值、材料和新材料产业增加值、轻工纺织产业增加值比2016年增长10.2%、19.8%、28.2%。全省共有高新技术企业4310家，高新技术企业实现产值9221亿元，其中，营业总收入亿元以上的

高新技术企业1138家，十亿元以上的156家，百亿元以上的8家。全省高新技术企业申请专利共计47736项，授权专利共计23562项。全省拥有20家高新技术产业开发区，其中国家级5家；各类高新技术产业基地49家，其中国家级24家。近年来，安徽规模以上高新技术产业保持稳定增长，2017年产值是2010年的3.7倍，增加值是2010年的2.9倍。具体数据详见表1-6和表1-7所列。

表1-6 2011—2017年安徽战略性新兴产业产值

指标＼年份	2011	2012	2013	2014	2015	2016	2017
总产值（亿元）	4132.1	5094.1	6863.4	8378.9	8921.5	10161.3	12335.8
高端装备制造产业（亿元）	1066.6	1345.2	1887.4	2163.2	928.0	1224.9	1403.7
节能环保产业（亿元）	229.4	325.7	520.6	605.3	1623.3	1560.2	1917.5
生物产业（亿元）	591.6	695.9	842.3	943.9	1002.3	1142.3	1353.6
新材料产业（亿元）	889.9	1017.4	1404.8	1724.5	2064.5	2340.6	2951.5
新能源产业（亿元）	290.1	311.6	355.4	482.9	641.2	766.5	929.8
新能源汽车产业（亿元）	5.2	17.2	34.0	47.9	368.6	513.6	646.6
新一代信息技术产业（亿元）	1017.7	1323.3	1743.5	2323.6	2293.5	2613.2	3135.8

数据来源：根据安徽省统计局网站相关数据整理。

表1-7 2010—2017年安徽规模以上高新技术产业产值、增加值及相关增速

年份	产值（亿元）	产值增速（%）	增加值（亿元）	增加值增速（%）
2010	5968.0	47.0	1623.0	27.4
2011	8330.3	46.5	2142.7	24.6
2012	10255.0	16.0	2624.1	16.5
2013	12053.1	16.7	3013.2	15.7
2014	13521.5	13.8	3361.7	13.6
2015	15313.8	11.8	3680.8	11.8
2016	18219.6	19.0	4094.9	11.3
2017	21936.4	20.4	4700.9	14.8

数据来源：根据安徽省统计局网站相关数据整理。

三、服务业经济运行稳中向好，旅游业成为新的经济增长极

2017年，随着供给侧结构性改革进一步深化，安徽服务业保持稳

中向好的发展态势。其中，生产性服务业平稳增长，信息技术和软件业发展较快，物流业整体运行平稳，旅游经济稳中快进，旅游业投资增速加快，推动经济向高质量发展方向迈进。

（一）服务业稳中向好，生产性服务业平稳增长

2017年，全省服务业实现增加值11420.4亿元，同比增长9.7%，高于GDP增速1.2个百分点，增速比第一产业和第二产业增速分别高5.7个和1.1个百分点。服务业增加值占生产总值的41.5%，比上年回落7.7个百分点。全省社会消费品零售总额为11192.6亿元，增速居全国第6、中部第2位。全年新登记各类市场主体70.4万户，增长17.1%，其中新登记注册企业23.2万户，增长21.9%；净增规模以上工业企业1067户、规模以上服务业企业385户。

从生产性服务业来看，全年旅客运输量6.9亿人，货物运输量40.3亿吨，增长10%。货物运输周转量11414.5亿吨，增长4.9%。全省民航机场旅客吞吐量1141.7万人次，增长25.1%，其中合肥新桥机场旅客吞吐量914.7万人次，增长23.7%。全年电信业务总量832.3亿元，比上年增长70.5%；年末本地固定电话用户551.4万户，比上年减少62.5万户；移动电话用户4999.4万户，增加572.9万户。每百人拥有电话（含移动）89.6部，增加7.6部。年末基础电信运营企业计算机互联网宽带接入用户1323.7万户，增加248.6万户。邮政业务总量83.05亿元，增长54%。2017年安徽服务业各类指标和增速见表1-8所列。

表1-8 2017年安徽服务业各类指标和增速

	指标数值	同比增长（%）
服务业增加值（亿元）	11420.4	9.7
新登记各类市场主体（万户）	70.4	17.1
新登记注册企业（万户）	23.2	21.9
货物运输量（亿吨）	40.3	10
货物运输周转量（亿吨）	11414.5	4.9
民航机场旅客吞吐量（万人次）	1141.7	25.1

（续表）

	指标数值	同比增长（%）
电信业务总量（亿元）	832.3	70.5
邮政业务总量（亿元）	83.05	54

数据来源：根据安徽省统计局网站相关数据整理。

（二）信息技术和软件服务业快速发展，物流服务业总体向好

在全省大力发展新一代信息技术服务、加快推进“互联网＋”发展的政策指引下，信息技术、软件服务和物流服务发展较快。

2017年，信息技术服务业实现增加值2273.8亿元，同比增长22.8%，增幅同比提高11.2个百分点，对GDP增长贡献率为11.5%。软件服务业营业收入达到615.6亿元，同比增长44.8%，是继2015年突破300亿元、2016年突破400亿元之后，首次超过600亿元。软件服务业从业人员6万人，同比增长13%；从业人员工资总额59.8亿元，同比增长42.8%。全省软件服务业骨干企业领先发展，亿元以上企业超80家，其中有9家企业收入超10亿元。

物流服务基础设施完善进程不断加快，邮政普遍服务新标准达标率100%。全省快递业务量完成近9亿件，同比增长25.3%，居民平均每人收发了十多件包裹，快递业务收入89.57亿元，比上年增长26.9%。智能快件箱投放数量不断增加，截至2017年末，全省已投入使用智能快件箱9000多组。2017年安徽信息技术、软件服务业指标和增速见表1-9所列。

表1-9　2017年安徽信息技术、软件服务业指标和增速

指标	指标数值	增长（%）
信息技术服务业实现增加值（亿元）	2273.8	22.8
软件服务业（亿元）	615.6	44.8
快递业务收入（亿元）	89.57	26.9
快递业务量（亿件）	8.63	25.3

数据来源：根据安徽省统计局网站相关数据整理。

（三）旅游经济稳中快进，旅游业投资热度不减

2017年，全省各市支持和推动旅游业发展的力度进一步加大，旅

游供给进一步丰富和优化，旅游产业规模持续扩大，质量效益逐步提升，旅游业逐渐成为全省人民群众更加满意的现代服务业。全省接待入境游客 549 万人次，比上年增长 13.1%。其中，接待国内游客 6.26 亿人次，同比增长近 20%；外国游客 321 万人次，增长 13.4%；港澳台同胞 228.2 万人次，增长 12.6%。全省实现旅游总收入 6197 亿元，增长 25.64%。其中，旅游外汇收入 28.8 亿美元，增长 13.3%；国内旅游收入 6002.4 亿元，增长 26%。

2017 年，旅游业投资热度不减，新开工重大旅游投资项目 877 个，续建项目 1209 个，完成投资 2036 亿元，同比增长 12.1%。旅游业投资占服务业投资的 13.2%，旅游业投资比制造业投资加快 0.6 个百分点，比文化、体育和娱乐业投资高 0.5 个百分点。具体数据详见表 1－10、表 1－11 和表 1－12 所列。

表 1－10　2017 年安徽各类旅游游客情况

	接待入境游客	接待国内游客	外国游客	港澳台同胞
游客数量	549 万人次	6.26 亿人次	321 万人次	228.2 万人次
同比增长	13.1%	19.98%	13.4%	12.6%

数据来源：根据安徽省统计局网站相关数据整理。

表 1－11　2017 年安徽旅游收入情况

	旅游总收入	旅游外汇收入	国内旅游收入	皖南国际旅游文化示范区旅游收入
收入	6197 亿元	28.8 亿美元	6002.4 亿元	3252.4 亿元
同比增长	25.64%	13.3%	26%	25.4%

数据来源：根据安徽省统计局网站相关数据整理。

表 1－12　2017 年安徽旅游投资情况

	旅游投资	新开工重大旅游投资项目	续建项目
指标	2036 亿元	877 个	1209 个
增长	12.1%	——	——

数据来源：根据安徽省统计局网站相关数据整理。

（四）金融机构存款余额增速回落，贷款金额增长平稳

2017 年，全省深入贯彻中央金融方针政策，努力扩大融资规模，

着力优化信贷结构，不断改进金融服务，金融运行保持了健康平稳的发展态势，有力支撑了经济社会发展。

2017 年，社会融资规模 7038.3 亿元，比上年增加 755 亿元，增长 12%。年末金融机构存款余额 45608.8 亿元，增长 11.6%，增速较去年回落 6.9 百分点。其中，住户存款余额 20538.2 亿元，增长 8.9%；非金融企业存款余额 14202.2 亿元，增长 9.9%。全年人民币存款增加 13.51 万亿元，其中，住户存款增加 4.6 万亿元，非金融企业存款增加 4.09 万亿元，财政性存款增加 5684 亿元，非银行业金融机构存款增加 1.23 万亿元。

年末金融机构各项贷款余额 34481.2 亿元，比上年末增加 4300.5 亿元，增长 14.3%。其中，境内短期贷款余额 9913.5 亿元，增长 8.2%；境内中长期贷款余额 22431.7 亿元，增长 21.5%。全省本外币中长期贷款增量占各项贷款增量的 90.9%，占比较上年末提高 19.7 个百分点。全年人民币贷款增加 13.53 万亿元，同比多增 8782 亿元。分部门看，住户部门贷款增加 7.13 万亿元，其中，短期贷款增加 1.83 万亿元，中长期贷款增加 5.3 万亿元，见表 1－13 所列。

表 1－13　2017 年安徽金融机构存贷款情况

指　标	余额（亿元）	同比增长（%）	新增存款（万亿元）
一、金融机构各项存款	45608.8	11.6	13.51
住户存款	20538.2	8.9	4.6
非金融企业存款	14202.2	9.9	4.09
财政性存款	——	——	0.5684
非银行业金融机构存款	——	——	1.23
二、金融机构各项贷款	34481.2	14.3	13.53
住户贷款	10356	24.3	7.13
短期贷款	9913.5	8.2	1.83
中长期贷款	22431.7	21.5	5.3

数据来源：根据安徽省统计局网站相关数据整理。

四、外贸增势平稳向好，结构优化效果显著

2017 年，安徽大力开拓国际市场，促进外贸发展，不断增强国际竞争新优势。全省进出口增势平稳向好，结构优化效果显著。

2017 年，全省进出口总额增长较快，进出口总额为 536.4 亿美元，比上年增长 20.8%，增幅高于全国 9.5 个百分点。其中，出口 304.8 亿美元，比上年增长 7.2%，增幅高于全国 9.3 个百分点。进口 231.5 亿美元，增长 45%。在中部六省中，安徽进出口总额排名第 2，仅次于河南，比河南进出口总额少 1601.2 亿元。安徽出口排名第 3，比江西省出口少 157.4 亿元，比河南出口少 1106.6 亿元。

从出口贸易方式来看，2017 年安徽一般贸易出口 213.7 亿美元，比上年增长 4.9%，一般贸易出口占出口总额的 70.1%。加工贸易出口 83.9 亿美元，比上年增长 16.7%，加工贸易出口增幅较大，加工贸易出口占出口总额的 27.5%。来料加工和进料加工分别出口 4.1 亿美元和 79.9 亿美元，同比增长 180%和 13.4%。其他贸易方式出口 7.1 亿美元，比上年下降 18.1%。

出口企业主要有国有企业、外商投资企业和民营企业。其中，民营企业出口 150.1 亿美元，占比为 49.2%；外商投资企业出口 91.7 亿美元，比上年增长 19.2%，占比 30.1%；国有企业出口 63 亿美元，比上年增长 15%，占比 20.7%。

目前，全省合同项目 338 个，同比增长 26.6%；合同外资金额 90.6 亿美元，同比增长 120.1%；实际利用外资 158.9%亿美元，比上年增长 7.6%。安徽进出口指标见表 1－14 所列。

表 1－14　安徽进出口指标

指　标	2017 年累计值（亿美元）	比上年增长（%）
进出口总额	536.4	20.8
进　口	231.5	45.0
出　口	304.8	7.2
其中：机电产品	169.4	10.1
其中：高新技术产品	75.4	27.1

（续表）

指　标	2017 年累计值（亿美元）	比上年增长（%）
出口按贸易方式分		
一般贸易	213.7	4.9
加工贸易	83.9	16.7
来料加工	4.1	180.0
进料加工	79.9	13.4
其他贸易	7.1	－18.1
出口按企业性质分		
国有企业	63.0	15.0
外商投资企业	91.7	19.2
民营企业	150.1	－1.7
外商直接投资		
合同项目数（个）	338	26.6
协议外资金额	90.6	120.1
实际利用外资	158.9	7.6

数据来源：根据安徽省统计局整理得到的。

五、消费品市场平稳运行，消费升级步伐加快

2017 年，安徽社会消费品零售总额继续保持平稳增长态势，消费品市场平稳运行，消费规模进一步扩大，消费升级步伐加快。

2017 年，安徽社会消费品零售总额为 11192.6 亿元，同比增长 11.9%，增速比上年回落 0.3 个百分点，比全国高 1.7 个百分点。其中，商品零售额 9967.4 亿元，同比增长 11.8%；餐饮收入 1225.2 亿元，比上年增长 12.6%。限额以上消费品零售总额 5593.7 亿元，比上年增长 12.0%。

全省城镇实现社会消费品零售额 9009.4 亿元，同比增长 11.7%；乡村实现社会消费品零售额 2183.2 亿元，同比增长 13.0%，增幅比城镇高 1.3 个百分点。全省限额以上批发零售企业中开展网上零售业务的企业 569 家，共实现网上商品零售额 314 亿元，同比增长 39.4%。

全省消费产品消费对经济拉动作用进一步显性，享受型、文化型和汽车类等消费品消费步伐升级加快。其中，享受型消费增速加快，

全省限额以上单位化妆品类和金银珠宝类商品零售同比分别增长14%和11.8%，比上年同期分别加快8.4个、13.4个百分点。电子出版物及音像制品类、书报杂志类、家用电器和音像制品类文化消费品同比分别增长19.1%、13.9%和13.6%，增速分别领先全省限额以上消费品零售额7.1个、1.9个和1.6个百分点。随着受小排量汽车购置税优惠调整等因素影响，汽车类消费继续增长，全年限额以上汽车类商品零售1385.7亿元，累计增长7.8%。年末全省民用汽车拥有量716.1万辆，比上年增长19.7%，其中私人汽车617.8万辆，增长21.7%。民用轿车拥有量403万辆，增长18.2%，其中私人轿车379.1万辆，增长19.1%。2017年安徽社会消费品零售额情况见表1-15所列。

表1-15　2017年安徽社会消费品零售额情况

指　标	全年累计值（亿元）	比上年增长（%）
社会消费品零售总额	11192.6	11.9
一、按经营单位所在地分		
城　镇	9009.4	11.7
乡　村	2183.2	13.0
二、按消费形态分		
商品零售	9967.4	11.8
餐饮收入	1225.2	12.6
三、按单位规模分		
限额以上	5593.7	12.0
四、限额以上商品零售类值		
粮油、食品、饮料、烟酒类	1055.2	14.4
服装鞋帽、针、纺织品类	361.6	9.6
日用品类	162.1	12.5
家用电器和音像器材类	419.1	13.6
中西药品类	519.0	8.8
石油及制品类	697.4	17.1
汽车类	1385.7	7.8

数据来源：根据安徽省统计局相关数据整理得到的。

六、居民收入增速平稳，城乡收入差距不断缩小

2017 年，安徽居民收入增速平稳。城镇常住居民人均可支配收入达 31640 元，同比增长 8.5%，较去年增速提升 0.3 个百分点，增速居全国第 9 位，高出全国平均水平 0.2 个百分点。农村居民人均可支配收入 12758 元，同比增长 8.9%，高出全国水平 0.6 个百分点，增速居全国第 13 位，较上年提高 3 位，见表 1－16 所列。

在中部六省中，湖南城镇居民人均可支配收入 33948 元，位居第 1；湖北城镇居民人均可支配收入 31889 元，位居第 2；安徽城镇居民人均可支配收入位居第 3 位，同比增长 8.3%，增速有所放慢。江西、山西、河南分别位居第 4、第 5、第 6 位。安徽农村居民人均可支配收入 12754 元，位居第 4。

近年来，安徽农村居民收入增速快于城镇居民，城乡收入比减小，城乡居民收入差距不断缩小。城镇居民人均可支配收入由 2008 年的 12990 元增长至 2017 年的 31640 元，提高近 2.5 倍的收入。农村居民人均可支配收入由 2008 年的 4202 元增长至 2017 年的 12758 元，提高 3 倍收入。

表 1－16　2008—2017 年全国和安徽城乡居民收入和指标增速

指标	全国城镇居民人均可支配收入（元）	增速（%）	全国农村居民人均纯收入（元）	增速（%）	安徽城镇居民人均可支配收入（元）	增速（%）	安徽农村居民人均纯收入（元）	增速（%）
2008	15781	8.4	4761	8.0	12990	13.2	4202	18.1
2009	17175	9.8	5153	8.5	14086	8.4	4504	7.2
2010	19109	7.8	5919	10.9	15788	12.1	5285	17.3
2011	21810	14.1	6977	17.9	18606	17.8	6232	17.9
2012	24565	12.6	7917	13.5	21024	13.0	7161	14.9
2013	26955	9.7	8896	12.4	23114	9.9	8098	13.1
2014	28844	9.0	10489	11.2	24839	9.0	9916	12.0

（续表）

指标	全国城镇居民人均可支配收入（元）	增速（%）	全国农村居民人均纯收入（元）	增速（%）	安徽城镇居民人均可支配收入（元）	增速（%）	安徽农村居民人均纯收入（元）	增速（%）
2015	31195	8.2	11422	8.9	26936	8.4	10821	9.1
2016	33616	7.8	12363	8.2	29156	8.2	11720	8.0
2017	36396	8.3	13432	8.6	31640	8.5	12758	8.9

数据来源：根据中部六省统计局和国家统计局整理得到的。

第二节　安徽总体投资分析

2017 年，面对错综复杂的国内外经济环境，在国内经济下行压力不断增大的情况下，安徽固定资产投资总体保持平稳增长，投资结构持续优化，投资质量不断提高，发展动力增强，但是固定资产投资还存在一些问题。

一、固定资产投资增速稳中趋缓，增速位列全国中上水平

2017 年，安徽固定资产投资 28816.37 亿元，较去年增长 11%，与 2016 年 11.7%的增速相比，减少了 0.7 个百分点，但是和全国 7.2%的增速比较，仍高出 3.8 个百分点。中部地区六个省份中，安徽固定资产投资总量位列第 4，和去年排名相当，位次并没有发生变化，处于中等水平，比河南、湖北、湖南分别少 15073.99 亿元、3056.20 亿元和 2511.71 亿元。全省固定资产投资增速比湖南和江西分别低 2.1 和 1.3 个百分点，与湖北省并列第 3 位。从月度数据来看，2017 年在经济下行压力不断加大的情况下，安徽固定资产投资增速放缓，但月累计平均增速始终处于全国平均水平之上。其中 2017 年 1—6 月份增速开始下降，1—8 月份到达谷底，之后开始逐渐回升。如图 1 - 1 和图 1 - 2 所示。

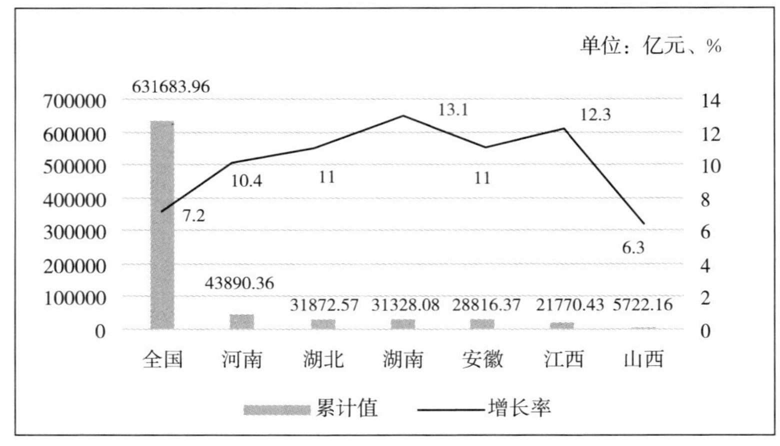

图 1-1　2017 年全国及中部六省固定资产投资指标数值

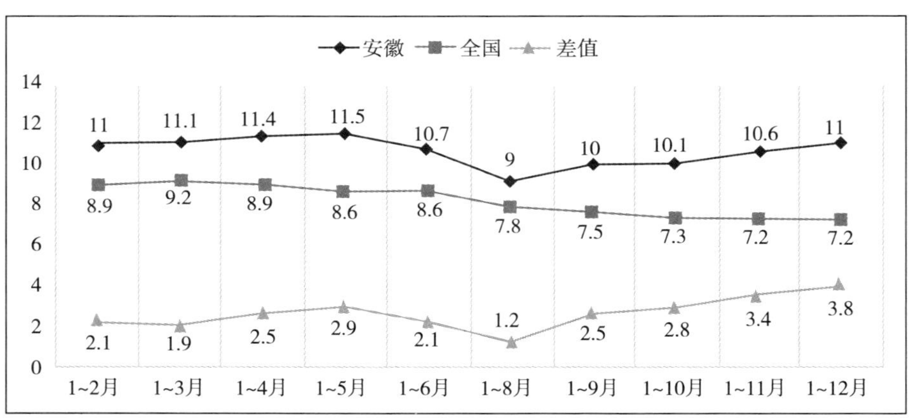

图 1-2　2017 年全国和安徽固定资产投资分月累计增速变化趋势

二、投资产业结构持续优化，行业结构更加合理

从投资产业看，2017 年安徽三次产业投资总额均有所增加，三次产业投资总额分别为 775.8 亿元、13016.4 亿元和 15393.8 亿元。固定资产投资构成比例为 2.7∶44.6∶52.7，其中第二、第三产业增幅明显，增速分别达到 12%、11%，而第一产业投资增速在近几年来持续回落，达到历年来最低水平，增速降至－4.6%。2017 年 1—12 月

同期水平上较 2016 年，第一产业和第三产业在三次产业比重中分别下降了 0.3、0.4 个百分点，但是第二产业则上升了 0.7 个百分点，说明安徽产业结构继续由第一产业向第二产业和第三产业逐次转移，产业结构更趋优化。

从投资行业看，2017 年安徽在 19 个行业门类中投资增速总体呈现“8 降 11 升”趋势。增速居前三的行业分别为电力、热力、燃气及水生产和供应业，水利、环境和公共设施管理业增速分别为 28.7%、28%和 23.1%。下降最大的三个行业分别为建筑业、批发和零售业、住宿和餐饮业，增速分别为－49.7%、－30.1%和－25.5%。制造业，房地产业，水利、环境和公共设施管理业，交通运输、仓储和邮政业四个占固定资产投资结构比重最大的行业，在总投资所占份额分别达到 39.2%、22.4%、11.3%和 7%。其中，房地产业投资 6551.6 亿元，增长 14.4%，与去年同期增速相比增长了 12.1 个百分点，对全部投资的贡献异常突出。基础设施投资达到 6534.9 亿元，增长 24.2%，占总投资比重由上年的 19.8%上升为 22.4%，上升了 2.6 个百分点。

具体数据详见表 1－17、表 1－18 所列，如图 1－3 所示。

表 1－17　2014—2017 年安徽各产业投资情况（含农户、跨省）

产业	投资总额（亿元）				投资比重（%）			
	2017	2016	2015	2014	2017	2016	2015	2014
合计	29186.0	26758.1	19637.5	15586.0	100	100.0	100.0	100.0
第一产业	775.8	813.6	613.5	383.8	2.7	3.0	3.1	2.5
第二产业	13016.4	11742.1	8801.5	6959.7	44.6	43.9	44.8	44.7
第三产业	15393.8	14202.4	10222.0	8242.9	52.7	53.1	52.1	52.9

表 1－18　2017 年安徽各行业投资四个季度增速情况　　单位：%

行　业	第一季度累计增长	第二季度累计增长	第三季度累计增长	第四季度累计增长
一、农、林、牧、渔业	10.7	－1.5	－4.0	－4.6
二、采矿业	14.0	－5.0	－5.6	－0.5

（续表）

行　业	第一季度累计增长	第二季度累计增长	第三季度累计增长	第四季度累计增长
三、制造业	9.9	11.1	10.5	11.5
四、电力、热力、燃气及水生产和供应业	12.9	26.9	30.1	28.7
五、建筑业	－73.9	－58.3	－58.3	－49.7
六、交通运输、仓储和邮政业	26.0	17.3	10.6	11.6
七、信息传输、软件和信息技术服务业	92.5	30.6	16.2	6.6
八、批发和零售业	2.8	－11.4	－26.5	－30.1
九、住宿和餐饮业	0.9	－19.1	－25.4	－25.5
十、金融业	32.4	－21.6	－23.6	－23.6
十一、房地产业	3.1	7.6	13.5	14.4
十二、租赁和商务服务业	17.9	7.9	－1.8	2.5
十三、科学研究和技术服务业	18.8	1.4	－9.8	－10.4
十四、水利、环境和公共设施管理业	44.4	34.1	30.1	28.0
十五、居民服务、修理和其他服务业	59.8	26.1	－1.7	9.0
十六、教育	7.9	5.7	12.3	23.1
十七、卫生和社会工作	25.9	11.4	11.8	15.1
十八、文化、体育和娱乐业	－0.2	14.5	12.1	11.6
十九、公共管理、社会保障和社会组织	－22.3	－6.6	－9.2	－7.7

三、皖北固定资产投资增速快于皖江，南北固定资产投资差距有所缩小

2017 年，皖北整体固定资产投资增速表现良好，投资总额占比继续增加，上升为 27.7％，比上年提升了 1.5 个百分点。

阜阳、亳州、蚌埠的固定资产投资增速均高于全省水平，分别比全省固定资产投资增速高出 15.3 个、11 个、3.8 个百分点。其中上年增速全省第 1 的阜阳，虽然增速有所放缓，但仍以 26.3％的水平领先全省其他城市；而亳州则以 22％的增速成为全省增速提升最快的城市，比上年同期水平提升了 8 个百分点；蚌埠固定资产投资总额位列

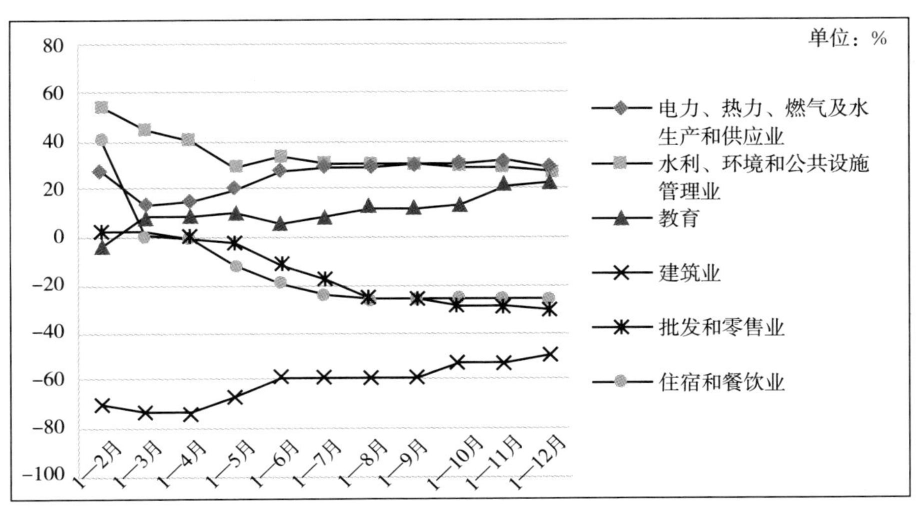

图 1-3 2017 年下降和上升最大的前三的行业投资增长率变化趋势

皖北第 1，基数较大，增速比较稳定，略高于全省平均水平。

淮南、淮北、宿州的固定资产投资增速均低于全省水平，分别比全省固定资产投资增速低了 4.0、0.9、0.2 个百分点。其中，淮南增速为 7%，比上年同期水平上升 3.2 个百分点，但仍低于全省水平 4 个百分点；淮北虽然总体增速表现不显眼，大体略低于全省水平，但其增速上升明显，由 2016 年同期水平 3.6%，上升为 10.1%，提升了 6.5 个百分点，提升速度排全省第 2 名；而宿州市则表现最为平稳，虽然全年增速较上年下降 1.3 个百分点，但为皖北六市中全年各月固定资产投资增速波动最小的城市。

2017 年，皖江地区整体固定资产投资增速表现欠佳，投资总额占比继续降低，下降至 65.9%，比上年下降了 1.5 个百分点。

除安庆、池州、芜湖、宣城增速（分别达到 13.8%、9.5%、11.2%、11.8%，分别高于全省水平 2.8 个、−1.5 个、0.2 个、0.8 个百分点）有所提升外（分别较上年提升 4.0 个、0.8 个、0.2 个、1.6 个百分点），合肥、滁州、马鞍山、铜陵增速（分别达到 5%、13.5%、9.3%、12.1%，分别高于全省水平−6.0 个、2.5 个、−1.7 个、1.1 个百分点）都为下降（分别较上年降低 6.1、3.1、1.7、0.5 个百分点），尤其是投资总额排名第 1 的合肥投资增速下降比较明显，下降了6.1个百分点。这也是全省投资增速趋缓的重要原因，集全省之力发展合肥的思路有待思考。就皖江整体来讲，可能是由于受到多年来投资总额基数较大以及投资渐趋饱和等因素的影响，该地区总体呈献出投资趋缓的迹象，并且有继续向下的趋势。

从安徽各市投资占比来看，2017年排名前五的城市分别为合肥、芜湖、马鞍山、滁州和蚌埠，所占比重分别为21.76%、11.45%、7.73%、6.61%和6.55%，可以看出，除蚌埠外，其余四市全为皖江地区城市。安徽投资占比依然分布不均，呈现“一市独大，南北差异显著”的局面。但是在与2016年各市固定资产投资贡献率相比较时发现，皖北各市投资占比总体有提高的趋势，说明安徽在发展经济时，对于地区平衡发展有所兼顾，南北固定资产投资差距有所缩小。

详见表1-19、表1-20所列，如图1-4、图1-5所示。

表1-19 2017年全省及皖江主要城市固定资产投资情况

市　名	1—12月累计（亿元）	比上年增长（%）	上年同期增幅（%）	增速下降量（%）
全　省	29186.0	11.0	11.7	－0.7
合　肥	6351.4	5.0	11.1	－6.1
滁　州	1929.1	13.5	16.6	－3.1
马鞍山	2255.7	9.3	11.0	－1.7
芜　湖	3342.2	11.2	11.0	0.2
宣　城	1580.5	11.8	10.2	1.6
铜　陵	1341.3	12.1	12.6	－0.5
池　州	714.6	9.5	8.7	0.8
安　庆	1731.2	13.8	9.8	4.0

表1-20 2017年2—12月份安徽各市固定资产累计完成额 单位：亿元

地区	2017.02	2017.03	2017.04	2017.05	2017.06	2017.07	2017.08	2017.09	2017.10	2017.11	2017.12	总占比（%）
全省	2679.6	5446.9	8050.4	10951.0	13608.4	15926.3	18576.1	21405.3	23840.2	26309.1	29186.0	100.00
合肥	914.6	1607.2	2304.0	2957.5	3459.2	3935.9	4457.0	4973.1	5439.3	5905.5	6351.4	21.76

（续表）

地区	2017.02	2017.03	2017.04	2017.05	2017.06	2017.07	2017.08	2017.09	2017.10	2017.11	2017.12	总占比（%）
淮北	54.4	113.6	201.2	317.9	448.4	557.6	665.2	776.1	860.1	949.2	1055.8	3.62
亳州	70.4	150.2	240.1	328.2	440.6	538.0	642.6	775.5	863.0	967.0	1067.2	3.66
宿州	83.4	196.2	305.1	442.4	576.5	690.0	835.3	951.9	1105.7	1213.3	1403.0	4.81
蚌埠	150.2	349.5	489.3	705.7	971.9	1069.2	1238.6	1391.7	1530.6	1706.1	1912.6	6.55
阜阳	143.1	289.9	439.9	603.4	736.5	840.8	990.4	1178.2	1312.3	1446.1	1632.5	5.59
淮南	55.4	123.4	211.6	290.7	399.4	501.7	613.4	742.9	851.2	940.0	1021.8	3.50
滁州	152.6	307	464.6	626.5	819.8	984.1	1170.2	1388.6	1566.0	1733.4	1929.1	6.61
六安	71.7	177.6	275.3	389.3	484.4	579.1	717.6	849.5	963.5	1083.0	1200.0	4.11
马鞍山	218.3	501.6	741.6	968.7	1156.1	1307.8	1482.8	1671.1	1833.0	2008.4	2255.7	7.73
芜湖	370.7	723.3	1011	1363.4	1652.6	1955.1	2241.2	2565.0	2806.7	3014.4	3342.2	11.45
宣城	81.4	181.8	290.2	413.4	549.4	685.7	830.0	1014.2	1210.6	1388.5	1580.5	5.42
铜陵	99.3	229.7	336.4	510.6	636.4	747.7	867.3	992.2	1083.9	1214.2	1341.3	4.60
池州	56.7	112.0	164.1	228.9	296.9	360.8	434.2	510.1	576.0	649.5	714.6	2.45
安庆	115.0	288.1	440.1	626.6	742.1	896.8	1071.7	1254.6	1402.8	1544.2	1731.2	5.93
黄山	42.5	95.7	135.8	177.8	238.3	273.0	318.7	370.6	435.5	546.4	646.9	2.22

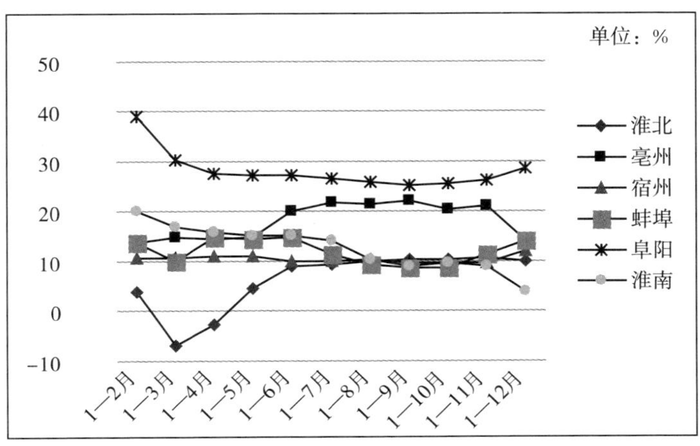

图 1－4 2017 年皖北六市投资增速变化趋势

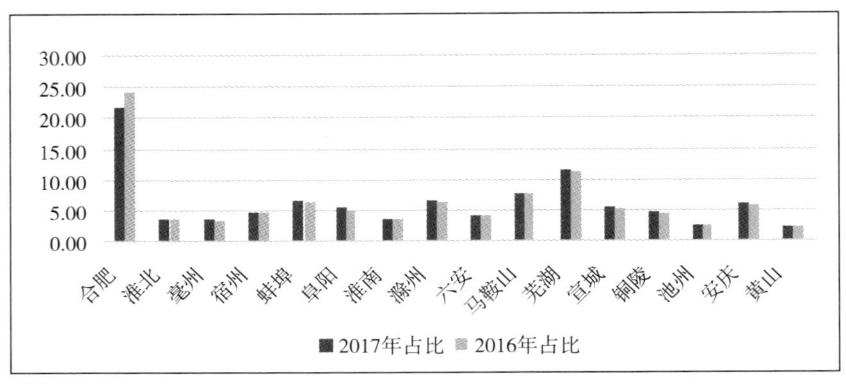

图 1-5 2016—2017 年全省各市固定资产投资占比情况

四、民间投资增速滑坡趋势加剧，工业投资和技改投资实现双增长

2017 年，全省民间投资为 19233.4 亿元，占总投资完成额 65.9%，而 2016 年民间投资为 18375.4 亿元，占总投资完成额 69%，可见民间投资占比有所下降。2017 年，全省 1—11 月份民间投资累计增速均低于上年水平，仅仅 12 月份累计增速略高于上年，增速为 7.1%。就近六年的民间投资完成额及其增速来看，虽然民间投资完成额每年都略有提升，但是提升幅度连年减小，民间投资增速下滑明显。

综合以上三方面来看，安徽民间投资疲软已成既定事实，而民间投资放缓不利于稳增长、调结构、促就业等经济社会目标的实现。因此降低民企经营成本，减少民资准入障碍，加大金融支持力度，提高服务民资水平，激活和做强民间投资，将成为安徽来年亟须解决的问题，如图 1-6 所示。

从三大投资领域看，工业投资、房地产投资和基础设施投资贡献突出，分别完成投资 12943.5 亿元、5612.5 亿元和 6534.9 亿元，分别增长 12.7%、21.9%和 24.2%，比全部投资分别高 1.7 个、10.9 个和 13.2 个百分点；技改投资增长明显加快，工业技改投资占工业投资总额的比重为 56.8%，比上年提高 2.5 个百分点，拉动工业投资增长 9.8 个百分点。

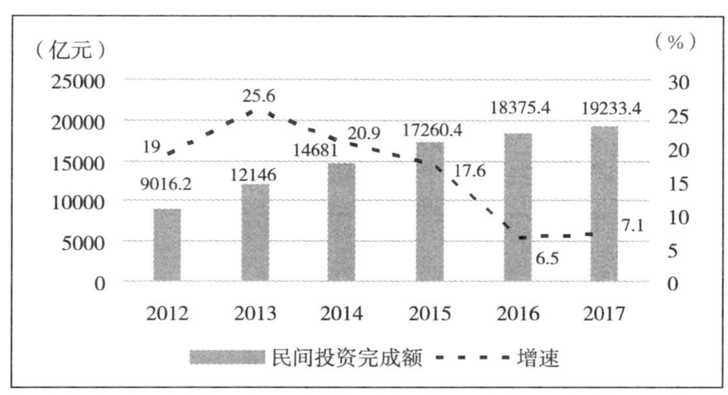

图 1-6 2012—2017 年安徽民间投资完成额及其增速

五、到位资金平稳增长，资金来源持续向好

2017 年，全省固定资产投资到位资金 28711.5 亿元，增长 8.8%，较 2016 年同期回落 2.9 个百分点。其中，国家预算资金 1997.7 亿元，增长 33.5%；国内贷款 2141.4 亿元，增长 24.3%；利用外资 92.9 亿元，增长 12.8%；自筹资金 19346.8 亿元，增长 4.5%。各项到位资金的增速均体现为上升的趋势，增速总体呈现年初上升，年中以后逐步达到顶峰。从资金来源比重来看，自筹资金仍是投资资金的主要来源，总额达到 19346.8 亿元，增速为 4.5%，增幅高于全国 2.2 个百分点；其他资金，总额 5120.3 亿元，增长 12.2%，增幅高于全国 0.6 个百分点；国内贷款，总额 2141.4 亿元，增长 24.3%，增幅高于全国 15.3 个百分点；国家内预算资金，总额 1997.7 亿元，增长 33.5%，增幅高于全国 25.7 个百分点；利用外资和债券，总额分别为 92.9 亿元、12.4 亿元，增幅分别为 12.8%、66.5%。综合来看，各方面高于全国平均水平，全省融资渠道拓宽，降低了企业资金压力。详见表 1-21 所列，如图 1-7 和图 1-8 所示。

表 1-21 2017 年安徽固定资产投资资金来源

资金来源	自年初累计（亿元）				同比增幅（%）			
	一季度	二季度	三季度	四季度	一季度	二季度	三季度	四季度
合计	5791.8	13620.6	21008.3	28711.5	−2.7	3.2	5.8	8.8

（续表）

资金来源	自年初累计（亿元）				同比增幅（%）			
	一季度	二季度	三季度	四季度	一季度	二季度	三季度	四季度
国家预算内资金	321.5	826.5	1375.3	1997.7	21.4	32.4	31.6	33.5
国内贷款	471.9	1076.8	1616.8	2141.4	17.6	24	28.3	24.3
债券	1.9	4.8	8	12.4	41.8	−2.6	36.2	66.5
利用外资	20.1	50.3	73.4	92.9	27.4	14.1	19.2	12.8
自筹资金	3787.9	9048.8	14074.4	19346.8	−13.3	−5.8	−1.4	4.5
其他资金	1188.7	2613.4	3860.3	5120.3	31.8	27.6	19.9	12.2

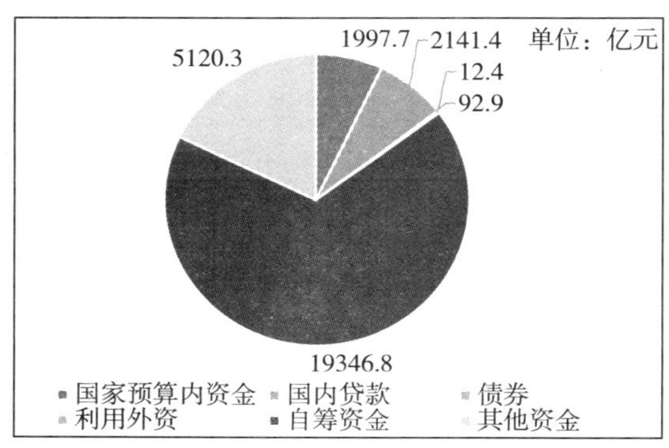

图 1-7 2017 年安徽固定资产投资资金来源

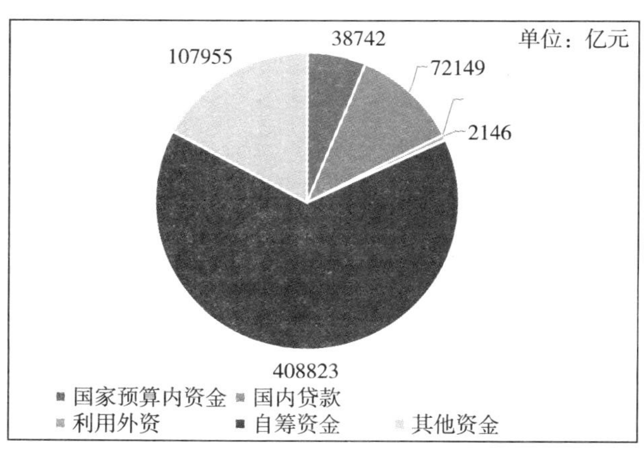

图 1-8 2017 年全国固定资产投资资金来源

第三节 安徽经济运行和总体投资健康发展的政策建议

2017 年，安徽经济稳中有进、稳中向好。宏观经济方面，稳中向好态势继续巩固，主要经济指标稳步增长，多项指标增长态势好于全国，但供给侧结构仍需优化，发展新动能仍需增强，对外贸易结构仍需优化，居民幸福感更要继续提高。总体投资方面，固定资产投资增速稳中趋缓，投资结构更为合理，全省南北总体投资差距缩小，整体投资环境实现了上一年的良好延续，但是固定资产投资结构仍需升级，全省南北投资差异仍需缩小，民间投资滑坡现象有待改善。在全国经济下行压力持续加大、省内省外发展环境错综复杂的情况下，安徽接下来的经济发展更应谨慎小心，各项改革措施和经济政策都应以保持经济平稳有序发展为前提，努力实现平稳中求突破、有序中谋发展。

一、加快推动经济发展转型升级，深化供给侧结构性改革

在接下来的改革过程中，全省上下要把思想和行动统一到中央决策部署上去，加快推动经济发展转型升级，深化供给侧结构性改革，重点推进“三去一降一补”。一是加大去产能的力度。应全面安排我省去产能工作，尽快制定和完善有关资产处置、债务清偿、破产清理等方面的法律法规。妥善处理好相关人员安置问题，防止人才流失，维持发展大局稳定。二是因地制宜去库存。安徽地区间差异明显，要分类别、因城因地实施政策。对于城市新区新城有条件、有资源的住房用地或商业营业性用地，视情况调整为跨界地产、新兴产业用地；对于已具备入市条件的用地，可促使部分项目转型，增加库存产品用途。三是重点防范金融风险。要着力推动经济去杠杆，把控好银行及非银行等货币信贷主体的闸口，加大政策解读和信息发布的力度，加强市场主体的沟通，增强政策透明度。四是农业供给侧结构性改革要深化。应从调整农业结构、推进绿色发展、推进创新驱动、推进农村改革、稳定粮食生产这五个重点入手，深化农业供给侧结构性改革。五是补

短板、降成本。补短板方面，适度增加基础设施建设的资本金、快速实现新旧动能的转换、加快服务业供给的提质增量、把脱贫攻坚战推向前进。降成本方面，不能仅仅只依靠降税、减税等传统型方法，还应当有一些制度性成本的减少。

二、全面提升自主创新能力，以创新驱动增添发展新动能

安徽注重提升科技创新能力，加快传统产业优化升级，培育了一批具有创新能力的标兵型企业，增强了经济增长的新动能。如何有效构建创新平台，培育创新载体，集聚创新要素，完善创新机制等将成为安徽未来工作的重点之一。一是重点突出区域创新平台建设。从全省创新环境来看，应该重点建设一个能够带动全省，起到示范和扩散作用的创新平台；从全省各市来看，也应建设一个能够推动当地自主创新能力提升的核心。全省及各市要以各科研机构、企业、高校为依托，整合优势资源，创建各具特色的新型创新平台。二是加快培育创新载体。培育创新驱动是带动区域经济创新发展、形成创新驱动内生动力、提高区域竞争优势的重要途径。要紧盯国内先进适用技术，培育多线程形式、培育创新载体，注意相关人员的生活保障和社会保障。三是集聚创新要素。创新资源禀赋决定了国家和地区科技创新能力的发展，创新要素向区域集聚成为区域提升自主创新能力、实现创新驱动发展的关键所在。安徽地区间创新能力差距大，所以应按不同区域来分别对待。应着力打破创新溢出壁垒，实现创新强弱之间的全方位合作。四是完善创新机制。首先，要从人的方面入手，创新性人才的培养与使用等机制要得到完善；其次，要健全创新资金投入的长效机制；最后，要在积极鼓励创新的同时，做好创新的保护工作，以知识产权制度作为推进创新的根本制度。

三、继续保持外贸平稳向好势头，深度优化对外贸易结构

2017 年，全省进出口总额较快增长，贸易结构优化明显，但从多年对外贸易数据来看，对外贸易发展面临的不确定、不稳定性因素仍然较多。因此，下一步安徽应深化外贸供给侧结构性改革，继续保持

外贸平稳向好势头。一是加大出口信用保险政策扶持力度。出口信用保险能够增强出口型企业对于国外买家的掌控及了解，减少相关外贸问题的出现。应进一步扩大短期出口信用保险规模，加大对中小微企业及新兴市场开拓的支持力度，实现大型成套设备出口融资保险应保尽保，进一步简化程序。二是继续加强进口工作。对外贸易，不是单纯地大量出口才好，而是要扩大急需的高技术、装备和战略性物资的进口，提高附加值，改善生产水平。因此，应努力争取国家进口贴息的支持，扩大先进技术设备、关键零部件和重要资源性产品的进口；适度增设进境免税店，合理扩大免税品种，积极引导境外消费回流。三是进一步提高贸易便利化水平，巩固和提升外贸传统优势。加快推进形成全省一体化通关管理格局；优化出口退税流程，确保及时足额退税；严格落实收费目录清单制度和《港口收费计费办法》，建立打击违规收费工作机制；探索建立安徽省品牌推广中心。四是加快推进外贸新型商业模式发展。继续推进中国（合肥）跨境电子商务综合试验区建设；继续推进马鞍山、芜湖、铜陵、安庆等 9 个进境商品指定口岸建设；继续推进合肥新欧亚大陆桥国际货运班列及蚌埠至上海的“五定”班列建设。以此为基础，尽快建成线上“单一窗口”和线下综合园区，及时总结试验创新成果，并向全省复制推广。

四、缩小收入差距，增强居民幸福感

2017 年，在省委、省政府的坚强领导下，安徽努力让居民收入增长跟经济增长保持同步，居民收入持续增加。但是就全年数据来看，安徽仍存在区域、城乡收入差距较大的问题，而地区间、城乡收入差距都对于居民幸福感具有显著性影响，适当缩小收入差距，特别是提升低、中低收入阶层以及农村居民的收入对于提高居民幸福感具体有重要意义。一是改善地方财税政策，缩小收入差距。财政资金具有规模大、影响力大等特点，其支出可以直接影响城乡收入差距。在财政支出方面，持续改变城乡收入分配格局；应直接通过对高收入者的收入和财产的调节来缩小居民收入差距。二是增加民生支出，提高支出效率。民生支出对于收入差距存在着的影响，要想民生支出起到缩小收入差距的功效，就必须要提高支出效率，合理增加支出规模。应确保民生所需的财政投入；应建立由省政府主导的、社会参与的财政民生支出体制，鼓励私人、企业参与民生项目建设；应因地制宜提高财政民生支出效率；应协调优化民生支出内部结构，针对民生支出中居民需求比较强烈的、矛盾较为突出的某项支出，应该给予更多的政府扶持和绩效监督。三是提供更为便捷、优质的公共服务。安徽经济发展水平不断提高，随之而来的就是人口流动性不断增强，意味着不能按照以前的按户籍来提供公共服务的方法，而应继续改善“钱随人走”的公共服务做法，尽量做到“人在哪，服务就在哪”。

五、推动固定资产投资结构升级，促进经济平稳健康发展

2017 年，安徽固定资产稳中趋缓，投资总量不断增加，但一味只是重视提高固定资产投资总量来带动经济的增长具有盲目性和不可持续性，接下来需要明确固定资产投资结构与经济增长之间的关系，不断优化省内固定资产投资结构。一是加强基础设施建设的引导作用。基础设施投资项目具有投资规模较大、风险水平较高、公益性明显等特点，其投资领域主要集中于公益性和基础性设施领域。安徽未来的基础设施建设投资应注重提高投资效率、减少资源浪费、避免盲目投资、杜绝工程腐败，充分发挥基础设施建设投资对于全省固定资产投资的引导作用。二是明确投资方向，主攻优势产业。安徽自然资源相对丰富，境内人文环境良好，陆路、水路四通八达。要充分发挥各种资源优势，发展优势产业，对于产业结构层次较低的固定资产投资要减小投资力度，对于积极的投资方向进行相应的政策支持，把相对有限的资源投入相对具有竞争优势和区域特色的投资方向，以优势的产业带动区域经济快速发展。三是加强省内区域协作。安徽南北固定资产投资各具优势，皖江地区具有相对丰富的资金和技术优势，皖北地区具有相对有利的劳动力和自然资源优势。安徽在未来的发展中，应明确南北所具有的不同特点，充分利用省内各地区的优势，打破壁垒，积极促进南北地区间相互协作，利用皖江地区的资金及技术优势来促进皖北地区的固定资产投资，利用皖北地区的劳动力和资源优势来推

动皖江地区的固定资产投资，从总体上对固定资产的投资效益进行提升。

六、继续缩小南北投资差距，统筹区域平衡发展

2017 年，皖北地区固定资产投资增速增长明显，多数城市增速领先全省水平，投资占比持续提升，但是与皖江地区相比仍然存在差距，而经济增长与区域固定资产投资差距之间存在着显著的双向影响关系。因此，安徽接下来更要注重缩小南北投资差距，统筹区域发展，推动经济以平稳的增速快速增长。一是减少投资上的地区差距。长期以来，安徽南北在固定资产投资方面存在着较大的差距。安徽不仅要为南北经济提供公平的发展机会与发展政策，而且应适当增加对皖北地区的基础设施建设投资，充分发挥基础设施建设投资的引导作用，实现全省固定资产投资平稳协调发展。二是积极引导民间投资流向皖北地区。民间资本作为安徽经济发展的重要“助推器”，对于安徽经济具有短期和长期的增长作用，是未来经济增长的内生动力。首先，就合肥等政策支持力度比较大的城市来说，政府投资对于民间投资的“挤出效应”较大，而皖北地区政府投资力度较小，相应的政府投资对于民间投资的“挤出”较少，因而通过对皖北地区政府投资的增加，能够有效地引导民间投资流向皖北地区。其次，皖北地区应按照“凡是没禁止的民营资本都可以进入”的原则，在最大程度上开放民间投资行业。再次，皖北地区应重点扶持中小企业发展，继续加大对小额贷款公司的运行与支持，为中小企业提供更为丰富的融资手段。最后，皖北地区要引导民间资本进入成长性好、前景好的产业领域，积极引导民间投资进入实业投资方向。

七、优化投资环境，激发民间投资活力

2017 年，安徽民间投资增速滑坡加剧、占比下降，企业投资意愿和能力不足等问题较为突出，民间投资增速放缓不利于稳增长、调结构、促就业等经济社会目标的实现。进一步深化改革、优化投资环境、充分激发民间有效投资活力，成为安徽亟待解决的难题。一是强化引

导，拓宽民间投资领域。由于受到有效需求不足、生产成本上升、信贷资金大量流向虚拟行业、投资渠道闭塞等负面因素的影响，安徽民间投资增速存在持续下滑的趋势。一方面，安徽应积极落实国家和省PPP支持政策，加大基础设施和公用事业领域开放力度，禁止排斥、限制或歧视民间资本的行为；另一方面，应以加快构建创新型现代产业体系，培育壮大经济发展新动能建设为着力点，积极引导民间投资投向信息技术、高端装备制造、新材料、绿色低碳、信息经济等新兴产业领域。二是简化程序，提高行政审批效率。规范的、精简的政务服务和高效的审批效率对于提高民间投资进入市场的速度具有重要意义。省政府应尽快编制全省统一的政务服务事项目录清单和实施清单，严格规范政务服务行为，全面推行"网上受理、网端推送、快递送达"办理模式，简化审批流程、提高行政审批效率。三是降低成本，增强民间投资动力。长期以来安徽民营企业生产成本相对较高，在经济下行压力加大情况下，就更要做好为民营企业减负的工作。首先，要继续建立健全项目工程保证金制度，减轻企业资金压力。其次，要继续鼓励省内各级开发园区、产业集聚区减少行政事业的相关收费。最后，要加快建立新型政商关系，减少民间投资成本。

第二章　安徽现代农业投资分析

近年来，安徽加快现代农业投资方式的创新，主动适应引领新常态，扎实推进供给侧结构性改革，增强产业持续增长动力，促进现代农业投资健康发展。然而，安徽现行农业资本投资机制不合理，致使投资主体权责不明晰、决策不合理、社会资金投资积极性不高，制约着现代农业发展。本章对安徽现代农业发展和现代农业投资的现状与存在的问题进行研究，并提出相应的对策建议。

第一节　安徽现代农业发展基本状况分析

安徽是中部地区的一个农业大省，是我国重要的商品粮基地，正确认识和分析安徽现代农业发展的基本状况，对发现安徽农业存在的问题，制定改进措施，推动现代农业快速发展具有重要意义。本节对安徽现代农业建设模式、现代农业发展现状进行分析，以期全面认识安徽现代农业发展的真实情况，找出存在的主要问题。

一、安徽农业发展状况分析

本节在对相关数据进行梳理和分析基础上，从农业总体发展规模、农业发展结构、农业的区域化发展情况、农业现代化水平四个方面对安徽现代农业发展状况进行探究。

（一）农业发展规模

近年来，安徽现代农业得到了快速发展，农业发展规模也在不断扩大。2017 年，全省第一产业增加值 2611.7 亿元，增长 4%，增速比前三季度、上半年、一季度分别提高 0.7、1.2 和 1.5 个百分点，比全国高 0.1 个百分点，比上年提高 1.3 个百分点。全年第一产业增加值占 GDP9.5%，比上年下降 1 个百分点，首次降到 10%以下。从农业增加值来看，安徽农业增加值从 2000 年的 732.01 亿元快速增加到 2017 年的 2749.10 亿元，增长速度较快，增长幅度明显。从农业增加值占地区生产总值的比重来看，农业增加值占比由 2000 年的 25.22%下降到 2017 年的 9.99%，虽然农业增加值比重下降趋势比较明显，但农业对地区生产总值的贡献率却渐趋稳定，2010 年以后均保持在 4%以上，见表 2-1 所列。

表 2-1 2000—2017 年安徽农业产值发展状况

年份	农业增加值（亿元）	增长速度（%）	农业增加值比重（%）	贡献率（%）
2000	732.01	1.66	25.22	3.24
2010	1729.02	4.46	13.99	4.22
2011	2015.31	3.95	13.17	4.17
2012	2178.73	5.57	12.66	5.88
2013	2348.09	3.41	12.21	4.08
2014	2481.89	4.59	11.90	5.44
2015	2550.29	4.20	11.59	4.09
2016	2693.20	3.40	11.17	4.36
2017	2749.10	4.20	9.99	4.25

注：数据来源于 2017 年《安徽统计公报》和安徽省统计局网站。

（二）农业发展结构

2017 年，全省农林牧渔业增加值中，种植业占比 51.7%，比去年提高 1.2 个百分点。主要是 2016 年粮食产量下降 3.4%，2017 年粮食生产恢复性增长，全省粮食产量 695.2 亿斤（居历史第 2 高位），增加 11.7 亿斤，增长 1.7%，增幅高于全国 1.4 个百分点，增量占全国总增量的 35%。养殖业增加值占 22.7%，下降 2.1 个百分点；全省猪牛羊禽肉产量下降 1.7%，牛奶产量下降 2.3%。受机械化水平较低、劳动管理强度大、用工成本高、比较效益下降等影响，棉花和油料种植面积进一步调减；全省棉花播种面积 220.5 万亩、下降 19.9%，占总播种面积的比重为1.7%、下降0.4个百分点；产量14.3万吨，下降22.7%。油料播种面积1047.5万亩、下降4.5%，占总播比重为7.9%、下降0.3个百分点；产量208.4万吨，下降3.0%。2017年，安徽认真组织开展蔬菜产业绿色高产高效创建，扎实推进省级蔬菜标准园建设，蔬菜生产稳步较快发展。全年蔬菜播种面积1417.7万亩，增长2.7%，占总播10.7%、提高0.4百分点；蔬菜产量2892.1万吨，增长4.2%。由此可以看出，安徽农业是以种植业为主，牧业次之，再者渔业和林业，农林牧渔服务业最少。

近年来，安徽农业、牧业、渔业总产值指数呈微小变化，林业、农业牧渔服务业总产值指数变化微大。农业增加值构成比例近年来在52%～53%之间波动，林业增加值构成由2000年6.72%增加到2017年7.50%，呈现略微上升状态；牧业增加值构成呈现略微波动状态，渔业增加值构成呈现浮动上升状态，农林牧渔服务业呈现上升状态。因此，安徽农业横向构成比例以农业为主，纵向发展倾向是林业、农林牧渔服务业持续增长状态，农业、牧业、渔业呈现上下波动状态。具体数据详见表2-2和表2-3所列。

表2-2　2000—2017年农林牧渔业总产值指数

年份	农业	林业	牧业	渔业	农林牧渔服务业
2000	98.60	107.58	105.50	105.02	
2005	97.85	105.18	103.91	106.68	115.49
2010	103.24	107.64	104.93	105.47	110.54
2011	103.93	109.04	102.63	103.91	108.20
2012	105.80	105.40	105.60	103.50	108.05
2013	103.24	106.93	102.01	104.63	107.94
2014	105.04	107.90	102.93	103.97	107.99
2015	104.92	105.69	102.66	103.35	105.71
2016	102.45	104.88	102.04	103.05	122.78
2017	103.82	106.28	102.77	103.23	119.48

数据来源：《安徽统计年鉴》。

表 2-3　2000—2017 年农林牧渔业增加值构成

年份	农业	林业	牧业	渔业	农林牧渔服务业
2000	58.69	6.72	22.18	12.41	
2005	52.08	5.79	28.38	11.27	2.48
2010	55.09	5.45	24.88	11.24	3.34
2011	52.48	6.29	26.62	11.32	3.29
2012	52.86	6.70	25.44	11.63	3.36
2013	52.61	6.91	24.70	12.33	3.45
2014	52.66	7.95	23.58	12.21	3.61
2015	52.28	7.86	23.92	12.27	3.67
2016	50.55	7.47	24.78	12.55	4.66
2017	51.26	7.50	22.39	12.49	3.84

数据来源：安徽统计年鉴、安徽省统计局。

二、安徽现代农业发展状况分析

（一）农业经营单位数量大幅增加

2006 年以来，安徽耕地流转规模不断加大，经济发展日趋活跃，新型农业经营主体蓬勃发展。普查结果显示，2017 年末，全省规模农业经营户 12.9 万户；农业经营单位 11.5 万个，比 2006 年增长 598%。农业经营单位数量增加的主要原因是农民合作社数量大幅度增加。2017 年末，全省以农业生产经营或服务为主的农民合作社数量达 4.8 万个，占农业经营单位的 45.7%。从事农业生产活动的家庭农场 1.8 万个，以农业生产经营或服务为主的农业产业化龙头企业 5014 个。伴随新型经营主体数量的增加，安徽农业生产向规模化和专业化方向发展。普查结果显示，规模农业经营户和农业生产经营单位实际耕种的耕地面积占全省的 25.9%，生猪、家禽存栏分别占全省的 77.4% 和 78.6%。

（二）农业机械化水平明显提高

近年来，国家为支持农业生产的机械化和规模化发展，先后出台了农机购置补贴等多项农业扶持政策，联合收获机等大型机械数量大幅增加。普查结果显示，2017 年末，全省联合收获机 12.4 万台，比 2006 年增长 111.9%；排灌动力机械 154.9 万台，占全国 13%。由于农业机械的大量使用，主要农作物的机械化水平不断提升。2017 年，安徽主要粮食作物中，稻谷的机耕、机播和机收比重分别达到 98.5%、16.4%和 97.3%；小麦的机耕、机播和机收比重分别达到 99.1%、72.4%和 99.4%；玉米的机耕、机播和机收比重分别达到 90.6%、91.2%和 85.5%。

（三）农田水利设施不断完善

近年来，安徽不断加大对农田水利建设的投资力度，农田水利设施不断完善。普查结果显示：2017 年末，全省能够正常使用的机电井 26.5 万眼；排灌站 2.6 万个，比 2006 年增长 50%；能够使用的灌溉用水塘和水库 53.7 万个，增长 108.9%。农田水利设施的不断完善使得灌溉耕地面积不断增加。2017 年，全省灌溉耕地面积占全部实际耕种的耕地面积的 86.4%。有喷灌、滴灌、渗灌设施的耕地占灌溉耕地面积的 2.9%。从灌溉用水源看，主要使用地表水、地下水的分别占 68.5%、31.5%。

（四）设施农业快速发展

近年来，随着农业工程技术的快速发展、设施农业技术的逐渐成熟和城乡居民生活需求的增加，安徽设施农业面积迅速扩大。普查结果显示：2017 年末，全省温室占地面积 4.8 千公顷，比 2006 年增长 757.9%；大棚占地面积 62.1 千公顷，增长 273.7%。

第二节 安徽现代农业投资基本状况分析

农业资本投资是指依托农业生态系统，通过对农业领域的生态资源进行一定的投入，以改善农业生态资源质量及数量，并且这种改善最终表现为农业生态资本存量增加的投资行为。政府在农业资本投资中起主导作用，农业企业以及农户是重要的投资主体。本节主要分析安徽农业投资现状、投资效率、存在问题及其原因，并提出政策建议。

一、安徽农业投资现状分析

（一）政府农业投资现状

近年来，安徽对农业的支出呈现不断上升的趋势。从财政支农来看，全省财政支农资金由 2000 年 20.59 亿元增加到 2017 年 656.89 亿元，增幅比较明显。从农业支出占财政支出比重来看，农业支出占财政支出比重总体呈上升趋势，由 2000 年 7.1% 提高到 2017 年 12.33%。虽然 2010 年以后农业支出占财政支出比重有下降趋势，但仍基本维持在 10% 以上，这充分反映安徽政府对农业发展的高度重视。2000—2017 年安徽财政农业支出见表 2 - 4 所列。

表 2 - 4　2000—2017 年安徽财政农业支出

年份	财政农业支出（亿元）	农业支出增长率（%）	农业支出占财政支出比重（%）
2000	20.59	−3.5	7.1
2010	292.52	12.9	14.2
2011	351.87	20.3	13.2
2012	430.47	22.34	10.9
2013	478.17	11.08	11.0
2014	502.69	5.13	10.78
2015	577.74	14.93	11.03
2016	624.83	8.15	11.31
2017	656.89	12.43	12.33

数据来源：2017 年《安徽统计年鉴》和安徽省统计局网站。

（二）农户农业投资现状

近年来，安徽农户人均家庭经营费用支出和生产性固定资产支出不断增加，农户人均家庭经营费用支出由 2000 年的 395.44 元增加到 2017 年的 2647.64 元，按当年价计算年均增长 13.98%，扣除物价因素后实际年均增长 8.43%；农户人均生产性固定资产支出则由 53.66 元增加到 948.20 元，按当年价计算年均增长 18.38%，扣除物价因素后实际年均增长 12.40%。家庭经营费用的支出远远超过农业生产固

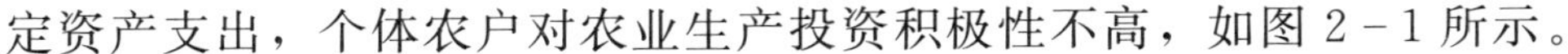

定资产支出，个体农户对农业生产投资积极性不高，如图 2－1 所示。

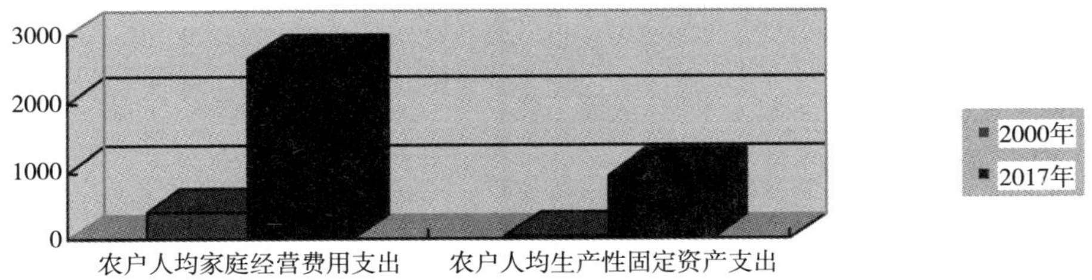

图 2－1　安徽农户人均家庭经营费用支出和生产性固定资产支出变化

（三）不同地市农业投资现状

2017 年，安徽省农业投资额为 814.29 亿元，其中，芜湖、合肥、安庆三市的农业投资额位居前三，分别为 126.03 亿元、110.68 亿元、81.34 亿元，占全省比重分别为 15.24%、13.39%、9.84%；池州、淮北、亳州三市的农业投资额为全省最低，分别为 15.52 亿元、22.70 亿元、24.99 亿元，占全省比重分别为 1.88%、2.75%、3.02%。2017 年和 2010 年相比，合肥、六安、宣城、安庆、黄山五市农业投资额占全省比重呈现减少的趋势，其余几市均呈现增加的趋势。具体数据详见表 2－5 和表 2－6 所列。

表 2－5　2017 年安徽各市农业投资额

地区	农业投资额（亿元）	占全省比重（%）
全省	814.29	100
合肥	110.68	13.39
淮北	22.70	2.75
亳州	24.99	3.02
宿州	27.86	3.37
蚌埠	38.45	4.65
阜阳	44.89	5.43
淮南	70.63	8.54
滁州	55.55	6.72

（续表）

地区	农业投资额（亿元）	占全省比重（%）
六安	37.02	4.48
马鞍山	46.77	5.57
芜湖	126.03	15.24
宣城	44.79	5.42
铜陵	33.88	4.10
池州	15.52	1.88
安庆	81.34	0.98
黄山	33.19	0.40

表2-6 2010年和2017年各市农业投资额占全省比重变动表

地区	2010年	2017年	变动
合肥	16.05	13.39	－2.66
淮北	2.21	2.75	0.54
亳州	0.95	3.02	2.07
宿州	2.93	3.37	0.44
蚌埠	4.10	4.65	0.55
阜阳	3.61	5.43	1.82
淮南	3.83	8.54	4.71
滁州	6.60	6.72	0.12
六安	7.12	4.48	－2.64
马鞍山	5.33	5.57	0.24
芜湖	8.33	15.24	6.91
宣城	11.86	5.42	－6.44
铜陵	3.06	4.10	1.04
池州	0.46	1.88	1.42
安庆	15.95	9.84	－6.11
黄山	7.62	4.01	－3.61

二、安徽农业投资效率评价

农业生产总值受到诸多因素的影响。安徽是农业大省，农业生产总值的变化直接影响到省域经济的增长。为此，以2017年有关数据为基础，对安徽农业生产总值主要影响因素进实证研究。农业投资效率的基本思想是指以最少的资源投入和能源投入，换取最大的经济价值。

（一）研究指标及数据选取

农业投资效率评价指标包括投入指标和产出指标，具体指标如下，见表2－7所列。

表2－7　农业投资效率评价指标体系

		一级指标	二级指标
农业投资效率评价指标体系	投入指标	资源投入	农业投资额
			农业用地量
			农业化肥施用量
			农业排灌机械数
		能源投入	农业用电量
			农业用水量
	产出指标	农业经济价值	农业总产值

1. 投入指标。选取的投入指标分为资源投入和能源投入两大类，其中，资源投入包括农业投资额、农业用地量、农业化肥施用量和农用排灌机械数；能源投入包括农业用电量和农业用水量。

2. 产出指标。选取地区农业总产值作为产出指标，反映各地区农业生产活动提供产品或服务的经济价值。

（二）模型设定

运用DEAP 2.1软件，采用以投入为导向的BCC模型，将2017年安徽16个城市的投入和产出指标的相关数据带入求解，经过DEA计算分析得到各市的技术效率、纯技术效率、规模效率以及规模报酬水平，对2017年各市的农业投资效率进行截面分析，见表2－8所列。

表 2-8　2017 年各市农业投资支出

地区	农业投资（亿元）	农业用地（千公顷）	农业化肥施用量（万吨）	农用排灌机械（台）	用电量（亿千瓦时）	用水量（亿立方米）	农业（农林牧渔业）总产值（亿元）
合肥	108.41	821.45	27.86	141609	15.93	19.57	480.11
淮北	21.78	201.12	10.61	88087	3.23	1.82	108.32
亳州	25.93	690.11	29.67	13399	10.61	6.47	392.06
宿州	28.84	768.68	33.30	43136	11.62	5.11	500.07
蚌埠	39.13	449.63	30.71	12405	9.75	10.65	335.25
阜阳	42.68	771.84	36.94	213868	16.71	10.96	599.88
淮南	71.96	413.96	29.08	86705	12.89	12.55	203.26
滁州	57.82	1069.10	35.57	89850	10.51	17.51	393.43
六安	39.62	1283.25	19.11	125000	10.83	18.30	354.93
马鞍山	45.81	299.68	7.89	209062	5.77	8.77	151.43
芜湖	125.13	443.11	17.97	273347	13.76	10.61	270.21
宣城	45.86	1078.99	12.69	130578	12.86	10.30	236.00
铜陵	31.20	190.12	5.59	44713	6.25	3.88	82.55
池州	16.52	724.92	5.99	66272	3.82	4.87	127.06
安庆	82.80	1035.41	20.36	81146	14.45	14.53	363.33
黄山	30.14	903.43	3.68	29128	2.61	2.70	97.12

数据来源：《安徽统计年鉴》，安徽省统计局网站。

技术效率反映了各市的农业投资效率水平，纯技术效率反映在规模报酬可变条件下的农业投资效率水平，规模效率反映各市的农业投资规模水平，规模报酬反映了规模水平变化导致的农业投资效率变化情况。效率评价结果见表 2-9 所列。

表 2-9　效率评价结果

地区	技术效率	纯技术效率	规模效率	规模报酬
合肥	1.000	1.000	1.000	不变
淮北	0.805	1.000	0.805	递增
亳州	1.000	1.000	1.000	不变
宿州	1.000	1.000	1.000	不变

（续表）

地区	技术效率	纯技术效率	规模效率	规模报酬
蚌埠	1.000	1.000	1.000	不变
阜阳	1.000	1.000	1.000	不变
淮南	0.639	0.737	0.867	递增
滁州	0.870	0.879	0.990	递增
六安	1.000	1.000	1.000	不变
马鞍山	1.000	1.000	1.000	不变
芜湖	0.890	0.921	0.967	递增
宣城	0.940	0.960	0.979	递减
铜陵	0.842	1.000	0.842	递增
池州	1.000	1.000	1.000	不变
安庆	1.000	1.000	1.000	不变
黄山	1.000	1.000	1.000	不变

注：技术效率值等于纯技术效率和规模效率的乘积。

从表2－9可知，2017年安徽16个城市的技术效率平均值为0.937，纯技术效率平均值为0.969，规模效率平均值为0.966。只有宣城处于规模报酬递减阶段，反映了农业投资规模扩大所导致投资效率下降的问题，应适当控制农业投资规模；10个市处于规模报酬不变阶段，即这些城市是最优配置；其余5个市均处于规模报酬递增阶段，即这些城市适当增加农业投资规模可以提高农业投资效率，以上说明2017年安徽的农业投资效率整体水平中等，呈现良好的发展趋势。

从技术效率，即总体效率看，在所分析的16个市中，总体效率为1的城市有10个，占到所有评价城市中的三分之二；从纯技术效率看，安徽16个市中有12个市优于平均水平。同时，对于非DEA有效的市，淮北和铜陵的纯技术效率为1，而技术效率均小于1，表明它们是纯技术有效而非规模有效；从规模效率看，淮北、淮南、滁州、芜湖、宣城、铜陵市均没有达到完全规模有效，规模效率越接近1，表示规模大小越合适。

第三节 安徽农业投资存在的问题与对策建议

一、安徽农业投资存在的主要问题

（一）投资系统划分不合理

安徽农业资本投资涉及农业生产、农民生活以及农业生态资源保护等多方面，关系复杂。现行的畜禽养殖污染防治、土壤污染修复、农村改厕等专项投资主要由各相应主管部门负责，连带其他部门进行推动和管理，结果往往是“头痛医头，脚痛医脚”。不可否认，专项投资的针对性强，可以针对相关污染或生态破坏严重的地区进行迅速有效的控制，但农业生态系统是个复杂的系统，各子系统之间相互影响、相互作用，专项投资不能适应复杂的生态环境问题，治理效率较低。而综合性的农业生态资本投资项目则由于受到现行条块分割的行政管理体制的影响，投资效果也往往大打折扣。

（二）投资决策机制不合理

投资规划是指投资的总体空间布局以及基础设施在内的宏观设计。安徽农业资本投资公共性较强，政府作为公共利益的代表者，是其重要主体，应发挥主导作用，但并不能替代其他主体的作用。安徽现有农业资本投资规划几乎是政府主导决策、设计并投资组织实施的，其他主体被动参与，由此导致一些投资项目和实际需求不对口、投资效益低等问题。原因在于其他主体在投资筹划阶段缺乏表达意见和提出建议的渠道，不能参与投资规划的决策和设计。然而，农户往往掌握农业生态资源破坏、环境污染的一手信息，并且农户是投资项目的实际利用者，对项目是否符合当地实际情况，应当拥有发言权；企业是污染的制造者，它们了解污染的范围、程度和防治方法；同时，企业对市场需求较为敏感，对农业生态产业发展的投资需求较为了解，它们也应拥有发言权。此外，科学决策方案还需要吸纳相关领域专家学者的意见。

（三）激励保障机制不健全

长久以来，安徽农业生产的废弃物都是依靠自然降解、净化最终得到处理。农业企业是农业资源消耗和污染排放的主体，但其对于生产的环境成本和农业生态资源的经济价值认识并不全面。而安徽“谁污染，谁付费”的制度不健全、资源价格形成机制不健全、政府监管不到位，进一步导致农民和农业企业对农业资源的过度占用和农业生态系统的破坏。安徽农业环保事业存在较强的外部性，一般投资规模较大，盈利水平较低，资金回收期长；农业资源、基础设施等生态资本产权主体不明晰；此外，农业产业市场不成熟，农业生态产品的强制规范措施缺乏和市场监管力度不够。这些因素导致安徽农业产业的投资风险较大，而政府激励措施力度又不够，从而使得投资主体对农业生态产业的投资动力不足。安徽目前还没有一部全面规范农业领域投资关系的专门法规，也没有一部全面的关于农村生态环境治理和生态资源保护的专门法规。另外，政府和社会资本之间责权利关系、社会资本的投资效益、农业生态基础设施的产权属性等都亟待法律给予明确规范。

（四）融资机制滞后

当前安徽农业生态资本投资主要依靠政府财政投入，社会资金来源比重较小。财政专项投入、政策性银行贷款、企业环境投资以及农村社区和农户自筹是安徽农业生态建设的主要融资方式。政府贴息贷款等在内的政府投入受到经济环境和政府支出状况的影响较大、投入力度有限；农村社区以及农户自筹的方式往往只能针对特定具体事务进行，且农户资金实力有限，自筹投资往往不可持续。安徽农业设施建设项目公益性强、盈利周期长、风险大、投资主体规模小、负债能力低的特点决定了农业资本融资成本高。融资机制的滞后，使得社会资金难以顺利进入农业生态资本投资领域。优化投资环境，创新融资机制，才能吸引社会资金，促进农业投资绿色发展。

二、优化安徽农业投资的政策建议

针对安徽农业投资存在的问题，从合理划分投资主体事权、优化投资决策机制、建立激励保障机制以及创新融资机制方面提出对策措施。

（一）合理划分投资主体事权

1. 合理界定政府与市场作用范围

首先，明确政府责任，合理界定政府与市场作用边界。对安徽不同的农业生态环境投资项目，应选择相应的投资主体，充分发挥市场机制对提高投资效率的促进作用。明确政府对农业生态资源保护、生态修复、生态安全的第一责任，各部门之间应加强信息共享，集中资源，形成合力。其次，理顺政府、企业、农村集体经济组织以及农户等的事权关系。政府财政投资应服从市场对资源配置的决定性作用这一基本理念，不应干预市场配置资源的作用的发挥；不能违背其公共性本质，进行风险性、逐利性投资。应围绕重大农业生态环境基础设施建设、退耕还林还草工程、农业生态基础性技术研发与推广等领域以及其他农业公共物品投资领域开展投资。

2. 建立分类投资机制

建立分类投资参与机制农业生态资本投资的最终目的是实现农业生态资本的非减性，为经济社会提供良好的生态产品。无论是有形还是无形的农业生态产品，都具有非常明显的正外部性，具有公共品的特征。某些农业生态产品的生产过程虽然具有正外部性，但其使用过程却具有排他性和竞争性，符合现代社会追求健康、自然的消费理念，具有明显的商品属性。此类公共产品应交由市场提供，政府可以从税收或财政转移方面对其生产过程的外部性给予补偿。据上述分析以及对政府事权的划分，引入政府和社会资本合作模式，建立分类投资机制。

（二）优化投资决策机制

首先，引入多元主体参与投资规划设计，提高安徽决策的科学性和合理性科学的投资规划，必须是符合各方需求的；否则，具体投资项目落地之后得不到群众认可，同时也无法调动他们参与投资的积极性。政府应该畅通各投资主体之间的沟通渠道，广泛调研农户以及企业的需求，听取他们对于投资项目、规划的意见。沟通能够加深投资主体之间的相互理解，提高投资的协同性。其次，邀请专家学者、专业技术人员参与设计规划。规划设计应以“山水林田湖是一个生命共同体”理念为指导，统筹协调环保、生态工程、生态产业等各子系统。

（三）建立激励保障机制

1. 发挥政府对社会资金的引导作用，保护投资者合法权益

建立健全安徽农业资本投资法律体系，破除投资壁垒，保护投资者权益。加强绿色食品、有机食品标识监管力度，改革现有监管体系，严格生态农产品认证，规范生态农产品市场秩序。出台优惠政策，提高安徽执法人员待遇水平，吸引优秀人才充实安徽执法队伍。全面落实政府支持生态农业发展的政策措施。发展生态农业有助于形成农业生态资本投融资市场机制，增强农业经营主体的投资动力，产生激励和约束机制。政府应给予物质和政策上的倾斜以支持生态农业生产、生态农产品加工、休闲体验农业、创意农业、乡村旅游等产业的融合发展。同时，建立生态补偿制度，以弥补农民放弃传统农业生产方式所造成的一定发展机会的损失。

2. 营造公平、规范、有序的农业生态资本投资环境

推动安徽在农业领域、农村地区建立公共物品受益者付费制度。针对农村生活垃圾处理、安全饮水工程等可以收费的项目，采用 BOT 模式，由政府招标引入社会资本建设运营，通过委托经营、承包等方式将一定期限内的管护权、收益权划归投资者。投资者采用收费的形式维持项目运营并获得适当收益。由于这些项目属于基本公共服务项目，属于垄断行业，因此收费标准必须同政府协商，原则上应采用社会平均利润率标准。又由于地区经济发展水平差异较大，政府对于资金缺口应予以补助，并应当列入财政预算支出，以此保障投资者收益水平，分摊投资风险。推动建立污染者付费制度。针对农村生活垃圾、农业畜禽养殖粪便污水以及其他农业企业污染处理设施建设项目，同样可以采用 BOT 模式，交由社会资本建设运营。政府通过制定法律规范，强制推行污染者付费制度，付费标准应采取多方协商的形式制定，政府可以给予适当补贴，以保障投资项目的正常运营和投资者的合理收益。

（四）创新融资机制

1. 实现融资渠道的多样化，繁荣投资市场

建立激励保障机制，保障投资者利益，将有效激发投资者的积极性，提升投资需求。然而，加强安徽农业资本投资，还须畅通融资渠道、创新融资方式，为投资者提供稳定的资金来源。积极利用政府和社会资本合作模式，筹集社会资本。结合安徽农业生态资本投资对象的不同类型，运用各种投资模式，一方面可以扩大融资渠道，促进农业生态资本投资；另一方面，利用社会资本投资者的运营管理经验、技术实力，改变目前生态环境基础设施运营的低效率状况，增强农业生态产品的供给能力。

2. 优化农业生态资本投资机制，提高投资数量和质量

设立农业生态资源和环境保护专项投资基金，积极利用现有PPP基金，筹集社会资金。基金主要用来投资农业生态资源保护、生态环境治理与修复以及农业环境基础设施建设等项目。通过利用基金这一方式，可以分散农业生态资本投资风险，依托专业投资机构参与农业生态资本投资，可以提高投资效益以及投资项目运营管理效率。推动安徽绿色金融服务农业生态资本投资领域，加大金融支持力度。

3. 实现农业生态资本的非减性，促进农业投资的发展

政策性金融机构要根据自身定位，依托国家优惠政策，为农业生态环境领域公共物品和准公共物品的供给提供支持，加大信贷投放力度。鼓励商业性金融机构在保证自身合理收益的基础上，对农业生态资本投资市场化运营的项目加大金融服务力度。鼓励符合条件的项目运营企业通过在资本市场发行债券等方式融资。

第三章 安徽工业投资分析

工业作为国民经济中最重要的物质生产部门，是推动经济增长的主动力，也是科技创新的重要载体，还是居民就业的重要渠道和财政收入的重要源泉。工业投资是影响一个国家或地区经济发展的重要因素，合理的工业投资不仅能够促进经济有效增长，而且更能够带动相关产业的快速发展。在新常态下进一步优化工业投资结构，增强工业经济发展活力，对于提升全省工业综合实力和竞争力，推动产业结构转型升级，努力实现更高质量、更有效率、更加公平、更可持续的发展具有重要现实意义。本章主要分析安徽工业投资基本情况、存在的问题以及工业投资发展的支撑条件、基本判断和重点方向，并对促进安徽工业投资持续稳定增长提出对策建议。

第一节 安徽工业经济运行总体情况分析

2017 年以来，面对错综复杂的国内外经济发展环境及传统产业调整带来的压力，安徽工业战线认真贯彻中央和省委、省政府的各项决策部署，坚持以新发展理念为引领，坚持以供给侧结构性改革为主线，努力践行“五大发展行动计划”，大力推进制造强省建设，全省工业经济保持平稳较快发展态势。

一、工业总量持续扩大

2017 年，安徽坚持稳中求进的工作总基调，扎实推进供给侧结构性改革，大力推动制造强省建设，工业总量持续扩大，工业增速超预期，后劲增强，呈现预期向好的态势。

从规模以上工业增加值来看，2017 年，全省规模以上工业增加值比上年增长 9%，增幅比上年提高 0.2 个百分点，比全国高 2.4 个百分点，居全国第 6、中部第 2 位，为近三年最高水平。虽然全省规模以上工业增加值的增幅仍然低于 10%，但从 2014 年以来已连续保持增长势头，且在 2016 年全省规模以上工业增加值总量也已首次突破万亿元。

从工业企业发展情况来看，截至 2017 年底，全省规模以上工业企业总量达到 20449 户，较 2016 年净增 1067 户，较五年前增长 60%，净增数居全国第 3 位，居全国位次也由第 8 位上升到第 6 位。全年新增 2252 户企业，实现工业增加值占全省规模以上工业的 3.4%，对全省工业增长的贡献率达 22.4%。新增产值超千亿元企业 1 户，全年产值超百亿元企业 34 户，比 2016 年净增 2 户，企业规模的连续上台阶，引领安徽工业持续走稳。

详见表 3－1 所列，如图 3－1 所示。

表 3－1　安徽规模以上工业增加值与增速

年　份	规模以上工业增加值（亿元）	增　速（%）
2005	1483.76	8.03
2006	1885.64	27.09
2007	2562.70	35.91
2008	3259.71	27.20
2009	3980.55	22.11
2010	5290.62	32.91
2011	6776.02	28.08
2012	7614.11	12.37
2013	8646.00	13.55
2014	9302.81	7.60
2015	9817.10	8.60
2016	10081.20	8.80
2017	10988.51	9.00

资料来源：安徽省统计局网站。

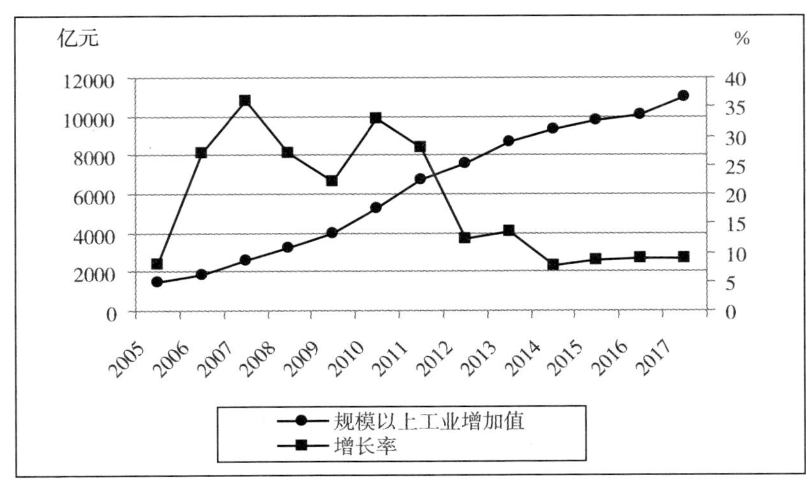

图 3-1 2005—2017 年安徽规模以上工业增加值增速

二、结构调整取得积极进展

2017 年全省上下深入贯彻落实新发展理念，坚持稳中求进工作总基调，坚持以推进供给侧结构性改革为主线，深化改革创新。通过改造传统产业、培育新兴产业、淘汰落后产业等措施，着力构建产业新体系，调整优化工业结构，总体上结构调整取得积极进展。

从规模以上工业增加值的构成来看，2017 年，股份制企业累计完成工业增加值 9204.8 亿元，占全省规模以上工业增加值的比重为 83.77%；外商及港澳台投资企业累计完成工业增加值 1341.2 亿元，占全省规模以上工业增加值的比重为 12.21%；国有企业、集体企业和其他类型企业贡献的工业增加值占全省规模以上工业增加值的比重不足 4 个百分点。详见表 3-2 所列，如图 3-2 所示。

表 3-2 2017 年安徽规模以上工业增加值的构成

指标	国有企业	集体企业	股份合作企业	股份制企业	外商及港澳台投资企业	其他经济类型企业
规模以上工业增加值（亿元）	295.7	15.6	4.0	9204.8	1341.2	124.4
比去年同期增长（%）	11.8	−11.5	4.1	9.1	8.5	1.7
占比（%）	2.69	0.14	0.04	83.77	12.21	1.13

资料来源：安徽省统计局网站。

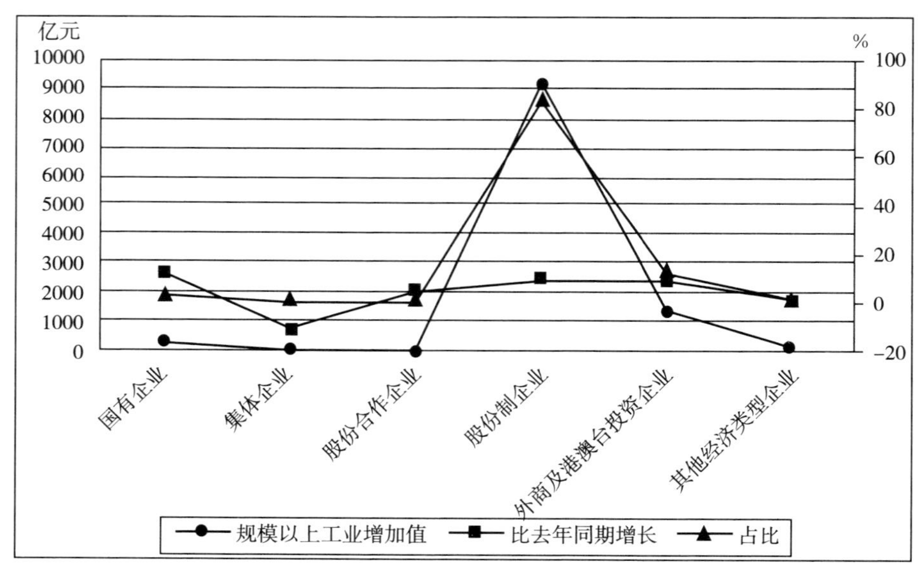

图 3-2 2017 年前三季度安徽不同类型企业工业增加值的构成

从工业细分行业结构来看，2017 年，规模以上工业中的装备制造业增加值增长了 13.4%、比上年高 0.5 个百分点，增加值的占比也由上年的 37.2%下降到 35.8%。高新技术产业增加值增长 14.8%，比全部工业增速高 5.8 个百分点，增加值占比由上年的 39.8%提高到 40.2%。全省规模以上高耗能行业增加值增长 7.1%，比去年回落 1 个百分点。其中，有色业增加值增速仅为 3%，回落 17.8 个百分点。40 个工业大类行业中有 34 个增加值增长，12 个增幅超过 10%，主要工业产品产量快速增长，传统产业中的彩色电视机、房间空气调节器、电力电缆、微型计算机设备、家用电冰箱、平板玻璃和水泥产量分别增长 34.3%、21.8%、15.5%、13.1%、10.4%、9.3%和 7.3%，新兴产业中的光缆、太阳能电池、新能源汽车、光纤和工业机器人产量分别增长 58.2%、38.9%、38.5%、34.3%和 33.2%。

制造业贡献率提高。全省规模以上制造业增加值增长 9.5%，比去年提高 0.5 个百分点，对全省规模以上工业增长的贡献率为 93.4%，提高 2.4 个百分点，占全省规模以上工业增加值的比重为 87.8%。其中，装备制造业增加值增长 13.4%，提高 0.5 个百分点，贡献率为52.5%，提高0.3个百分点，占比为35.8%。

新兴产业支撑作用明显。2017年，全省规模以上战略性新兴产业产值增长21.4%，比去年提高5个百分点，对全省规模以上工业产值增长的贡献率为31.4%，比全省规模以上工业产值增速高5.3个百分点，产值占比由23.3%提高到24.7%。高新技术产业增加值增长14.8%，对全省规模以上工业增加值增长的贡献率为63.5%，比全省规模以上工业增加值增速高5.8个百分点，增加值占比由上年的39.8%提高到40.2%。全年太阳能电池产量增长38.9%，工业机器人增长33.2%，新能源汽车增长38.5%，光纤增长34.3%，光缆增长58.2%。新动能加速成长，创新驱动力增强。

三、发展质量不断提升

2017年，安徽坚持以质量和效益为中心，着力降低工业企业生产成本，提高企业生产效率、运营效率和盈利能力，促进了工业经济发展质量的不断提高。

（一）企业效益明显提升

1. 营业务收入增长不断加快

2017年，全省规模以上工业企业实现主营业务收入46758.4亿元，同比增长12.4%，比2016年加快4.1个百分点。全省39个大类行业有14个行业主营业务收入超过千亿，其中电气机械、非金属矿物制品、电子信息等3个行业利润超百亿元。服装服饰、纺织和医药制造等3个行业全年主营业务收入有望超千亿元，其中，医药制造业为首次达到。虽然仍然远远低于2005—2012年的增长率，但是自2016年以来，全省规模以上工业整体经济效益逐渐趋于好转。详见表3-3所列和如图3-3所示。

表3-3 2005—2017年安徽规模以上工业企业主要经济指标

年 份	主营业务收入（亿元）	主营业务收入增长率（%）	利润总额（亿元）	利润总额增长率（%）
2005	4523.27	25.47	218.2	24.50

（续表）

年　份	主营业务收入（亿元）	主营业务收入增长率（%）	利润总额（亿元）	利润总额增长率（%）
2006	5863.07	29.62	253.93	16.37
2007	7868.85	34.21	359.94	41.75
2008	10980.44	39.54	606.73	68.56
2009	12787.17	16.45	819.04	34.99
2010	18164.6	42.05	1445.57	76.50
2011	24960.16	37.41	1663.16	15.05
2012	28905.07	15.80	1870.26	12.45
2013	33079.46	14.44	1758.77	−5.96
2014	36838.37	11.36	1943.62	10.51
2015	39064.41	6.04	2000.12	2.911
2016	41600	8.3	2078.9	12.30
2017	46758.4	12.4	2488.44	19.7

资料来源：由2006—2017年《安徽统计年鉴》及安徽省统计局网站的数据整理所得。

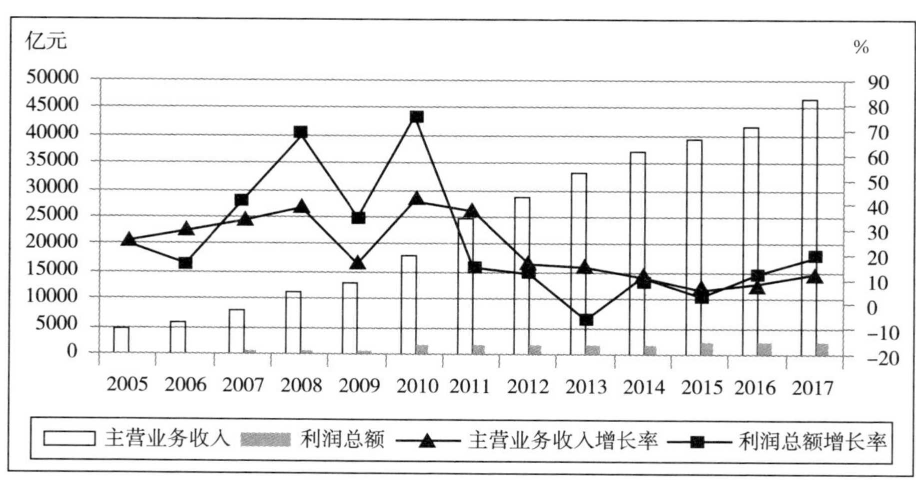

图3-3　2005—2017年安徽规模以上工业企业主要经济指标

2. 利润增速明显提高

2017年以来，随着供给侧结构性改革政策累积效应显现，安徽工业利润一直保持较快增长速度，企业经营状况明显改善，未来预期持续向好。2017 年，全省规模以上工业实现利润总额 2488.44 亿元，同比增长 19.7%，比 2016 年提高 7.4 个百分点，比全国还要高 6.1 个百分点。全省 39 个大类行业中有 31 个行业利润保持增长或扭亏增盈。详见表 3－3 所列，如图 3－3 所示。

（二）企业经营状况总体好转

1. 降成本有进展

2017 年，全省规模以上工业企业中，每百元主营业务收入中的成本费用为 93.99 元，同比减少 0.58 元。其中，每百元主营业务收入中的成本为 86.83 元，减少 0.42 元，每百元主营业务收入中的三项费用为 7.16 元，减少 0.16 元，延续了年初以来的下降趋势。

2. 资金周转加快

2017 年末，安徽规模以上工业增加值同比增长 9%，是近三年以来最高水平。全省工业累计增速持续保持平稳提升且未出现过回落，是全国仅有的 2 个省份之一。全省规模以上工业企业产成品存货周转天数为 13 天，同比减少 0.4 天；应收账款平均回收期 37.8 天，减少 0.5 天。

3. 工业品价格继续回升，市场需求进一步回暖

2017 年，工业品价格上涨 2.2%，比 2016 年同期高 2.2 个百分点，创 2012 年以来新高，对 CPI 的影响程度达 59%。工业生产者出厂价格（PPI）同比上涨 8.5%，其中 9 月份上涨 8.6%、涨幅连续 4 个月回升。

四、与中部地区其他省份比较

2017 年，全省工业经济稳中有进，呈现生产运行平稳、结构持续优化、效益明显改善的特点。与中部其他省份相比，规模以上工业增加值、利润总额、主营业务收入等主要指标安徽均位居全国第一方阵。

从规模以上工业增加值来看，2017 年，安徽规模以上工业增加值 10988.51 亿元，居中部第 4 位；同比增长 9.0%，比江西低 0.1 个百

分点，分别高于湖北、河南、湖南和山西 1.8 个、1.0 个、1.7 个和 2.0 个百分点。这表明安徽规模以上工业增加值的总量虽然在中部地区排名靠后，但近年来已逐渐缩小与中部地区其他省份的差距。

从利润总额来看，安徽采取一系列措施大力推进"重大一创"工程，带来工业企业质量和效益的大幅提升，利润总额不断增加。2017 年，全省规模以上工业企业实现利润总额达 2488.44 亿元，位居中部第 3 位；同比增长 19.7%，位居中部地区第 3 位，低于山西、湖南，但分别高于湖北、河南和江西 9.7 个、9.4 个和 1.3 个百分点，与河南、湖北和江西的差距进一步缩小。

从规模以上工业企业主营业务收入来看，2017 年全省规模以上工业企业主营业务收入达 46758.4 亿元，位居中部地区第 2 位；同比增长了 12.4%，与湖南持平，与山西相差 13.3 个百分点，但分别高于江西和河南 1.5 个和 2.9 个百分点，在缩小了与河南和湖北差距的同时，继续保持对中部其他省份的领先。

具体数据详见表 3－4 和表 3－5 所列。

表 3－4 2017 年中部地区工业经济指标 单位：亿元

地区	规模以上工业增加值	利润	主营业务收入
山西	5589.96	1024.5	17725.3
安徽	10988.51	2488.44	46758.4
江西	8513.73	2264.0	33611.5
河南	18177.20	5110.55	77235.67
湖北	13874.21	2470.6	45169.9
湖南	11993.24	1930.89	39463.90

资料来源：由各省统计公报及统计局网站的数据整理所得。

表 3－5 2017 年中部地区工业经济指标增速 单位：%

地区	规模以上工业增加值	利润	主营业务收入
山西	7.0	383	25.7
安徽	9.0	19.7	12.4
江西	9.1	18.4	11.1

（续表）

地区	规模以上工业增加值	利润	主营业务收入
河南	8.0	10.3	9.5
湖北	7.2	10.0	6.80
湖南	7.3	24.3	12.4

资料来源：由各省统计公报及统计局网站的数据整理所得。

第二节　安徽工业投资基本情况分析

当前，我国经济发展新常态特征更加明显，长期积累的矛盾和风险进一步显现，经济增速换挡、结构调整阵痛、新旧动能转换相互交织。面对如此错综复杂的发展环境，安徽围绕发展目标，改革方向、高端引领，大力推进稳增长、强供给、调结构、增效益、去产能、增活力、转方式、促融合“八大行动”，着力推动建设项目提质提效，加快推进一批影响全局的重大工业项目建设，保持了工业投资平稳增长的良好势头，为全省工业经济持续健康发展提供了强劲支撑。

一、工业投资总体平稳

2017 年，全省工业投资呈现低位平稳运行态势，全省完成工业投资 12943.5 亿元，同比增长 12.7%，增幅比全省固定资产投资高 1.7 个百分点，创去年以来新高。其中，全省完成技改投资 5413.3 亿元，同比增长 15.1%，对工业投资增长贡献率达 69.3%；重点调度项目稳步推进，列入 2017 年重点调度的 1618 项亿元以上技术改造项目已实施 1366 项，占比 84.4%，累计完成投资 1804 亿元。

自从经济发展进入新常态后，安徽经济进入中高速增长阶段，主要经济指标的增长率开始稳步下降，其中，工业投资的增幅下降较为明显。2011 年工业投资呈现断崖式下跌，同比增长 10.6%，此后，2012 年和 2013 年虽有一定程度提高，且仍高于全国增幅，分别达到 19.2%和 18.6%，但整体上仍然呈现出稳步下降趋势。详见表 3 - 6 所列，如图 3－4、图 3－5 所示。

表 3－6 安徽和全国工业投资额及其增长率

年份	安徽工业投资额（亿元）	安徽工业投资额增长率（%）	全国工业投资额（亿元）	全国工业投资额增长率（%）
2005	916.79	46.11	37283.74	35.79
2006	1397.03	48.04	46890.21	25.55
2007	2149.21	53.17	59388.38	26.39
2008	2792.94	29.97	74761.38	25.99
2009	3656.21	33.11	93406.39	25.00
2010	5012.15	41.04	114437.17	22.32
2011	5714.22	10.6	128264.76	11.99
2012	6898.92	19.2	153592.48	19.67
2013	8134.8	18.6	181026.11	17.78
2014	9265.16	13.23	204515	12.45
2015	10568.76	14.1	219957	8
2016	11588.1	9.6	227892	3.61
2017	12943.5	12.7	232618.76	2.07

资料来源：安徽省统计局网站和中华人民共和国统计局网站。

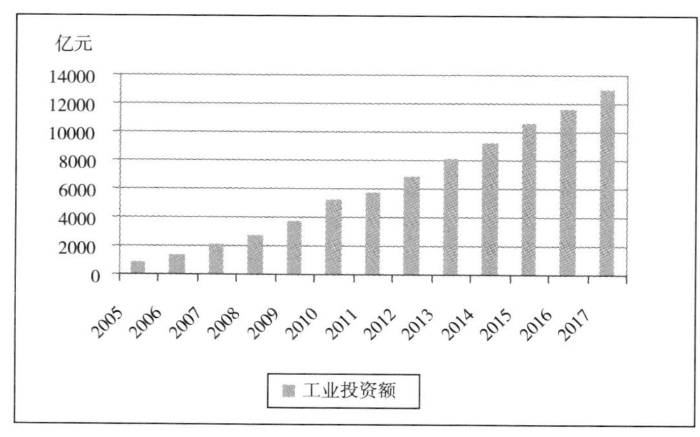

图 3－4　2005—2017 年安徽工业投资额

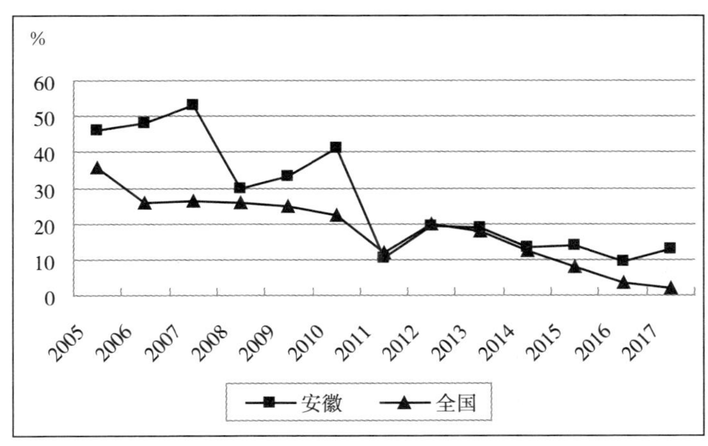

图 3－5　2005—2017 年全国和安徽工业投资增长率

全省工业投资对全社会固定资产投资的贡献率保持在一个较为稳定的水平。2005 年以来，工业投资占固定资产投资的比重先由 37.53%快速提升到了 2011 年的 45.88%，此后，工业投资占固定资产投资的比重呈现稳步下降的趋势。2017 年工业投资占比为 44.34%。2017 年，工业投资对全社会固定资产投资的贡献率 55.83%，与 2016 年同期相比，上升了 12.69 个百分点，原因主要是 2017 年工业投资的增幅较之 2016 年同期大幅上升，且大于固定资产投资的增幅，从而造成固定资产投资增长中工业投资的贡献份额大幅上升。

详见表 3－7 所列，如图 3－6 所示。

表 3－7　安徽工业投资占全省固定资产比重和贡献率　　单位：%

年份	占比	贡献率
2005	36.31	48.44
2006	39.54	45.14
2007	42.24	48.00
2008	41.40	38.81
2009	40.67	41.21

（续表）

年份	占比	贡献率
2010	43.42	59.77
2011	45.88	60.89
2012	44.72	36.98
2013	43.68	40.21
2014	42.35	33.28
2015	43.32	51.93
2016	43.31	43.14
2017	44.34	55.83

资料来源：2005—2017 年《安徽省统计年鉴》和安徽省统计局网站数据整理而得。

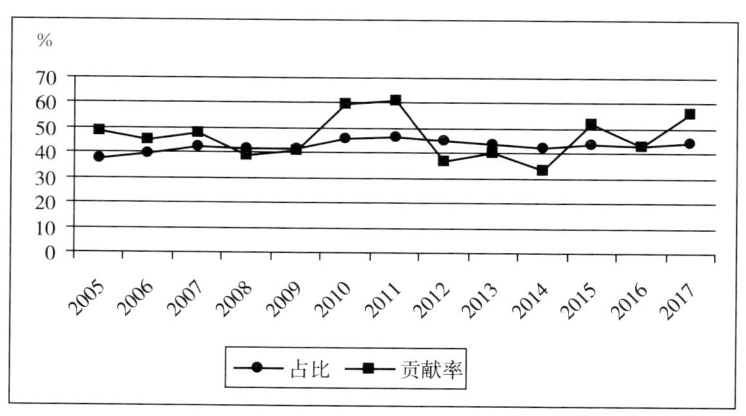

图 3-6 2005—2017 年安徽工业投资占固定资产投资的比重及其贡献率

二、投资结构不断优化

2017 年以来，安徽大力推进创新驱动发展战略，工业投资结构总体呈现出较为明显的优化趋势，工业转型升级稳步推进，制造业对工业投资的贡献率持续提升，高耗能行业持续走低，为全省供给侧结构性改革、加快调转促步伐发挥了重要支撑作用。

从工业投资细分行业来看，工业转型升级稳步推进。2017 年，采矿业、制造业和电力、热力、燃气及水生产和供应业完成的投资额分别为231.8亿元、11434.3亿元、1277.4亿元，同比增长率分别为－0.47％、10.35％和28.61％，占全省工业投资的比重分别为1.79％、88.34％和9.87％。与上年同期相比较，电力、热力、燃气及水生产和供应业的增幅均有所上升，而且采矿业投资额仍然呈现负增幅趋势。制造业增幅相比上年增加0.12个百分点。在制造业的细分行业投资中，优势制造业的投资增长相对较快，其中，电子信息、电力、家电、农副食品加工、汽车制造业分别增长44.8％、28.4％、26.1％、18.6％、15.9％，五大行业合计完成投资4137.7亿元，增长26.4％，占制造业投资的39.9％，对制造业投资的贡献率达到97％。详见表3－8所列、如图3－7和图3－8所示。

表3－8 2005—2017年安徽不同工业门类投资总额 单位：亿元

年份	采矿业	制造业	电力、热力、燃气及水生产和供应业
2005	130.97	593.09	192.73
2006	203.56	966.99	226.48
2007	265.63	1531.02	352.57
2008	304.21	2115.03	373.43
2009	352.00	3050.23	315.16
2010	407.49	4448.83	386.58
2011	387.42	5078.66	332.60
2012	389.71	6072.62	434.81
2013	341.19	7309.39	531.81
2014	319.20	8372.92	573.04
2015	324.00	9471.44	773.32
2016	232.90	10361.90	993.20
2017	231.8	11434.3	1277.4

资料来源：《中国统计年鉴》和《安徽省统计年鉴》。

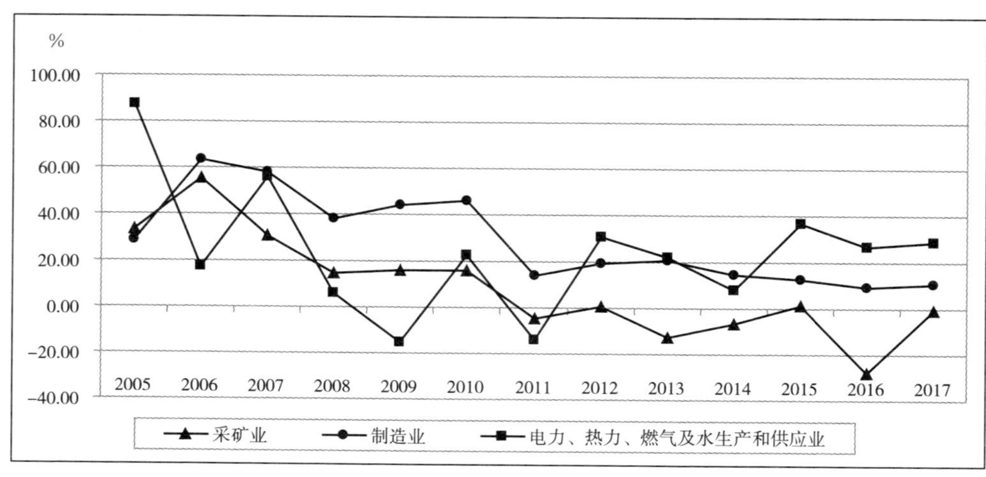

图 3-7　2005—2017 年安徽不同工业门类投资额增长率变动趋势

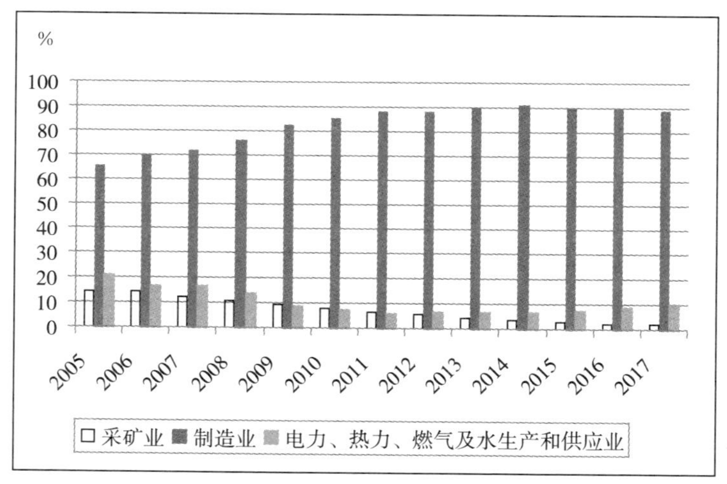

图 3-8　2005—2017 年安徽不同工业门类投资占工业投资比重变动趋势

从贡献率来看，制造业的贡献率呈现稳步提升趋势。2017 年，安徽不同工业门类的投资对工业投资的贡献率呈现出较为显著的差异，其中，采矿业对工业投资的贡献率上升了 8.83 个百分点[①]，制造业的

① 贡献率=某个因素的增长程度/总量增长程度×100%。

贡献率下降幅度较大，下降了9.19个百分点，电力、热力、燃气及水生产和供应业的贡献率提高了0.36个百分点。自2005年以来，采矿业对工业投资的贡献率呈现出下降趋势，由2005年的12.78%下降到2017年的－0.08%，而制造业对工业投资的贡献率则由2005年的51.90%提高到2017年的79.11%，且在近10年里处于先上升后下降的波动趋势，但变化幅度较小，总的来说有上升趋势。而电力、热力、燃气及水生产和供应业的投资贡献率则处于先下降后上升的趋势，近6年间处于上升趋势，到2017年达到20.97%。详见表3－9所列。

表3－9 不同工业门类投资对工业投资的贡献率 单位：%

年份	采矿业	制造业	电力、热力、燃气及水生产和供应业
2005	12.78	51.90	35.32
2006	15.12	77.86	7.03
2007	8.25	74.99	16.76
2008	6.00	90.76	3.24
2009	5.17	101.13	－6.30
2010	3.64	91.68	4.68
2011	－3.61	113.32	－9.71
2012	0.21	90.49	9.30
2013	－3.78	96.23	7.55
2014	－2.03	98.22	3.81
2015	0.38	83.52	16.10
2016	－8.91	88.30	20.61
2017	－0.08	79.11	20.97

资料来源：《安徽统计年鉴》及安徽省统计局网站数据整理。

从技术改造投资来看，工业技改投资稳步提升。2017年，面对产能过剩、企业投资意愿下降、民间投资下降等多重压力，全省沉着应对，积极进取，着力提升工业基础能力、强化重大技术装备保障、推进智能化自动化改造、提高有效供给、推进绿色发展，全省技术改造投资总体呈现“总量提升、增长平稳、后劲增强”的发展态势。技术改造投资完成7352.9亿元，同比增长18%，增速高于工业投资5.3个百分点，比1—11月高1.8个百分点，比2016年高7.5个百分点，增速创2013年以来年度新高，占工业投资的比重为56.8%，比上年提高2.5个百分点，拉动工业投资增长9.8个百分点。2017年，全省制造业累计完成技改投资6821.6亿元，增长18.3%，投资额占工业技改投资的比重达92.8%，增速比工业技改投资高0.3个百分点。以先进制造业为主的优势产业投资快速增长，工业绿色转型加速发展。电子信息、汽车、医药、化工、装备制造分别增长33.1%、26.9%、22.2%、17.9%和17.8%。石油加工、炼焦和核燃料加工业、黑色金属矿采选业投资分别下降27.4%和45.4%。从重点项目看，重点项目推进顺利。全年实施1000项目标任务超额完成。1—12月，累计实施亿元以上重点技改项目1381项。其中新开工406个，竣工292个。这将极大增强工业发展后劲。详见表3-10所列，如图3-9所示。

表3-10 工业技改投资额及其增幅

年　份	工业技改投资（亿元）	增长率（%）
2006	851.82	22.7
2007	1078.4	26.6
2008	1408.7	30.6
2009	1802.8	35.7
2010	2472.3	37.1
2011	2947	41.8
2012	3836.4	26.3
2013	4316.6	12.5
2014	5031	16.5
2015	5757.7	14.4
2016	6363.2	10.5
2017	7352.9	18.0

资料来源：2006—2017年《安徽国民经济和社会发展统计公报》。

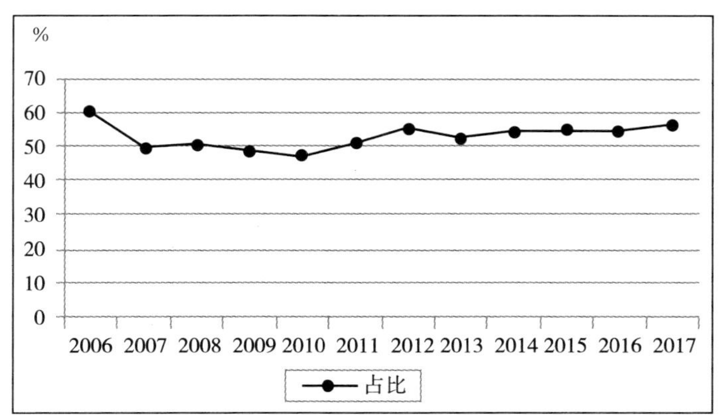

图 3-9 2005—2017 年安徽工业技改投资占工业投资比重的变动趋势

三、项目带动效应日趋明显

项目是资金、技术、人才等发展要素集聚的载体，促进工业经济发展必须坚定不移抓项目。2017 年，安徽围绕工业企业的发展目标、改革方向、高端引领布局重点项目，全面对接调转促“4105”的行动计划，积极谋划一批关系国计民生、结构调整和增添后劲的重点项目，重点推进先进装备制造、新能源汽车、新材料等项目，改造提升传统项目，优化项目结构布局，进一步夯实工业经济持续健康发展的基础。

2017 年，安徽亿元以上重点项目投资安排项目 5581 个，年度投资 11131 亿元，续建项目 2770 个，年度投资 6513.1 亿元。全省工业施工项目 20644 个，新开工项目 17290 个，全部建成投产项目 17198 个，分别较上年增加 2818、3106 和 3049 个，同比分别增长 15.80%、21.90%和 21.55%。其中，制造业施工和投产的项目占工业施工和投产的项目的主体，施工项目 18506 个，新开工项目 15715 个，全部建成投产项目 15696 个，占工业投资总项目的比重分别为 89.64%、90.89%和 91.0%。详见表 3-11 和表 3-12 所列。

表 3-11 2017 年各行业施工、投产项目个数 单位：个，%

	采矿业	制造业	电力、热力、燃气及水生产和供应业
施工项目	673	18506	1285

（续表）

	采矿业	制造业	电力、热力、燃气及水生产和供应业
其中，新开工项目	538	15715	1037
全部建成投产项目	529	15696	973
项目建成投产率	78.6	84.82	75.72

资料来源：安徽省统计局数据整理所得。

表 3－12　2017 年各行业施工、投产项目占比　　单位：%

	采矿业	制造业	电力、热力、燃气及水生产和供应业
施工项目	3.26	89.64	6.22
其中，新开工项目	3.11	90.89	6
全部建成投产项目	3	91	6

资料来源：安徽省统计局数据整理所得。

2017 年以来，安徽为加快智能制造发展，推动制造业转型升级，推进制造强省建设，特认定安徽 2017 年智能工厂 25 个、数字化车间 104 个。这是我省实施“数字安徽”以来取得的又一成果。25 个智能工厂涉及多个领域，包括机械行业、汽车行业、电子信息行业、食品行业、化工行业、农产品加工行业、纺织行业、新材料、建材行业、家居行业、环保行业。同时还认定了 104 个数字化车间，如合力股份有限公司合肥铸锻厂高强铸件数字车间、安徽金种子酒业股份有限公司成品酒制造数字车间等。

四、区域投资差距进一步拉大

近年来，区域投资差距逐渐拉大，合肥、芜湖和马鞍山等经济发达城市与黄山、宿州、淮南等城市的工业投资差距不断拉大。这主要是因为各城市经济基础、外部经济发展环境等存在较大差异，从而不同城市在转型升级过程中面临的挑战和问题不一样，最终导致工业投资变动情况呈现出一定区域异质性。

从不同城市工业投资规模来看，全省大部分城市的工业投资总额呈现上升趋势。2017 年，合肥、芜湖、马鞍山、安庆和滁州的工业投资总额位居前五位，分别为 2356.5 亿元、1867.5 亿元、1206.7 亿元、

899.4亿元、881.2亿元，占全省工业投资的比重分别为18.21%、14.43%、9.32%、6.95%、6.81%。淮南、池州和黄山工业投资占比位居全省后三位，其中，黄山工业投资总额仅为123.9亿元，占全省工业投资的比重为0.96%；淮南仅为386.5亿元，占全省工业投资的比重仅为2.99%。相比于2005年，合肥、芜湖和宿州的工业投资占比提高幅度最大，分别提高7.99个、4.92个和3.14个百分点，而淮南、马鞍山和淮北的工业投资占比下降幅度最大，分别降低了7.26个、4.50个和2.29个百分点。由以上分析可知，安徽工业投资的绝大部分集中于以合肥、芜湖和马鞍山等城市为核心的皖江城市带，这也与皖江城市带经济实力较强有关。详见表3-13和表3-14所列。

表3-13 2017年安徽各市工业投资额

地区	投资额（亿元）	增速（%）	占全省比重（%）
全省	12943.5	12.6	100
合肥	2356.5	10.4	18.21
淮北	537.4	18.29	4.15
亳州	389.3	13.50	3.01
宿州	790.5	7.31	6.11
蚌埠	783.6	11.30	6.05
阜阳	435.0	29.26	3.36
淮南	386.5	4.20	2.99
滁州	881.2	7.83	6.81
六安	428.3	11.30	3.31
马鞍山	1206.7	19.10	9.32
芜湖	1867.5	16.33	14.43
宣城	797.9	12.54	6.16
铜陵	679.3	8.72	5.25
池州	380.4	8.60	2.94
安庆	899.4	17.44	6.95
黄山	123.9	12.6	0.96

资料来源：安徽省统计局和各市统计局数据整理所得。

从工业投资增幅来看，区域城市间工业投资增长率差异较大。

2017年，阜阳、马鞍山、淮北、安庆和芜湖位居前五位，增长率分别为29.26%、19.10%、18.29%、17.44%和16.33%。增长率最低的为滁州、宿州和淮南，增长率分别为7.83个、7.31个和4.2个百分点，详见表3-13和表3-14所列。

表3-14 2005年和2017年各市工业投资额占全省比重变动表 单位：%

地区	2005年	2017年	比重变动
合肥	10.22	18.21	7.99
淮北	6.44	4.15	−2.29
亳州	2.09	3.01	0.92
宿州	2.97	6.11	3.14
蚌埠	4.83	6.05	1.22
阜阳	5.39	3.36	−2.03
淮南	10.25	2.99	−7.26
滁州	4.6	6.81	2.21
六安	2.93	3.31	0.38
马鞍山	13.82	9.32	−4.5
芜湖	9.51	14.43	4.92
宣城	6.93	6.16	−0.77
铜陵	5.16	5.25	0.09
池州	2.49	2.94	0.45
安庆	5.54	6.95	1.41
黄山	1.72	0.96	−0.76

资料来源：安徽省统计局和各市统计局数据整理所得。

从不同区域看，区域投资差距进一步拉大。2017年，合肥都市圈工业投资总额占全省比重由2015年的41.83%提高到41.96%，占比提高了0.13个百分点；皖江城市带工业投资总额占全省比重由70.52%下降到70.07%，占比下降了0.45个百分点；而皖北地区投资虽然也保持了较快增幅，但从占比来看则出现了少量下降。2017年皖北六市完成工业投资3322.3亿元，增长12.7%，低于全省0.1个百分点，同比上年增长了9.70个百分点，占全省工业投资的比重由上年的25.44%上升到25.67%。虽然淮南和亳州的工业投资保持了较快增幅，分别达到29.26%和18.29%，然而，淮北和宿州由于经济总量较小，产业结构单一，实体经济困难较大，经济下行压力加大，加之蚌埠和阜阳的工业投资增幅均低于10%，从而拉低了整个皖北地区工业投资增速。这也表明，尽管安徽大力推进淮河生态经济带建设，实施新一轮南北结对帮扶和园区合作共建，但由于皖北地区工业基础较弱，传统产业改造升级压力较大，战略性新兴产业尚待培育，所以工业投资增幅低于全省平均水平，占全省工业投资的比重出现小幅下降，如图3-10、图3-11所示。

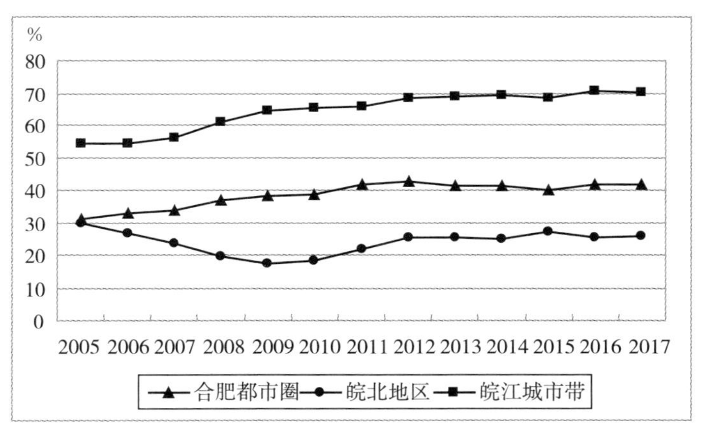

图3-10　2005—2017年安徽不同区域工业投资占全省比重变动趋势

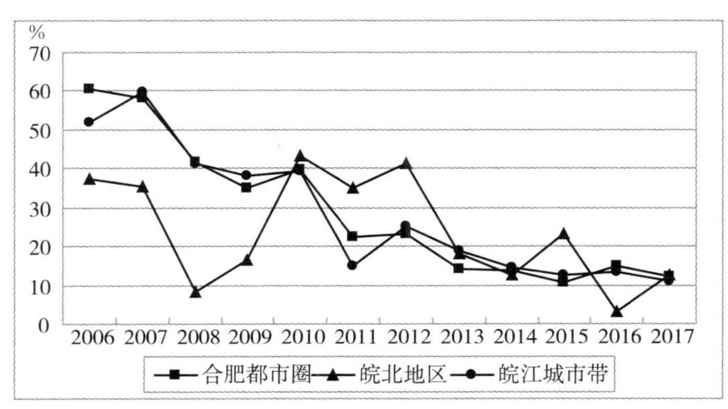

图3-11　2005—2017年安徽不同区域工业投资变动趋势

五、在中部地区排名稳步提升

2017 年以来，安徽以 24 个战略性新兴产业集聚发展基地为主阵地，瞄准产业链终端产品，着力引进一批行业龙头企业落地，推动产业链不断做大做强。一个个产业配套完备、创新优势突出、区域特色明显、规模效益显著的战略性新兴产业集聚发展基地正在江淮大地上迸发青春力量，在中部地区排名稳步提升，发展潜力不容小觑。

工业投资总额稳步上升。2005 年以来，安徽工业投资总额在中部六省中的位次在波动中上升。2005 年安徽工业投资在中部省份位居第 5 位，2012 年到 2014 年则稳居第 3 位，虽然 2015 年有所下降，但 2016 年、2017 年连续稳居第 2 位，与排名第 1 的河南的差距明显缩小，同时进一步拉开了与山西、江西、湖北等省份的差距。

工业投资增速稳中向好。2005 年、2008 年、2009 年、2011 年至 2015 年安徽工业投资增长率低于中部平均水平，其他年份则高于中部地区平均水平，2017 年达到 11.7%，高于平均水平 3 个百分点，排名下降 1 位，位居中部地区第 3 位。江西工业投资增长率 2017 年仍保持在第 1 位，湖北排名上升了 4 位，河南排名下降了 2 位，这也说明中部地区各省份的工业投资增长率变动较大，详见表 3 - 15 和表 3 - 16 所列。

表 3 - 15　中部地区工业投资总额　　单位：亿元

年份	山西	安徽	江西	河南	湖北	湖南
2005	1115.18 (2)	916.799 (5)	791.70 (6)	1944.28 (1)	1065.49 (3)	920.80 (4)
2006	1334.55 (3)	1397.03 (2)	1039.72 (6)	2737.20 (1)	1289.07 (4)	1130.77 (5)
2007	1605.75 (4)	2149.21 (2)	1488.67 (6)	4087.29 (1)	1676.87 (3)	1599.16 (5)
2008	1851.13 (6)	2792.94 (2)	2564.64 (3)	5392.69 (1)	2321.18 (4)	2209.03 (5)
2009	2128.05 (6)	3656.21 (2)	3633.35 (3)	6959.02 (1)	3054.12 (4)	3022.08 (5)
2010	2610.89 (6)	5012.15 (2)	5003.04 (3)	8228.16 (1)	4088.23 (4)	3955.24 (5)
2011	3339.01 (6)	5714.22 (2)	5149.99 (4)	9113.41 (1)	5390.36 (3)	4842.89 (5)
2012	4129.71 (6)	6898.92 (3)	5922.90 (5)	11029.00 (1)	6936.68 (2)	5938.25 (4)
2013	4700.74 (6)	8134.80 (3)	7139.47 (5)	13139.01 (1)	8852.79 (2)	7441.48 (4)

（续表）

年份	山西	安徽	江西	河南	湖北	湖南
2014	5052.76（6）	9265.16（3）	7907.5（5）	15388.9（1）	10010.7（2）	8508.33（4）
2015	5283.1（6）	10568.76（4）	8918.31（5）	17023.35（1）	12146.51（2）	10631.87（3）
2016	4908.5（6）	11588（2）	10321.97（3）	18536.63（1）	10217.02（5）	10274.71（4）
2017	5060.7（6）	12943.55（2）	11782.9（4）	19190.97（1）	12712.39（3）	11037.95（5）

数据来源：2006—2017年《中国统计年鉴》及各省统计局网站的数据整理所得括号中数字为位次，下表同。

表3-16 中部地区工业投资增长率 单位：%

年份	平均	山西	安徽	江西	河南	湖北	湖南
2005	76.75	74.30（3）	63.96（6）	69.89（5）	91.05（1）	76.17（2）	72.48（4）
2006	32.19	19.67（6）	52.38（1）	31.32（3）	40.78（2）	20.98（5）	22.79（4）
2007	41.2	20.32（6）	53.84（1）	43.18（3）	49.32（2）	30.08（5）	41.42（4）
2008	35.89	15.28（6）	29.95（5）	72.28（1）	31.94（4）	38.42（2）	38.14（3）
2009	31.06	14.96（6）	30.91（4）	41.67（1）	29.05（5）	31.58（3）	36.81（2）
2010	28.7	22.69（5）	37.09（2）	37.69（1）	18.24（6）	33.86（3）	30.88（4）
2011	16.09	27.89（2）	14.01（4）	2.94（6）	10.76（5）	31.85（1）	22.44（3）
2012	21.78	23.69（2）	20.73（4）	15.01（6）	21.02（5）	28.69（1）	22.62（3）
2013	20.93	13.83（6）	18.60（5）	20.54（3）	19.13（4）	27.62（1）	25.31（2）
2014	13.61	7.49（6）	13.23（3）	10.76（5）	17.12（1）	13.08（4）	14.34（2）
2015	14.72	4.56（6）	14.07（3）	12.78（4）	10.62（5）	21.34（2）	24.96（1）
2016	1.32	−7.09（5）	9.64（2）	15.74（1）	8.89（3）	−15.89（6）	−3.36（4）
2017	8.7	3.1（6）	11.7（3）	14.6（1）	3.5（5）	11.9（2）	7.4（4）

第三节 安徽工业投资存在的问题及其对策建议

在全省工业经济保持平稳较快发展、工业投资取得较大成绩的同时，受外部环境复杂多变、内部传统增长动力持续减弱等不利因素的影响，全省工业投资发展中存在的问题和现象也应引起关注。要充分认识当前安徽工业投资面临的机遇和挑战，始终保持发展定力，坚定发展信心，不断巩固工业经济稳中向好势头。

一、安徽工业投资存在的问题

（一）工业投资占比及增速低，与当前发展阶段不相称

受市场需求不足、部分行业产能过剩等因素影响，全省经济增长速度进一步放缓，企业经济效益下滑，从而部分企业投资更趋于保守，投资意愿减弱，工业投资占比及增速降低，与当前发展阶段不相称。

2017年，全省工业投资额增长12.7%，增幅比上年降低4.6个百分点，占全社会固定资产投资的比重稍有所上升，但对固定资产投资的支撑作用仍不强。其中，采矿业和制造业完成投资额增速也持续下落，且下降幅度较大。而电力、热力、燃气及水生产和供应业完成投资额仅出现很小幅度的提升。同时，制造业投资增长乏力，安徽目前仍处于工业化中后期，制造业约占经济总量的四成、对经济增长的贡献率超过50%，制造业依然是安徽经济发展的主动力和主引擎。2017年，全省制造业投资增长10.35%，占全省投资的比重为88.34%，比上年下降1.08个百分点。这与工业化中期向中后期加速发展阶段保持较大发展强度的要求存在较大差距。

（二）工业投资效率有待提高，后期发展潜力不足

安徽工业投资效率自2005年以来，总体呈下降趋势，后期发展潜力明显不足。产生这一情况的原因主要是近几年工业投资总量虽然保持较快增长，新建项目对新增规模以上工业企业的贡献度较低，同时，增加值率提高的行业投资反而出现减少，而一些增加值率较低甚至持续下降的行业投资却明显过度，进而导致工业投资效率的持续下降。2017年，全省规模以上工业增加值的增量为907.31亿元，工业投资额为12943.5亿元，工业投资效果系数为0.070[①]，稍高于2016年的0.023，但仍然远远低于2005年的工业投资效果系数（0.32），即每亿

---

① 工业投资效果系数=工业增加值增量/工业投资。

元工业固定资产投资，工业增加值净增量仅为0.070亿元。

（三）工业投资结构性矛盾突出，部分高耗能产业投资居高不下

近年来，虽然安徽高度重视产业结构调整，加大对新材料、生物技术、电子信息、能源开发等战略性新兴产业和高新技术产业的开发和投资力度，但是就投资来说，对传统产业的投资还是明显多于对新兴产业的投资，其中对传统产业中某些能耗高、污染大的产业，投资的力度和强度依然较大。2017年安徽传统产业占工业投资的比重仍达到78%，占据绝对的优势。而对于代表先进的先进制造业和高新技术产业的投资却相对较少，这表明安徽粗放型的投资方式仍未得到根本改变，产业层次仍然较低，资源消耗仍然较大。这种投资格局不利于整体经济结构的调整和经济发展方式的转变，不利于遏制高能耗、高污染产业的发展。

（四）各市投资差距进一步拉大

从投资总量来看，全省工业经济最发达城市与其他城市的差距进一步拉大。安徽16个地级市中，仅合肥、芜湖和马鞍山工业投资额超过了1000亿元，其中仅合肥投资额突破了2000亿元大关。三市共完成投资5430.7亿元，占全省工业投资总额的41.96%，三市工业投资占比相比2016年仍提高了0.13个百分点。但阜阳、六安、亳州、淮南、池州、黄山六市的工业投资额却均不超过500亿元，其中黄山市工业投资额更是不足200亿元，六市投资额之和仅为2143.4亿元，不及合肥。从增速来看，各市工业投资增速不均衡，其中，阜阳、马鞍山和淮北的工业投资同比增幅最高，分别为29.26%、19.10%、18.29%，与此相对的是，宿州、淮南、滁州、池州、铜陵五市的工业投资增幅均低于10%。

二、安徽工业投资发展的对策建议

为促进安徽工业投资持续稳定增长，在对安徽工业投资情况和面临的主要问题进行深入剖析的基础上提出如下建议。

（一）以创新促发展，加大工业投资

创新是当今时代的重要特征，也是经济增长的主要动力。以创新

促发展，加大工业投资。首先，深化科技体制改革，提升科技创新能力。科学技术进步为工业经济的发展带来巨大的推动作用，能够大幅提升产业的竞争力，对于工业投资带来的收益率将大大超过一般性的投资，进而也能够更多地吸引投资。但是由于技术开发过程中的高风险性，单纯的以市场配置资源的方式推动，难以满足技术发展的需要。而促进技术进步是政府本身为社会提供公共产品的一项重要职能，因此政府要深化科技体制改革，提升科技创新能力。其次，健全技术创新的市场导向机制，发挥市场对创新要素配置的作用。进一步研究和认识工业经济进入新常态的新形势、新特点，深入分析和查找工业投资减缓根源，确立企业以市场为导入进行创新决策、研发投入、科研组织和成果转化的主体作用，推进企业研发机构向市场化、社会化转变，实现面向市场选择开发、面向行业提供服务、面向社会整合资源。最后，加强以企业为主体的创新平台建设。推进以企业为主体、产学研联合共建、承担重大共性关键技术研发平台建设，在重点行业、重要产业集聚区加快建设各类为科研开发和产业化提供基础条件和公共服务的行业创新平台、区域创新平台，引导企业、资金、技术、人才等资源加速集聚，努力培育新的经济成长点和新的利润增长源。

（二）加强政策引导，优化投资结构

工业投资不仅要注重数量的扩张，更要重视结构调整和效率提高。首先，要强化对产业投资的政策信息引导。要积极做好对产业政策的宣传落实工作，强化对产业政策的引导，强化政务信息公开，健全投资信息发布制度，建立多方位的产业投资政策发布渠道，及时发布地方政府的产业指导目录、重点行业情况和发展趋势、对产业投资的调控目标及相关政策等信息，向社会充分显示政府的政策方向，引导社会投资结构和方向的调整，帮助企业最大限度地规避投资风险。其次，要加强对经济的宏观调控，避免工业投资浪费。将投入、融资、重点生产要素供应、主要产品价格变化、市场开拓、重点企业发展等情况统一纳入调度和监测的范围，及时提出解决苗头性、倾向性问题的政策措施，减少企业由于信息不对称造成的盲目扩大规模，造成工业投资浪费，避免出现部分行业产能过剩。最后，坚持以“去库存，调结

构、强管理、降成本、提效益”为抓手，优化工业投资结构。通过兼并联合，完善产业链，促进全省工业行业联合重组谋发展，提高产业集中度，增强核心竞争力，加快工业企业发展，引导具有较强综合实力和竞争优势的行业龙头企业，引入新的机制，借力发展。坚决淘汰落后产能及高耗能、高污染行业，积极推动和引导不符合产业发展方向、不适合发展的行业向其他符合产业发展条件的地区转移。

（三）正视差距统筹谋划，协同推进省内不同区域工业投资

面对安徽各市工业投资差距进一步拉大这一难题，必须要在正视各市差距的基础上，统筹谋划。对于部分产业结构单一、新动能培育慢、发展动力明显不足的地区，一是强化要素保障。围绕金融、财税、要素保障等方面，落实好中省扶持实体经济发展的各项政策措施，切实解决企业生产经营中融资难（贵）、负担重以及劳动力、土地、水、电等生产要素缺失的问题。二是加强产业谋划和招商引资。按照工业转型升级的发展方向，围绕机器人、节能环保、集成电路、新型医疗设备、轨道交通、高端塑料加工等重点产业，加大工业项目策划力度。创新招商思路，实施精准招商、产业链招商和共建园区招商，确保重大项目接续落地。三是加大工业技术改造投资力度。聚焦《中国制造2025安徽篇》确定的重点方向，围绕重点工程和产业链瓶颈，针对工业“四基”的薄弱环节，统筹采用补助、贴息、奖励、资本金注入等方式予以支持，提高资金使用效益。

（四）优化工业投资环境，完善工业投资管理

切实转变政府职能，安徽要尽快按照市场经济体制的要求切实转变政府职能，积极建设“责任政府”“服务政府”“法治政府”。政府要从市场的“经营管理者”向市场的“监督管理者”转变，要从企业的“管理者”向“服务者”转变，把对经济管理重点转到为企业创造良好投资环境上来。一方面，要推动行政管理体制改革。深化行政审批制度改革，减少和规范行政审批，规范民主决策机制和行政监督机制，提高重大决策的公共参与度和透明度。提高政府的服务质量。充分发挥政府的主导作用，大力加强各级政府机关的作风建设，不断改进政府部门服务水平。制定并实行减少审批、简化程序的具体措施，着力

提高办事效率，为投资和招商引资提供好行政服务。各级职能部门要强化服务意识，切实做好政府部门的服务功能，要确保把支持工业企业发展、项目建设的各项政策落实好。另一方面，要健全投资管理的工作机制。完善重大项目协调会和政府部门联系的项目制度，狠抓项目的推进落实。进一步完善对工业投资、重大项目完成情况的考核，更加注重对投资赠书、投资结构、投资质量的综合考评，强化动态跟踪、公示通报和督察考核。加强对重点区域、重点项目情况的跟踪，准确判断形势，超前研究应对措施，确保全省工业投资任务的顺利完成。

第四节　安徽工业投资发展的支撑条件、基本判断和重点方向

当前，工业仍是安徽经济发展的核心力量，以上我们分析了工业投资低位增长、投资效率不高、资金受限、区域投资差距大等会严重影响安徽经济增长后劲和追赶超越目标的实现，因此本节从安徽工业投资发展的支撑条件出发，对工业投资发展进行基本判断，并在此基础上提出安徽工业投资发展的重点方向。

一、工业投资发展的支撑条件

当前，随着稳态局面的形成，工业经济运行中积极因素逐步积累并将在今后一段时间内陆续释放，安徽准确利用工业投资发展中的支撑条件将对下一阶段的工业投资的稳定增长起到积极正面的促进作用。

一是政策效应陆续释放，扶持力度加大。近年来，结合国家产业政策，安徽陆续出台《中国制造 2025 安徽篇》《加快调结构转方式促升级行动计划》《战略性新兴产业集聚发展工程》等政策，创新驱动和制造强国战略强力推进，“调转促”行动计划和“三重一创”建设大力推进，深度推进“互联网＋”与工业融合，新技术、新业态、新模式的扩展，为工业投资新增长点培育带来契机。同时，“一带一路”和长江经济带战略等机遇，为全省工业投资新增长点培育发展提供了新的

平台和空间。同时各级政府对辖区工业企业发展的扶持力度加大，有助于改善工业企业发展的外部环境。

二是宏观经济平稳发展，工业投资稳中向好。2017 年安徽生产总值（GDP）为 27518.7 亿元，比上年增长 8.5%，全年规模以上工业增加值比上年增长 9%，全年固定资产投资比上年增长 11%，消费品市场平稳运行，进出口总额快速增长，在供应、需求两个层面对工业投资起到正面推动作用。六大工业主导产业增加值增长 9.5%，装备制造业增长 13.4%，高技术产业增长 16.3%；战略性新兴产业产值增长 21.4%，24 个战略性新兴产业集聚发展基地工业总产值增长 23.1%。规模以上工业中，40 个工业大类行业有 34 个增加值保持增长。这将对全省工业投资保持稳步增长发挥重要作用。

三是微观层面出现积极变化，企业信心有提升。当前，各级政府不断加大对辖区工业企业发展的扶持力度，这将有助于改善工业企业发展的外部环境。随着企业融资、原材料等要素成本下降，资本市场融资渠道的畅通，中央银行“降准降息”，工业企业获取资金的渠道进一步拓宽，将有助于降低企业的生产经营成本。此外，工业企业经营状况持续改善，连续 3 年保持总利润的正增长，且保持在较高水平，为工业企业发展提供有力支撑。

二、工业投资的基本判断

目前，全球经济面临的不确定性和不稳定性因素增多，经济贸易增长乏力，外部环境不稳定因素增多，国内也面临着诸多矛盾叠加、风险隐患增多的严峻挑战。受此不利因素的影响，全省工业经济下行压力仍将较大。根据近几年安徽工业投资分析情况，可以对安徽未来几年的工业投资做如下判断。

判断 1：工业投资增速继续维持中高速增长。未来两年是全省战略性新兴产业发展大有作为的重要战略机遇期、传统产业改造升级的攻坚阶段，全省工业投资将继续处于中等增速区间运行，虽然安徽工业投资增速自 2011 年至 2016 年以来逐步降到 10%以下，但是 2017 年工业投资增速又再创新高，达 12.7%。安徽工业投资有望保持增长态势，增速将会稳中有升，10%～15%的增速将成为工业投资的新常态。

判断2：工业投资结构持续优化。随着工业强省战略、调转促行动计划的全面实施，“三重一创”建设的大力推进，新一代信息技术、高端装备、新能源、新材料、智能制造、轨道交通装备、通用航空、节能环保等新兴产业投资快速增长的趋势更加明显，全省工业转型升级稳步推进，制造业对工业投资的贡献率持续提升，高耗能行业持续走低。未来几年，安徽供给侧结构性改革的成效更会逐步显现。

判断3：工业投资效率稳中有升。工业投资只注重数量的扩张，却忽视提高效率，将事与愿违，造成更严重的后果。当前安徽正处于提质增效的关键阶段，虽然工业投资效率自2005年以来，总体呈下降趋势，但是2017年安徽工业投资效率再创2014年以来历史新高，工业投资效果系数达0.070。全省通过进一步落实已出台的各项政策，加快发展混合所有制经济，继续提高工业投资中技术改造的占比，工业投资效果系数有望在近几年达到0.02及以上。

判断4：工业投资区域差距逐步减小。目前无论是从投资总量还是从增速来看，安徽各市工业投资情况总体趋势向好，保持了较快增幅，但不同地区的工业投资差距仍较为明显。在区域平衡发展战略推动下，安徽各市加大工业投资力度。未来几年，安徽各市工业投资差距有望逐步减小，最终达到区域工业投资协调发展的目标。

判断5：工业投资在中部地区继续稳居前列。安徽工业投资总额在中部六省中的位次历年来常居第2，与排第1位的河南相比差距仍不可忽视，但是与其他四省的差距逐步拉开，又因为中部地区各省份的工业投资增长率变动较大。由此判断未来几年，安徽工业投资总额和增幅在中部地区仍然可以保持前列，处于“坐二望一”状态，但要超过河南则存在较大难度。

三、工业投资发展的重点

根据前文对安徽工业投资情况的分析并结合安徽现有的产业基础，可以初步确定安徽工业投资未来发展的重点。通过大力发展战略性新兴产业，加大对传统产业技术改造投资的力度，抑制高耗能、高污染产业以及产能过剩产业投资，力争能够实现确定的工业投资优化的目标。

一是加大战略性新兴产业投资。随着安徽供给侧结构性改革的深入推进，在能源、原材料工业增速回落，消费品工业平稳的同时，装备工业、电子信息工业两大新兴产业支撑起安徽工业增长的脊梁，成为拉动增长的主动力。在未来几年，安徽应重点加大市场前景好、产业关联度高、带动能力强的新一代信息技术、智能装备、先进轨道交通装备、海洋工程装备和高端船舶、航空航天装备、节能和新能源汽车、新能源、新材料、节能环保、生物医药和高端医疗器械等新兴产业的投资。

二是加大对传统产业技术改造投资的力度，实现产业内部的优化升级。面对经济新常态，安徽把加快传统产业转型升级作为稳增长、调结构的基础性力量，每年上万亿元的工业投资，也重点投向传统产业技术改造，安徽未来几年工业投资发展重点仍然是积极引导传统企业加大智能化和绿色化改造，促进钢铁、有色、化工、煤炭、电力、家电、工程机械、农业机械、绿色食品、轻纺鞋服、资源再生利用等传统产业投资，促进传统产业向价值链高端发展，提升产业整体素质和核心竞争力。全面实施《中国制造2025安徽篇》，重点增加高端制造、智能制造、绿色制造、精品制造、服务型制造等制造行业投资，加快运用新技术、新业态、新模式改造提升传统产业。

三是抑制高耗能、高污染产业以及产能过剩产业投资。推进节能减排、化解过过剩产能、保护生态环境是我国一项重要政策，这项工作的实施过程同时是优化安徽投资结构，积极推进产业结构调整的一个过程。加强工业发展平台建设，对于产能过剩产业，应在严格限制新增投资规模，把主要资金用在能够提高生产效率、延伸产业链、发展下游产品、降低能耗和污染等方面的投资上，既有利于节能减排责任目标的完成，又有利于产业投资结构优化升级。

第四章 安徽房地产投资分析

房地产已成为现阶段稳定国内经济的重要力量，尤其在近些年国内经济正处于“双轨期”，房地产行业被社会各界乃至政府部门认为是经济发展的“稳定器”。2017 年我国经济总量迈上 80 万亿台阶，全年经济增长 6.9%，好于市场预期。在经济整体稳中向好、稳中趋优并不断向高质量发展阶段转变的过程中，房地产市场政策坚持“房子是用来住的，不是用来炒的”原则，在保证房地产市场不发生较大波动的同时，主体房地产政策逐步收紧，全国房地产市场延续上年分化态势：一线城市严格管控，房地产市场降温最为显著；二线城市房地产市场总体稳定；三四线房地产市场不断回暖，全国房地产库存去化明显。2017 年上半年，安徽房地产投资市场延续上年增长态势，但增长速度相对过快，房地产去库存压力有所抬升，对此政府出台了一系列新的房地产宏观调控政策，并取得了积极成效。本章通过对安徽房地产投资环境、房地产投资情况以及存在的问题进行分析，结合安徽实际情况提出相应的解决对策，并对安徽今后几年房地产投资趋势作出预测。

第一节 安徽房地产投资的环境分析

2017 年是深化供给侧结构性改革和决胜“到 2020 年全面实现小康社会”的重要一年。在世界主要经济体强健复苏的大背景下，我国经济在协调发展中逐步优化，供求关系进一步改善。在经济新常态背景下，全国宏观经济的平稳有序运行，对安徽经济发展具有积极作用。安徽在省委、省政府的坚强领导下，全省上下贯彻党中央领导集体的重要思想和精神并取得了新的成就，全省经济稳中有进、稳中向好。2017 年安徽房地产投资环境整体积极向好，房地产开发投资保持较快增长，但商品房销售面积增速出现较大下滑，商品房待售面积较年初明显有所增加，去库存压力进一步显现。

一、房地产投资经济环境分析

通过对全国和安徽 GDP 增长、产业结构调整、固定资产投资、社会消费状况、对外贸易等方面进行讨论，从整体上把握和说明安徽房地产投资的国内和省内宏观经济环境。

（一）全国经济形势分析

1. 国民经济超预期增长，产业结构深化进入攻坚期

2017 年我国 GDP 达到 827122 亿元，同比实际增长 6.9%，继续保持全球经济增长的领先地位，再次强有力地证明了我国经济模式的巨大优越性。值得一提的是，一改自 2012—2016 年 PPI 连续 5 年的下降态势，2017 年 PPI 呈不断上升趋势，全年上涨 6.3%。国内居民收入持续增长且增速高于经济增长，居民消费水平和生活质量进一步提高。2017 年，我国居民人均可支配收入达到 25974 元，经物价调整后，实际同比增长 7.3%，增速快于 GDP 增速 0.4 个百分点；全年居民人均消费支出 18322 元，同比增长 7.1%，其中，居民全年人均食品烟酒消费支出同比增长 4.3%，占消费总支出的比重降至 29.3%。

产业结构继续推进，三次产业增加值仍保持增长态势，但增速分化更加明显。2017 年，三次产业增加值占 GDP 比重依次为 7.92%、40.46%和 51.63%，同比依次增长－7.57%、1.44%和 0.14%。其中第二、第三产业对 GDP 的贡献率稍有下降，第三产业不断崛起并占据主导地位，但是第三产业增加值对 GDP 的贡献率的增长幅度有所收窄，较 2016 年提高 1.4 个百分点。2017 年第三产业对 GDP 的贡献率仅提高 0.07 个百分点，说明产业结构进入深层次调整阶段，这与我国城镇化步入后期相一致，同时也是经济体不断走向成熟的标志。伴随着我国经济增长对第一、第二产业依赖性的降低，产业结构不断优化升级，人均可支配收入不断提高，社会生产性服务和生活性服务行业

将迎来发展，有助于我国经济增长方式的转变。基于宏观经济形势的转好，房地产市场投资环境进一步回暖，这将有利于安徽房地产行业的健康发展。

2. 固定资产投资稳步增长，投资结构继续优化

2017 年，全国固定资产投资（不含农户）完成额累计值为 631684 亿元，增速为 7.20%，比上年同期回落 0.9 个百分点。从三次产业固定资产投资占比来看：第一产业固定资产投资额为 20892.35 亿元，占固定资产投资总额的 3.31%，较 2016 年小幅上升，增加 0.15 个百分点；第二产业固定资产投资额为 235751.4 亿元，占固定资产投资总额的 37.32%，较上年轻微下降 1.54 个百分点；第三产业固定资产投资额为 375040.22 亿元，占社会固定资产投资总额的 59.37%，比上年提高 1.39 个百分点。从总量角度看，三次产业有效投入持续增加，随着三次产业固定资产投资增速继续下滑，且增速分化更加明显，第三产业投资引领作用更加明显，表明在经济增长仍旧面临较大压力的背景下，固定资产结构仍需进一步优化，经济增长方式仍需不断加大调整力度，短期内，整体上稳中求进的工作总基调不会变动。

从产业内部投资变动看，第三产业对经济的增长的拉动质量不断提高，社会领域投资比重上升，对服务业增长的贡献率上升至 9.2%，其中教育、卫生、文化、体育和娱乐业继续维持两位数增长速度；高新服务业、基础设施增速加快，尤其是战略性新兴服务业、高技术服务业、生态保护和环境治理等均高出服务业平均投资增速 9.9 个、4.9 个、13.5 个百分点。制造业内部，投资增速企稳，结构优化质量提升，2017 年制造业投资总额 193616 亿元，同比增长 4.8%，对全部投资增长贡献率为 21%，高于去年同期 4.1 个百分点。其中，高科技制造业投资 26187 亿元，同比增长 17%，比全部制造业平均投资水平高出 12.2 个百分点；高耗能产业投资额不断降低，全年 5 大高耗能产业累计投资额同比下降 1.8%。

以上分析表明，国内固定资产投资增速整体上缓中趋稳，供给侧结构性改革取得有力进展，国内固定资产投资结构不断优化，有助于夯实经济增长基础，保证经济稳中有进的工作总基调，营造国内稳定

有序的经济政策环境，有利于安徽整体经济环境的稳步提升。

3. 消费品市场的规模保持较快增长，消费结构不断升级

社会消费品零售总额增速稳中有升，国内消费继续成为拉动经济增长的第一驱动力。2017 年，社会消费品零售总额 366261.6 亿元，累计同比增长 10.2%。最终消费支出总额为 486347.7 亿元，占 GDP 的比重上升至 58.8%，高出资本形成占 GDP 比重 26.7 个百分点，国内消费再次成为拉动中国经济增长的“三大引擎”之首。

线上零售业继续维持高位增长，线下零售业经营环境不断改善。网上零售继续保持高速增长。2017 年全国网上零售总额 71751 亿元，同比增长 32.2%，其中实体商品网络零售额为 58406 亿元，同比增长 28.0%，均远高于社会消费品零售总额同比增长的 9.4%。实体零售业经营模式不断创新，新业态、新渠道层出不穷。2017 年，专卖店、超市、百货店等销售额增速分别为 8.3%、6.2%和 2.4%，较上年同期分别加快 3.3 个、1.9 个和 2.7 个百分点。实体零售业盈利空间扩大、销售规模增速加快，业态回暖趋势明显。

伴随全国居民平均可支配收入的增加，社会消费需求呈现多样化，与消费升级有关的商品销售增速明显加快。数据显示，2017 年限额以上单位服装和日用品类商品同比分别增长 10.2%和 7.9%，增速环比提高 1.3 和 0.5 个百分点。以白色家电为例，随着“智能制造”和 2013 年“中国制造 2025”战略的提出，为顺应消费升级趋势，传统家电行业纷纷打出“以美好生活名义做‘好产品’”的口号，在优化原有功能的基础之上，利用大数据与互联网融合健康、医疗等新功能，创新出一大批新型产业链与管理服务模式，有利于消费品市场实现更高质量供求再平衡。此外，旅游娱乐逐渐成为国内家庭的刚性需求，国内旅游市场规模高度扩张，旅游人数与消费总量屡创新高。

自 2016 年以来，居民收入和就业形势稳定向好，尤其是网络经济快速增长，消费者对经济和消费环境的信心与满意度持续增强，国内居民消费后劲充足。2017 年，月均消费者信心指数为 115，同比增长 10.5%，较年初消费者信心指数提高 12.1。消费者信心提振并保持快速增长，消费意愿不断增强，有利于消费品供应的稳定，

对稳定国民经济具有重要作用。国内社会消费环境和消费需求持续提升，居民消费结构、消费欲望保持较高位增长，消费对稳定国民经济的地位日益显著，预期稳中向好的社会消费景气对安徽经济的推动作用将更加明显，整体上为安徽房地产市场营造了健康稳定的投资环境。

4. 外贸回稳向好基础不断巩固，发展潜力正逐步得到释放

后经济危机时代，随着世界主要经济体缓慢走出萧条泥潭，国内金融市场不断开放，经济深化改革的质量效益稳步提升，国内经济稳中向好，全年外贸进出口持续增长。2017 年进出口值逐季提升，进出口总值 27.79 万亿元，同比增长 14.2%，扭转了此前连续两年下降的局面。其中，出口 15.33 万亿元，同比增长 10.8%；进口 12.46 万亿元，同比增长 18.7%，贸易顺差 2.87 万亿元。2017 年，我国外汇储备连续 12 个月不断增加，截至 12 月末，我国外汇储备超过 31300 万亿美元，跨境交易与参与主体的行为不断规范稳定。2017 年，国内累计实际利用外资 8775.6 亿美元，同比增长 7.9%。其中，高技术服务业和高新技术制造业吸引外资增速明显，共利用外资 2509.8 亿美元，占全部外资利用的 28.6%，同比增长 61.7%。外资对我国经济的布局明显快于国内经济结构的调整速度，并体现了我国经济改革、转型的方向。随着我国对外资准入门槛的降低、国内金融市场不断开放和世纪经济继续缓慢复苏，预计我国对外贸易规模将不断扩大，进出口贸易结构不断优化，对外贸易质量将稳步提升。全国内外市场的稳定有序融合，将有利于我国更加便捷高效地利用外资，对此，安徽房地产市场既面临吸引国外资金优化房地产市场，也面临一系列挑战。

（二）安徽经济形势分析

2017 年，安徽深入推进供给侧结构性改革，着力促进实体经济发展，实现经济稳步增长，经济结构进一步改善，固定资产投资环境投资结构不断优化，居民消费健康向好，消费结构持续优化，对外经济更加开放，进出口总额快速增长，全年引用外资增速保持两位数，贸易结构不断优化。

1. 经济增长稳中趋缓，经济结构有所改善

在全国经济下行压力依旧严峻，供给侧结构性改革持续发力的大背景下，安徽GDP仍保持较快增长，主要指标领先国内平均水平，经济增长率高于同期国内平均水平1.7个百分点，位列中部省份前列，经济结构不断优化，经济向好态势不断增强。2017年全省GDP达到27518.7亿元，按可比价格计算，同比增长8.5%。其中，第一产业增加值占比9.5%，为2611.7亿元，同比增长4%；第二产业增加值占比49.0%，为13486.6亿元，同比增长8.6%；第三产业增加值占比41.5%，为11420.4亿元，同比增长9%。此外，从工业生产增加值的角度看，全年规模以上工业增加值增速再创近三年的新高，增速达9%，高出全国平均水平2.4个百分比，较2016年上升0.2个百分比，增速位居全国第6、中部第2。具体从三大门类分析，采矿业增加值增长0.5%，制造业增长9.5%，电力、热力、燃气及水生产和供应业增长9.2%。分行业看，40个工业大类行业中有34个增加值增长，12个增幅超过10%。供给结构持续优化，经济增长质量不断提高。

2. 固定资产投资稳中有升，投资结构不断优化

2017年，全省累计施工项目44534个，同比增长9.2%，高出全国平均水平3个百分点，其中，本年新开工项目317个，同比下降4.7%，实际累计投资29186.0亿元，同比增长11%。随着安徽政府与社会资本合作力度的加大，以及“负面清单”的出台，民间投资门槛和投资壁垒不断被打破，民间投资已成为稳定本省投资增长的主要动力。截至12月末，在实际累计投资的构成中，民间累计投资总额占比65.9%，同比增长7.1%，国企累计投资总额占比32.4%，同比增长9.2%。此外，安徽投资结构进一步优化，新兴产业投资占比不断上升，制造业整体质量效益得到有效提高，经济增长的内源动力持续增强，为经济平稳增长打下了坚实的基础。全年全省规模以上工业中，高技术产业增加值维持高位增长，增长速度为14.8%，比全省规模以上工业增加值增速高5.8个百分点。战略性新兴产业产值占GDP的44.8%，较上年提高2.7个百分点；信息传输、软件和信息技术服务业和文化、体育和娱乐业继续保持两位数的高度增长，较上年分别增

长14.5%和13.3%，共计投资259.7亿元和203.1亿元。

3. 社会消费总体平稳增长，但消费结构僵化

随着居民收入水平的稳健增长，2017年安徽社会消费总额整体保持平稳较快增长，全年社会消费品零售累计达到11192.6亿元，同比增长11.9%，比2016年小幅回落0.4个百分点，但高于全国平均水平1.7个百分点；全年统计数据显示，全省消费对GDP增长的贡献率为40.6%，远低于全国同期消费对GDP贡献率的58.8%，说明安徽经济仍具有较大的进步空间，需要更加高效的推进省内经济结构的优化。此外，根据安徽省统计局数据（表4－1）显示，整体上看，全省消费结构调整速度近乎为零，消费结构僵化趋势明显，不利于安徽经济的可持续增长。具体来说：从经营单位所在地划分来看，城镇和乡村消费对全省社会消费品零售总值的贡献率保持不变，其中城镇地区消费与2016年维持在相同水平，占比81%，解释了全省绝大部分的社会消费变化，而相对人口更多的农村仅贡献了不到20%的社会消费总值，城乡分化明显，不利于社会长久稳定；从消费形态划分角度看，2017年商品零售和餐饮收入在社会消费品零售总额中的构成比例不变，与2016年同期水平相同；限额以上消费品1—12月累计5593.7亿元，同比增长12%，除了服装鞋帽、针、纺织品类和家用电器和音像器材类发生轻微调整外，各变动1%，其余组分占限额以上消费品总额的比中保持不变。以上数据表明，整体上看，虽然安徽居民可支配收入保持稳定增长，但居民消费结构在较低水平上的维持高度稳定，与居民多样化消费趋势相悖，这将不利于安徽产业结构的调整，并对房地产市场产生不利影响。

表4－1 2017年社会消费品零售总额 单位：亿元

指 标	1—12月累计值	同比增长（%）	2017年各子类占部类总额比例（%）	2016年各子类占部类总额比例（%）
社会消费品零售总额	11192.6	11.9	——	——
一、按经营单位所在地分	——	——	1.00	1.00
城 镇	9009.4	11.7	0.81	0.81

（续表）

指　标	1—12月累计值	同比增长（%）	2017年各子类占部类总额比例（%）	2016年各子类占部类总额比例（%）
乡　村	2183.2	13.0	0.19	0.19
二、按消费形态分			1.00	1.00
商品零售	9967.4	11.8	0.89	0.89
餐饮收入	1225.2	12.6	0.11	0.11
三、限额以上商品零售类值	5593.7	12.0	1.00	1.00
粮油、食品、饮料、烟酒类	1055.2	14.4	0.19	0.19
服装鞋帽、针、纺织品类	361.6	9.6	0.06	0.07
日用品类	162.1	12.5	0.03	0.03
家用电器和音像器材类	419.1	13.6	0.08	0.07
中西药品类	519	8.8	0.09	0.09
石油及制品类	697.4	17.1	0.12	0.12
汽车类	1385.7	7.8	0.25	0.25
其他	993.6	892.6	0.18	0.18

数据来源：安徽省统计局。

4. 进出口总值增长迅速，对外贸易结构不断

在内外经济形势不断向好的大背景下，2017年安徽对外贸易状况明显改善，进出口商品结构不断优化。全年全省对外进出口总值为536.4亿元，同比增长20.8%，结束了自2013年以来对外贸易不断恶化的形势。其中，进口累计231.5亿元，同比增长45.0%，出口累计304.8亿元，产生贸易顺差73.3亿元。在对外贸易强劲增长的同时，全省对外贸易结构不断优化，在安徽出口商品构成中，机电产品出口额为169.4亿元，同比增长10.1%，占出口总值的55.6%；高新技术产品累计出口75.4亿元，较上年同期大幅增长27.1%。从出口企业性质来看，作为安徽对外贸易的重要组分，民营企业在近十年来一直成为拉动安徽出口增长的最主要力量，2017年，民营企业累计出口额150.1亿元，同比增长－1.7%，占安徽出口商品总值的49.2%，约为

国企出口占比的2.4倍。国内外经济的环境的回暖，使得安徽利用外资不断增长，1—12月，累计利用外资158.9亿元，同比增长7.6%。对外贸易环境的改善，对安徽房地产市场具有正面影响。

二、房地产投资政策环境分析

1. 货币环境稳健中性，金融监管不断发力

2016年底召开的中央经济工作会议强调2017年“货币政策要保持稳健中性，适应货币供应方式新变化”。2017年第一季度《中国货币政策执行报告》指出“年初以来，央行实施稳健中性的货币政策”，并强调要按照“因城施策”的原则对房地产信贷市场实施调控，2月份的金融市场工作会议肯定了“因城施策”住房信贷政策有效落实，强调要继续完善差别化住房信贷政策，促进房地产市场平稳健康发展。

近年来，国内金融市场改革成效凸显。2017年1月，《安徽省“十三五”金融业发展规划》指出金融业成为安徽经济发展的重要支柱，提出安徽“十三五”金融业发展目标（表4-2），明确“建立金融风险防范和化解机制，加强风险监测、评估和预警，积极化解企业信贷等金融风险”。1月中旬，银行业监督管理工作会议进一步强调“针对房地产去库存要分类实施房地产金融调控，完善差异化信贷政策”。5月17日，省人大常委会副主任花建慧指出：“我省将积极落实金融监管和风险处置责任，加快建立金融监管协调机制，健全完善系统性风险监测预警和防控机制。”《中国金融稳定报告（2017）》和《中国区域金融运行报告（2017）》等文件，均明确提出规范金融监管。可以预计，未来一段时间金融领域的监管力度会有所增强，金融领域的强监管必将影响房地产市场的传统融资渠道。

2. 房屋建设更加注重绿色环保，调控政策转向规范化与长期化

2017年，安徽多个城市相继出台了一系列房地产调控政策，此外还要进一步推动住房市场绿色环保体系的建设。2月下旬，《关于进一步加强农村危房改造工作的指导意见》突出强调在落实农村危房改造的过程中注重生态保护，要同美丽乡村建设密切联系起来。《2017年全省建筑节能与科技工作要点》提出要加快推广绿色建筑，启动绿色

城市综合试点。《安徽省绿色生态城市建设指标体系（试行）》出台被认为是安徽实现从绿色生态向绿色城市跨越的标志，也是实现安徽房地产市场走可持续发展道路的必然选择。我省房屋建设更加注重绿色环保，更加侧重生态宜居。

近年来，安徽出台各类房地产调控政策，但是房地产政策连续性、稳定性难以得到彻底保证，从而出现了政策松紧与房价保持高度的反向联系。国内居民越发强烈地期待构建长效的房地产调控政策，党的十九大再次重申“房子是用来住的，不是用来炒的”。2017 年，《关于扎实推进城乡基本住房保障工作的实施意见》（下称《意见》）指出强化公共租赁住房保障的同时，突出强调要规范公租房纳入房屋租赁市场，建立多主体供给、多渠道保障、租购并举的住房制度，满足群众住房需求。《意见》的实施有利于安徽未来构建住房租赁体系，缓解住房市场供求结构不合理的现状，为房地产调控政策的规范化、长期化奠定基础。

表 4－2　安徽省“十三五”金融业发展目标

指　标	2015 年	2020 年	年均增长（%）
金融业增加值（亿元）	1241.9	2500	15
金融业增加值占 GDP 比重（%）	5.6	7	/
金融业增加值占服务业增加值比重（%）	14.5	17	/
社会融资规模（亿元）	3575	8000	17.5
直接融资比重（%）	13	30	/
本外币存款余额（亿元）	34826	52000	8.5
本外币贷款余额（亿元）	26144	46000	12
沪深港证券交易所上市公司数	95	200	/
全国中小企业股份转让系统挂牌数	164	650	/
省区域性股权交易市场挂牌企业数量	710	1500	/

（续表）

指　标	2015年	2020年	年均增长（%）
证券化率（%）	52.5	60	/
保险深度（%）	3.18	5	/
保险密度（元/人）	1138	3000	/

3. 供求两端齐发力，共推全省房地产市场去库存

2016年底，《全国土地整治规划（2016—2020年）》（下称《规划》）明确指出“坚持最严格的节约用地制度，积极推进城镇低效用地再开发和旧工矿改造，大力推进废弃、退化、污染、损毁土地的治理、改良和修复，促进土地资源永续利用，优化城镇用地结构”。《规划》从根源上管控土地供给市场的效力，对安徽房地产投资结构的改善具有积极影响。

由于缺乏地方土地供应的有效监管，结果造成房地产市场结构不断恶化。各类房地产政策的出台，来间接地收紧对各地房地产市场可供土地总量。地方政府加大对公共重点领域的土地供给，有利于房地产尤其是政府保障性住房市场的健康发展，对地方政府集约使用土地资源、合理规划住房市场起到积极作用。

2017年，安徽发布《关于推进非住宅商品房去库存的若干意见》（下称《意见》），《意见》通过要求鼓励买房者“购租并举”，开发商土地用途向社会化养老、文化、旅游、大学生创业、体育产业等符合条件的经营性、公益类用房转变。此外，通过允许使用“购房券”购买非住宅商品房和加大购房贷款力度，刺激居民扩大对非居住商品房的购买欲望，有利于推动安徽省非商品房市场去库存和促进房地产投资向新型产业、养老医疗、文化、娱乐等高服务业附加值领域迈进，对安徽房地产投资结构的健康转变具有重要意义。

第二节　安徽房地产市场投资情况分析

一、房地产投资总体情况分析

2017年房地产开发投资延续年初快速增长的势头，商品房销售小

幅回升，房企资金得到有效保障，房地产投资市场总体保持平稳运行。

（一）房地产开发投资规模不断扩大，但增速波动明显

2007—2017年，安徽房地产开发投资总规模呈总量扩张趋势，但增速波动较大，主要是房企投资易受政府政策和市场预期的影响，表现为房地产投资与宏观调控政策间的纠结轮回。2007—2013年，安徽房地产投资保持较快增长，期间政府虽曾出台抑制政策，但并未抵消投资者风险保值的强烈需要，结果房地产投资增速仍保持高位运行。2013—2016年，随着房地产库存压力的抬升和国内外经济的回暖，国家和地方相继出台更为严厉的房地产投资管控政策，结果安徽房企投资明显放缓，由此前连续几年超20%的增速，降至个位数增速。2017年安徽房地产投资增速再次大幅上升，增速达21.9%，高出上年同期17.9个百分点，这主要是因为房地产库存压力缓解，房企新增投资的需要增加，如图4-1所示。

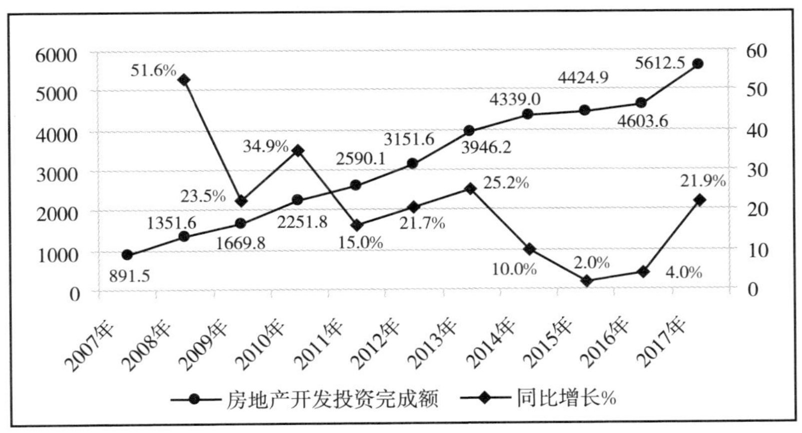

图4-1 2007—2017年安徽房地产投资情况

2017年，安徽房地产开发投资5612.5亿元，比上年名义增长21.9%，增速比1—11月回落0.4个百分点。其中，住宅投资4007.0亿元，增长30.5%，增速回落1个百分点。住宅投资占房地产开发投资的比重为71.4%。2017年，安徽房地产开发企业房屋施工面积39169.2万平方米，比上年增长9.9%，增速比1—11月份增加0.5个百分点。房屋新开工面积11398.7万平方米，增长32.8%，增速降低

1.8个百分点。房屋竣工面积4747.7万平方米，下降11.8%，降幅扩大2.6个百分点。因此从总体来看，2017年安徽房地产投资相对火爆，主要是因为2017年全省各地区因城施策，三四线城市为了去库存而实施相对宽松的房地产政策，最终助推全省房地产投资大幅增加，如图4-2、图4-3所示。

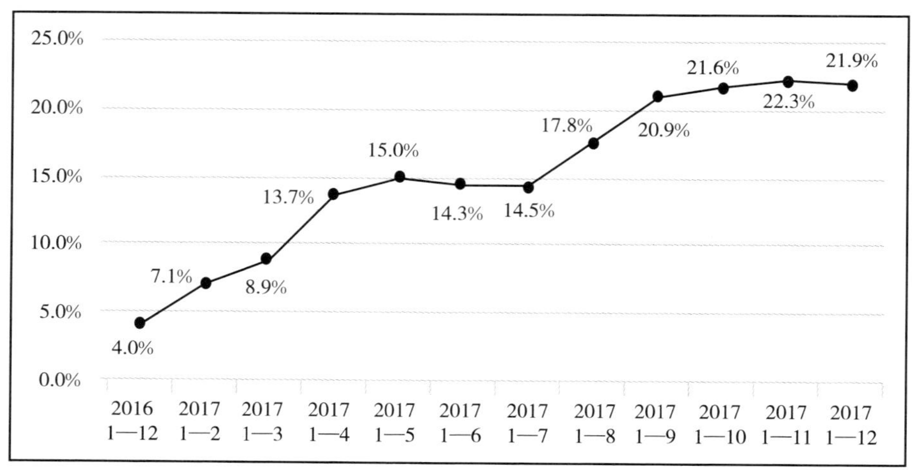

图4-2 安徽省房地产开发投资增速

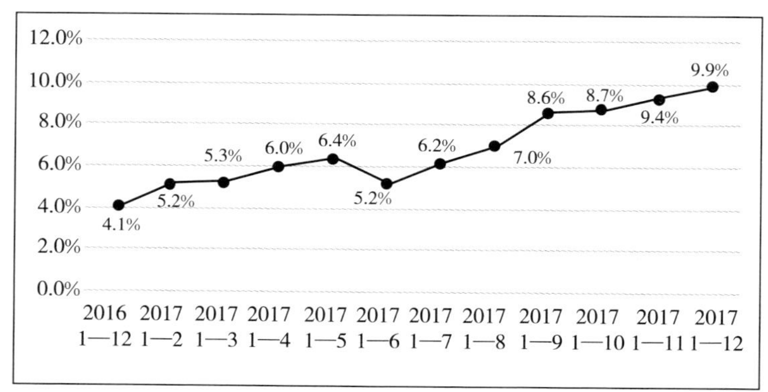

图4-3 安徽省房地产施工面积增速

（二）不同地区房地产投资规模不断扩张，但投资分化明显

2007—2017年，安徽不同地市房地产规模总体上是不断扩大，但各地市投资规模分化明显。按照房地产投资规模排序，省内排名前六

市的房地产投资总和从2007年的621.6亿元升至2017年2816.5亿元，平均年增速20.7%；排名后六市的房地产投资总和由2007年的127.7亿元升至2017年的469.9亿元，年平均增速16.1%；排名前六和后六市的房地产投资总和悬殊倍数从2007年的4.9倍升至2017年的8.1倍。反映出安徽各地市房地产投资整体保持规模扩张，但投资分化明显。此外，近10年来，前六市占省内房地产总投资的比重相对稳定，始终保持在三分之二以上，而后六市占比则出现较大幅度的下滑，占比由2007年的14.3%降至2017年8.4%，降幅达到5.9个百分点。可见，安徽房地产投资集中度逐渐提高，省内房地产投资地区间不平衡进一步加剧。其主要原因，一方面是由于各地市的资源禀赋不同，经济发展程度有所差异，导致各地对住房需求存在差异，房地产投资出现分化；另一方面是由于近年的城镇化加速了人口流向分化，越来越多的人口流向公共服务更加完善的城市，从而加剧了城市间房地产供求差异，放大了不同地市房地产投资分化态势。具体详见表4-3所列。

具体看2017年房地产投资领域，2017年全省房地产开发投资总额已逾5000亿元，同比增长21.9%，超出上年同期增幅17.9个百分点，房地产投资市场整体环境明显改善。其中，合肥房地产开发投资累计1557.4亿元，同比增长15.1%，较上年同期涨幅扩大3.4个百分点，拉动全省房地产开发投资增长2.05个百分点，对全省房地产开发投资增长贡献率达到27.7%，位列全省第1，蚌埠位列贡献率水平第2，为9.6%，排在其后的前三位依次为：阜阳9.2%、芜湖8.1%、滁州7.6%，以上五个城市代表了2017年安徽房地产开发投资变动的62.3%。详见表4-4所列。

表4-3 2007—2017年安徽房地产分化状况

年份	前六市房地产投资总额（亿元）	占当年总投资比重（%）	后六市房地产投资总额（亿元）	占当年总投资比重（%）	悬殊倍数（=前六/后六）
2007	621.6	69.7	127.7	14.3	4.9
2008	967.6	71.6	166.8	12.3	5.8
2009	1185.3	71.0	213.4	12.8	5.6
2010	1547.0	68.0	312.0	13.8	5.0

（续表）

年份	前六市房地产投资总额（亿元）	占当年总投资比重（%）	后六市房地产投资总额（亿元）	占当年总投资比重（%）	悬殊倍数（=前六/后六）
2011	1731.1	66.8	451.2	17.4	3.8
2012	2064.1	65.5	408.5	13.0	5.1
2013	2583.7	65.5	526.6	13.3	4.9
2014	2780.2	64.1	513.9	11.8	5.4
2015	2959.5	66.9	405.3	9.2	7.3
2016	3072.6	66.7	422.4	9.2	7.3
2017	3816.5	68.0	469.9	8.4	8.1

表 4-4 2017 年安徽各市房地产投资

城市	房地产开发投资额（亿元）	同比增长（%）	贡献率（%）
全　省	5612.5	21.9	——
合　肥	1557.4	15.1	27.7
淮　北	112.2	21.8	2.0
亳　州	321.6	39.0	5.7
宿　州	257.4	9.2	4.6
蚌　埠	536.9	38.2	9.6
阜　阳	516.3	47.3	9.2
淮　南	193.5	58.7	3.4
滁　州	426.9	27.0	7.6
六　安	293.8	24.2	5.2
马鞍山	259.0	18.3	4.6
芜　湖	457.4	12.1	8.1
宣　城	185.6	3.6	3.3
#广德	16.3	50.8	0.3
铜　陵	124.4	6.0	2.2
池　州	84.1	1.9	1.5
安　庆	162.5	15.6	2.9

（续表）

城市	房地产开发投资额（亿元）	同比增长（%）	贡献率（%）
#宿松	9.4	14.3	0.2
黄　山	123.5	11.1	2.2

数据来源：安徽省统计局。

（三）商品房建设规模稳步提升

近10年来，安徽商品房施工面积、新开工面积和房屋竣工面积总体呈现逐步上升趋势，且上升速度逐步变缓。2007—2017年，全省商品房施工面积由2007年的8969.6万平方米持续增加到2017年的339169.2万平方米，增速由2007年的27.01%波动下降到2017年的9.9%；商品房新开工面积波动上升，且增速波动程度较大，增速由2007年的16.96%波动上升至2010年最高的37.56%，此后快速降至2014年的－14.3%。截至2017年，增速再次攀升至32.8%，主要因为房企投资易受房地产政策的影响，以及政府房地产政策缺乏长期性；房屋竣工面积总体上呈先升后降趋势，增速由正转负。增速在2013年达到最高，为30.6%，此后波动降至2017年的－11.8%，主要原因是近两年政府为促进商品房市场去库存加大了对商品房建设的管控力度。详见表4-5所列。

表4-5　2007—2017年累计全省商品房施、竣工面积和同比增长情况

单位：万平方米，%

年份	房屋施工面积	同比增长	新开工面积	同比增长	房屋竣工面积	同比增长
2007	8969.6	27.01	3709.9	16.96	2349.7	13.66
2008	11729.4	30.77	4585.0	23.59	2541.1	8.15
2009	14169.6	20.80	5319.7	16.02	2861.3	12.60
2010	17541.9	23.80	7317.6	37.56	3020.6	5.57
2011	20785.8	18.49	8658.7	18.33	3628.7	20.13
2012	24836.1	19.49	7874.2	－9.06	3965.4	9.28
2013	30235.2	21.74	10077.71	27.98	5180.4	30.64
2014	33479.11	10.7	8736.77	－13.3	5196.37	0.3

（续表）

年份	房屋施工面积	同比增长	新开工面积	同比增长	房屋竣工面积	同比增长
2015	34244.7	2.29	7759.3	－11.19	5537.7	6.57
2016	35645.44	4.09	8586.37	10.66	5382.95	－2.79
2017	39169.2	9.9	11398.7	32.8	4747.7	－11.8

数据来源与说明：各年《安徽统计年鉴》《安徽统计月报》。

2017 年以来，全省商品房市场稳定向好。全省商品房建筑施工面积稳定增长，总体增速稳步提升，增速由年初同比增长 5.2%上升到年末同比增长 9.4%；新开工面积延续年初以来不断扩大的趋势，增速虽有起伏，但总体保持较高的增速。2017 年上半年安徽房地产投资增速有所抑制，商品房建筑施工面积增速回落至年初水平，商品房新开工面积波动下行，截至 2017 年上半年，商品房新开工面积同比增速降至 20.6%，比年初回落 11.4 个百分点。2017 年下半年，热点城市继续维持上半年严调控的房地产政策，房地产市场虽有降温，但部分城市房地产调控政策不同程度的松绑，楼市热度向三四线城市蔓延。2017 年下半年，全省房地产市场局部升温，带动了三四季商品房施工面积和新开工面积的增长，年底各市县再次出台一系列房地产调控政策对稳定安徽商品房市场健康发展起到积极作用。

（四）房地产企业投资资金来源分析

安徽房地产企业投资资金主要来自国内贷款（包括银行贷款和非银行金融机构贷款）、利用外资、自筹资金、其他方面四个部分。根据安徽省统计局数据，整理出 2007—2017 年安徽房地产企业投资资金来源构成状况（表 4－6）和 2007—2017 年安徽房地产企业投资资金来源占比状况（图 4－4）。

表 4－6 2007—2017 年安徽房地产资金来源构成情况 单位：亿元，%

年份		资金来源总计	国内贷款	利用外资	自筹资金	其他资金
2007	数额	1005.46	113.69	12.47	391.2	488.11
	占比	—	11.31	1.24	38.91	48.55
	同比增长	38.36	17.22	78.73	34.64	46.95

（续表）

年份		资金来源总计	国内贷款	利用外资	自筹资金	其他资金
2008	数额	1479	176.64	19.64	752.58	530.13
	占比	—	11.94	1.33	50.88	35.84
	同比增长	47.1	55.37	57.54	92.38	8.61
2009	数额	2261.61	296.86	15.85	930.15	1018.75
	占比	—	13.13	0.7	41.13	45.05
	同比增长	52.92	68.06	−19.28	23.59	92.17
2010	数额	3292.62	323.25	6.18	1196.59	1324.11
	占比	—	9.82	0.19	36.34	40.21
	同比增长	45.59	8.89	−61	28.64	29.97
2011	数额	3399.81	342.4	3.44	1578.61	1475.36
	占比	—	10.07	0.1	46.43	43.4
	同比增长	3.26	5.92	−44.43	31.93	11.42
2012	数额	3835.34	406.23	1.39	1686.8	1740.92
	占比	—	10.59	0.04	43.98	45.39
	同比增长	12.81	18.64	−59.66	6.85	18
2013	数额	5077.16	466.87	1	2143.66	2465.62
	占比	—	9.2	0.02	42.22	48.56
	同比增长	32.38	14.93	−28.06	27.08	41.63
2014	数额	5231.17	567.93	2.78	2203.85	2456.6
	占比	—	10.86	0.05	42.13	46.96
	同比增长	3.03	21.65	178	2.81	−0.37
2015	数额	4990.78	564.23	1.02	1860.13	2565.4
	占比	—	11.3	0.02	37.27	51.41
	同比增长	−4.6	−0.65	−63.31	−18.05	4.43
2016	数额	6209.3	657.6	13.7	1906.2	3631.7
	占比	—	10.6	0.22	30.7	58.49
	同比增长	18.1	16.5	1243.14	2.49	41.56

（续表）

年份		资金来源总计	国内贷款	利用外资	自筹资金	其他资金
2017	数额	7637	792.2	27.79	2685.8	4131.2
	占比	—	10.37	0.36	35.17	54.09
	同比增长	22.99	20.45	102.85	40.9	40.9

数据来源与说明：各年《安徽统计年鉴》《安徽统计月报》。

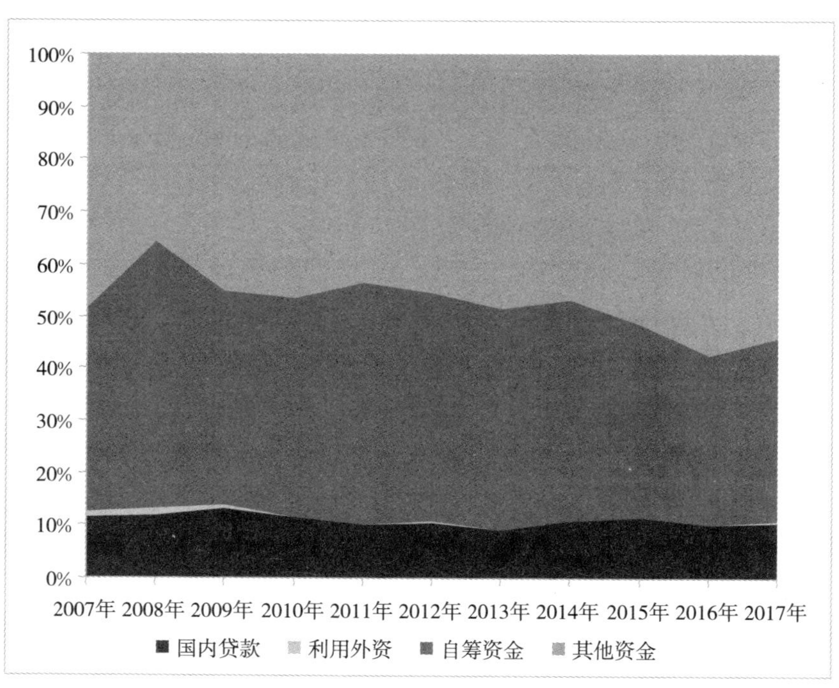

图 4-4　2007—2017 年安徽房地产企业投资资金来源占比状况

数据来源与说明：各年《安徽统计年鉴》《安徽统计月报》。

首先，国内贷款相对稳定。2007—2017 年国内贷款占比一直维持在 11%左右。期间，国内贷款占比状况出现小幅波动，主要是与宏观经济形势下的金融环境宽松状况有关。2017 年随着一系列金融体系的改革和房地产投资政策的调整，市场预期不断改善，导致安徽房地产开发商利用国内贷款的比重出现大幅上升，较上年大幅增长 93.1%。其次，利用外资基本可以忽略不计。安徽房企利用外资占比近年来持续增加，但截至 2017 年末，利用外资仍不足 60 亿元，占全部资金的比例不足0.40%，主要考虑到安徽作为中部地区省份，相对沿海开放程度明显有待提高，利用外资的能力被有所限制。再次，房企自筹资金占比较高且近年来占比有所收窄，2007—2014年，由于“新国十条”“限购令”等政策导致房企对房地产市场预期调整而造成自筹资金占比回落外，其他年份自筹资金占比则均高于40%。主要是因为房地产市场需求一直居高不下，同时政府大多数年份均采取了力度较大的房地产调控政策，面对房地产信贷门槛的提高，房企投资资金缺口无法从传统正规渠道得到融通，导致自筹资金居高不下。2014年安徽省政府取消了部分限购令等政策以刺激房地产行业的发展，短期内对房企自筹资金的要求有所降低，自筹资金占比开始下滑至2016年的30.7%。但面对严峻的房地产库存状况，2017年政府不得已出台了一系列房地产调控政策，继续加强对房地产市场的管控，导致2017年房企自筹资金占升至35.17%，较上年提高4.47个百分点。

（五）不同用途房地产开发企业完成投资情况良好

整体上，2007—2016年全省各用途的房地产开发投资额持续增加，住宅投资是历年完成投资额的主要部分，但住宅投资占本年完成投资的比重缓慢下降；办公楼投资额不断扩大，占比虽小但增速较快；商业、营业用房投资规模保持较快增长，占本年完成投资额的比重快速上升，反映了房地产投资正从房屋居住的主体功能逐渐转向商业等用途，住房资本化趋势逐步显现，详见表4-7所列。

表4-7　2007—2016年住宅与非住宅房地产投资完成额情况 单位：万元

年份	本年完成投资额	住宅	占比	办公楼	占比	商业、营业用房	占比
2007	8915103	6622758	74.3%	238815	2.7%	1099389	12.3%
2008	13626657	10115919	74.2%	378339	2.8%	1722382	12.6%
2009	16698263	11755778	70.4%	721124	4.3%	2362832	14.2%
2010	22518045	15952464	70.8%	656341	2.9%	2924003	13.0%
2011	26115374	18696348	71.6%	671647	2.6%	3864350	14.8%
2012	31516065	20592945	65.3%	1319806	4.2%	5649370	17.9%

（续表）

年份	本年完成投资额	住宅	占比	办公楼	占比	商业、营业用房	占比
2013	39462264	25498814	64.6%	1661961	4.2%	8008625	20.3%
2014	43389603	28476344	65.6%	1689593	3.9%	9305558	21.4%
2015	44248584	28491942	64.4%	2042490	4.6%	10258620	23.2%
2016	46035625	30693640	66.7%	2029072	4.4%	9706098	21.1%

数据来源：《安徽省统计年鉴》。

2016年完成投资额46035625万元，同比增长4%，较上年增加2个百分点。其中，住宅投资额30693640万元，同比增长小幅回升至4.0%，这与当年的房地产处在较大的去库存压力的环境中相符，住宅投资占当年完成投资额的比重最高，达66.7%，这与房屋的主体属性相适应；办公楼投资2029072万元，同比增长－0.7%，占当年完成投资额的比重降至4.4%，主要是2016年面对经济下行的巨大压力，办公楼市场发展出现衰退，导致办公楼开发投资增速呈明显负增长；2016年商业、营业用房开发投资9706098万元，增速为－5.3%，占当年完成投资额的比重降至21.1%，可能是政府继续坚持对房地产的严厉宏观调控，造成了房地产市场交易低迷，见表4-8所列。

表4-8　2007—2016年住宅类房地产投资构成及变动状况　单位：万元

年份	住宅	90平方米以下	占比	144平方米以上	占比	别墅、高档公寓	占比
2007	6622758	1521404	23.0%	——	——	124360	1.9%
2008	10115919	2476554	24.5%	——	——	307074	3.0%
2009	11755778	3602568	30.6%	——	——	475665	4.0%
2010	15952464	4402937	27.6%	——	——	765862	4.8%
2011	18696348	4602149	24.6%	2883029	15.4%	912580	4.9%
2012	20592945	7461075	36.2%	1934370	9.4%	629049	3.1%
2013	25498814	8772045	34.4%	1922171	7.5%	645382	2.5%
2014	28476344	7451876	26.2%	1346538	4.7%	851465	3.0%

（续表）

年份	住宅	90平方米以下	占比	144平方米以上	占比	别墅、高档公寓	占比
2015	28491942	10547222	37.0%	2353790	8.3%	668618	2.3%
2016	30693640	11373850	37.1%	3628902	11.8%	957399	3.1%

数据来源：《安徽省统计年鉴》。

二、房地产市场需求情况分析

（一）商品房市场规模持续增长，增速稳中趋缓

2007—2017年，安徽商品房销售面积和销售额波动上行，销售面积由2007年的3083.39万平方米波动上升至2017年9200.7万平方米，销售额从2007年的不足1000亿元增长到2017年超过5000亿元。全省商品房销售面积和销售额同比增速趋势一致并呈总体现波动下行态势（图4-5），但近2年来增速波动有所加大。其中，全省商品房销售面积和销售额同比增速由2007年的33.61%和53.33%波动降至2017年的8.6%和16.5%，期间两者增速峰值均出现在2009年，主要是受金融危机影响，政府借助房地产市场稳定宏观经济的结果。总体数据显示，安徽商品房市场规模总体呈不断扩大趋势，且扩张速度稳中趋缓。

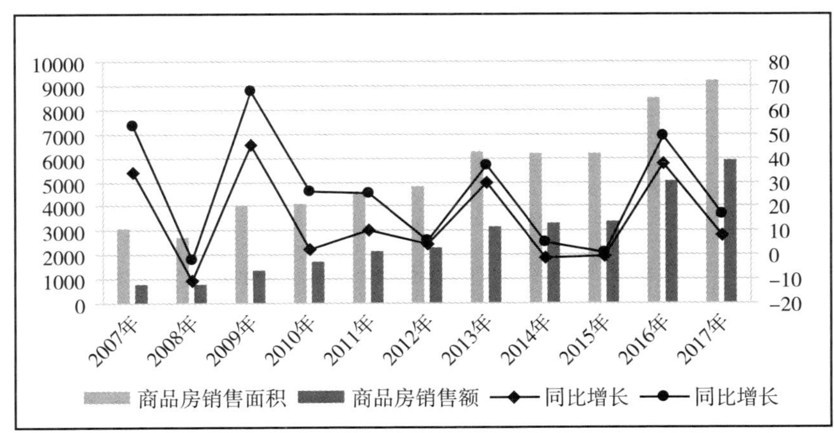

图4-5　2007—2017年安徽商品房销售情况

数据来源：各年《安徽统计年鉴》《安徽统计月报》。

具体来看，除 2008 年金融危机导致国内外主要经济体经济下滑，引发安徽商品房销售面积和销售额出现短期负增长，其中商品房销售面积从上年的 3083.39 万平方米下降至 2008 年的 2756.96 万平方米，同比增速－10.6%，商品房销售额降至 806.84 亿元，增速－1.8%。此后几年，由于消费者防御性需求的不断增长以及中央与地方为稳增长而出台的一系列房地产市场利好政策，安徽商品房销售额出现迅猛增长。2014 和 2015 年全省商品房销售面积同比小幅回落，商品房销售额小幅增长。如 2015 年商品房销售面积同比下降 0.5 个百分点，较上年增速为－1%，而商品房销售为 3369.42 亿元，较上年小幅增加 0.72 个百分点。原因主要是面对经济环境的不断变化以及供给结构性改革和房地产去库存政策的提出，国家和地方陆续出台了新的调控政策。2016 年全省商品房销售面积和销售额都有大幅回升，销售面积和销售额增长速度接近 2009 年的增速水平，房地产市场形势显现出过热迹象，安徽和地方市纷纷出台房地产调控政策，并取得了明显的成果。

2017 年全省商品房销售面积为 8865.13 万平方米，同比增长 4.3 个百分点，较上年明显回落，商品房销售额同比增长 11.7%，增速明显低于上年同期水平，表明 2017 年安徽商品房市场整体上处于去库存阶段。截至 2017 年 12 月份，全省商品房累计销售面积由年初增速 34.8%，回落到 8.2%；1—11 月，全省商品房累计销售额由年初的 42.8%，大幅回落 26.3 个百分点，为 16.5%（图 4－6）。全省商品房销售面积和销售额的大幅回调，反映了 2017 年政府调控房地产市场的勇气和去库存的决心。2007—2017 年安徽商品房销售具体情况见表 4－9所列。

表 4－9　2007—2017 年安徽商品房销售情况

单位：万平方米，亿元，%

年份	商品房销售面积	同比增长	商品房销售额	同比增长
2007	3083.39	33.61	821.62	53.33
2008	2756.96	－10.6	806.84	－1.8

（续表）

年份	商品房销售面积	同比增长	商品房销售额	同比增长
2009	4053.92	45.5	1378.39	67.79
2010	4113.88	2.1	1732.66	25.70
2011	4581.55	10.3	2183.1	25.0
2012	4828.8	4.8	2329.88	5.9
2013	6265.4	29.7	3182.9	36.6
2014	6202.18	−1	3345.19	5.1
2015	6174.09	−0.5	3369.42	0.72
2016	8499.65	37.7	5035.55	49.4
2017	9200.7	8.2	5868.8	16.5

数据来源：各年《安徽统计年鉴》《安徽统计月报》。

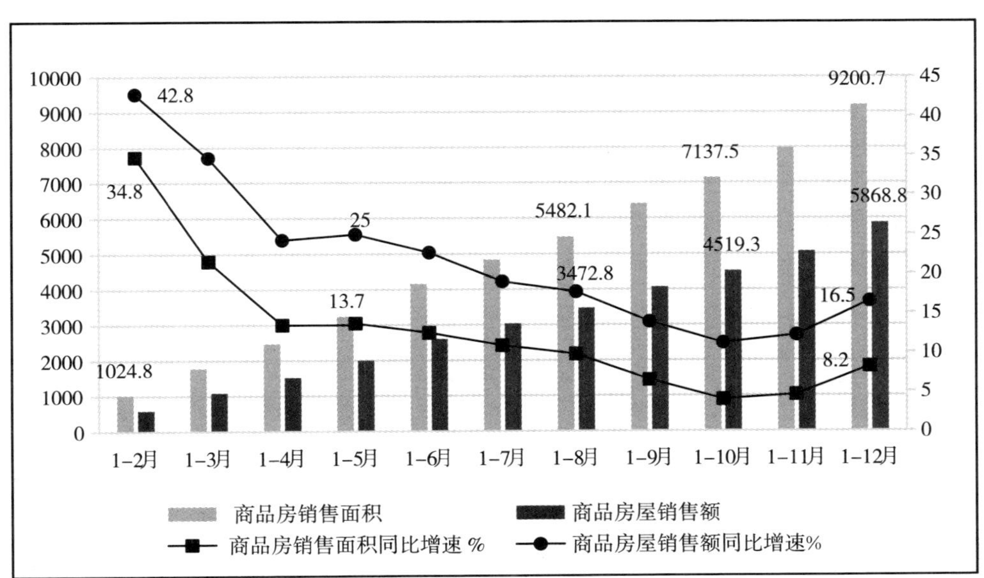

图 4－6　安徽省 2017 年商品房销售情况

数据来源：各年《安徽统计年鉴》《安徽统计月报》。

（二）商品房库存总量不断增加，库存压力进一步抬升

2007 年全省商品房屋建筑面积累计为 8943.5 万平方米，截至

2017 年底，该数值累计达到 39169.2 万平方米，其中当年竣工面积由 2007 年的 2341.6 万平方米上升至 2017 年的 4747.7 万平方米；当年销售面积由 2007 年的 3083.4 万平方米增至 2017 年 12 月的 9200.7 万平方米（表 4－10)；值得关注的是，自 2007—2014 年，全省新建商品房待售面积不断增长，而从 2015 年至今全省新建商品房待售面积连续三年同比不断下滑，反映了安徽房地产调控政策取得积极成效。从长期来看，自 2007 年以来，全省待售商品房累计额且呈不断上涨态势（图 4－7)，若以 2007 年待售商品房 280.5 万平方米为基准，则至 2017 年 12 月全省待售商品房累计额已达到 13496.5 万平方米（实际更大)，2017 年新增库存 2322.2 万平方米，库存压力进一步抬升，库存情况较为严重，按 2017 年平均商品房销售量计算，全省商品房去库存周期超过 18 个月。

表 4－10 2007—2016 年安徽商品房库存情况

单位：万平方米，%

年份	商品房施工面积	同比增长	商品房竣工面积	同比增长	商品房销售面积	同比增长	待售面积
2007	8943.5	26.64	2341.6	13.3	3083.4	33.6	280.5
2008	11729.4	31.15	2541.1	8.5	2757.0	－10.6	364.8
2009	14165.5	20.77	2861.3	12.6	4053.9	45.5	491.9
2010	17620.0	24.39	3026.7	5.8	4113.9	2.1	521.3
2011	20785.8	17.97	3628.7	19.9	4581.6	10.3	681.3
2012	24836.1	19.5	3965.4	9.3	4828.8	4.8	944.8
2013	30235.2	21.7	5180.3	30.6	6265.4	29.7	1342.2
2014	33479.1	10.7	5196.4	0.3	6202.2	－1	1636.7
2015	34244.7	2.29	5527.7	－0.45	6174.1	－0.45	2509.4
2016	35645.4	4.10	5383.0	－2.80	8499.65	37.7	2401.4
2017	39169.2	9.9	4747.7	－11.8	9200.7	8.2	2322.2

数据来源与说明：各年《安徽统计年鉴》《安徽统计月报》。

从 2017 年新增商品房库存状况看，截至 12 月末，全省新增商品

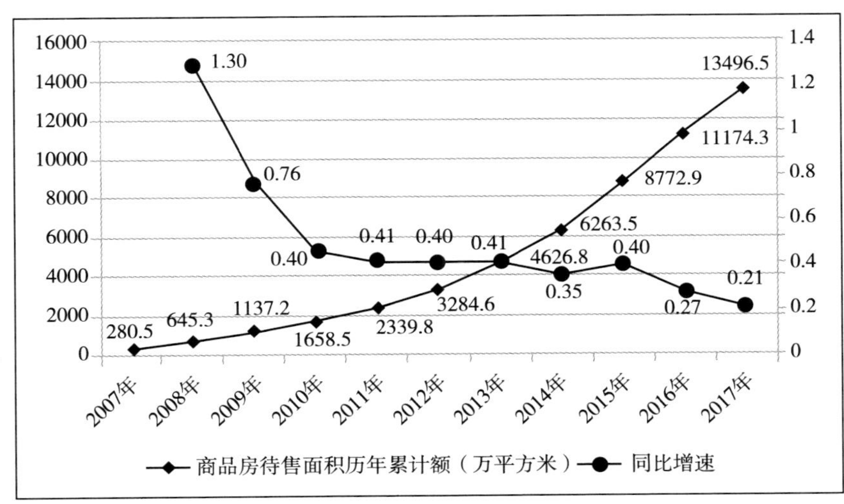

图 4－7 2007—2017 年安徽商品房库存状况

数据来源与说明：各年《安徽统计年鉴》《安徽统计月报》。

房供应面积为 11398.7 万平方米，已售 9200.7 万平方米，新增商品房供应面积库存为 2198 万平方米，当年去化率为 80.7%。

三、房地产市场价格分析

（一）房价水平整体保持较低增速，住房市场升温的态势有所遏制

2017 年，安徽商品房月度价格和住房月度价格持续走高且增速收窄，住房市场升温的态势有所遏制。2017 年安徽商品房月度价格和住宅月度价格持续走高，其中商品房月度价格由年初的 5767.0 元/平方米增至年末的 6375.4 元/平方米，商品房价格较年初提高 10.5 个百分点；住宅月度价格由年初的 5543.6 元/平方米上涨到年末的 6137.1 元/平方米，涨幅达 10.7%。从房价增速角度看，不论是 2017 年上半年房价同比增速还是环比增速，均明显高于下半年同比增速或环比增速，其中商品房月度价格同比增速由上半年最高 10.7%跌至下半年最低 6.9%，跌幅达 3.8 个百分点，环比增速由上半年平均 2.1%降至下半年平均 0.3%；住宅月度价格由上半年最高 13.9%跌至下半年最低 8.9%，振幅达 5.0 个百分点，而环比增速则由上半年平均 2.2%降至

下半年 0.2%。2017 年住房价格同比增速与环比增速的年内差异实际上反映了安徽下半年房地产市场调控政策的初步成效。2017 年，住房价格指数整体保持高度平稳，全年住房月价格指数在 102.4～102.9 之间徘徊，同时累计月价格指数维持在 102.7～102.9 之间，全年房价指数为 102.7，表明安徽整体房价水平保持在较低增长水平，有利于人民生活水平的改善和住房市场的健康发展。

2017 年安徽房价月度指数详见表 4－11 所列。

表 4－11 安徽商品房月度价格和住宅月度价格变化情况

2017 年	商品房月度价格（元/平方米）	同比增速（%）	环比增速（%）	住宅月度价格（万/平方米）	同比增速（%）	环比增速（%）
1—2 月	5767.0	6.0	—	5543.6	9.9	—
1—3 月	6081.1	10.7	5.4	5840.3	13.9	5.4
1—4 月	6150.2	9.5	1.1	5949.1	12.8	1.9
1—5 月	6193.8	9.9	0.7	5976.1	12.8	0.5
1—6 月	6258.9	9.1	1.1	6040.1	11.9	1.1
1—7 月	6277.8	7.4	0.3	6074.1	10.0	0.6
1—8 月	6334.9	7.2	0.9	6129.6	9.5	0.9
1—9 月	6353.3	7.0	0.3	6140.0	8.9	0.2
1—10 月	6331.8	6.9	−0.3	6128.8	8.9	−0.2
1—11 月	6349.9	7.3	0.3	6154.4	9.4	0.4
1—12 月	6375.4	7.6	0.4	6137.1	8.9	−0.3

数据来源：安徽省统计局。

此外，根据国家统计局公布的 70 个大中城市住宅销售月度价格指数显示，蚌埠新建商品房价格与二手房价格呈上半年上升、下半年回调趋势，年末新建商品房价格较年初轻微降低，降低 0.8 个百分点，而二手房市场相对火爆，年末价格指数较年初上升 3.1 个百分点；安庆新建商品房与二手房月度价格趋势同蚌埠类似，但新建商品房与二手房市场状况与年初市场形势类似，变化不大；合肥明显受到房地产政策调控的影响，年末新建商品房与二手房市场均较年初出现大幅回落，如图 4-8、图 4-9、图 4-10 所示。

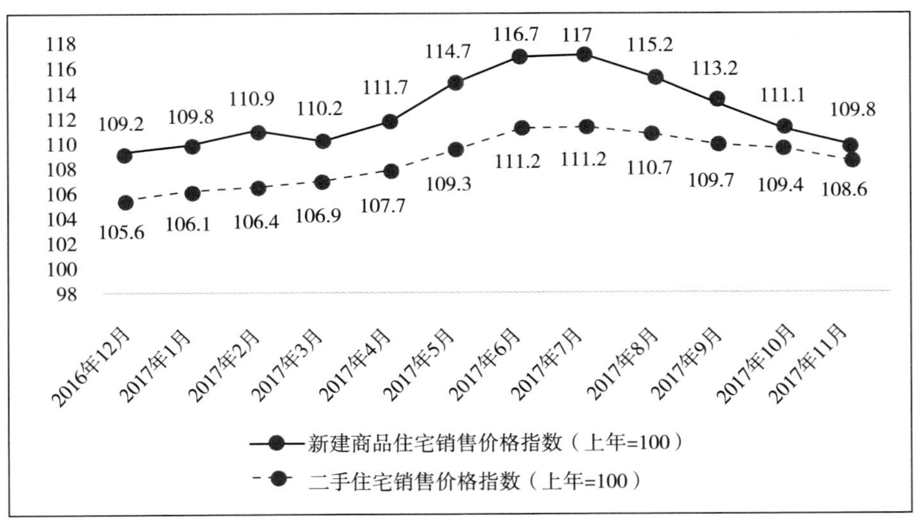

图 4-8　2017 年蚌埠新建商品住宅销售月度价格指数

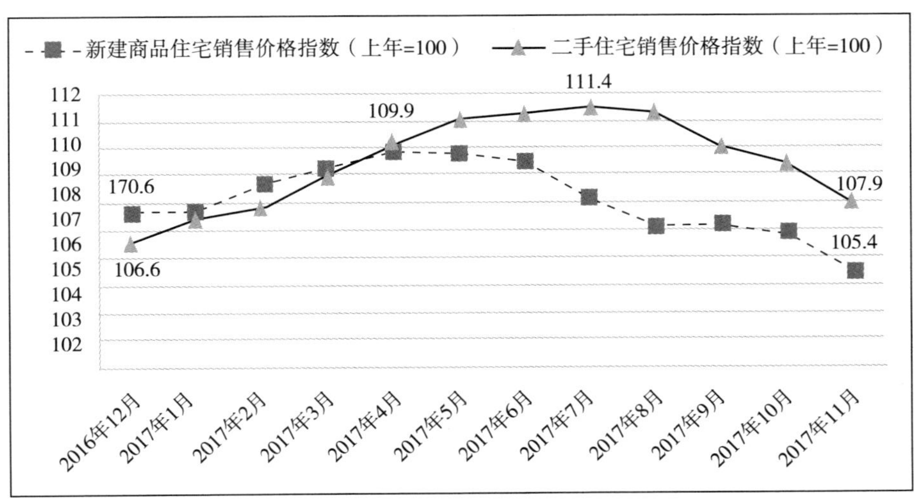

图 4-9　2017 年安庆新建商品住宅销售月度价格指数

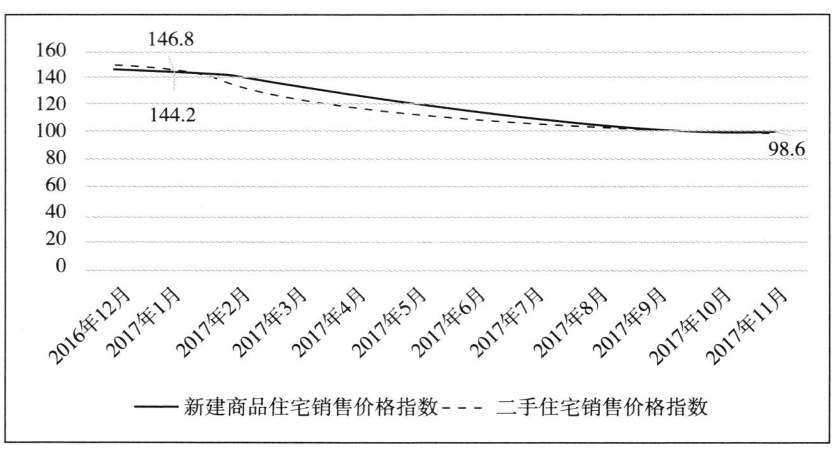

图 4－10　2017 年合肥新建商品住宅销售月度价格指数

数据来源：各年《安徽统计年鉴》《安徽统计月报》。

（二）年均商品房销售价格持续走高，近两年房价增速较快增长

近 10 年来，安徽商品房年均销售价格总体保持不断上涨态势，在 2017 年达到 6375.4 元/平方米，约是 2007 年 2664 元/平方米的 2.4 倍。主要原因：一方面随着中国城镇化率和居民收入的不断提升，城市人口不断增加，对住房需求相对旺盛，而在土地国有垄断和土改相对缓慢的双层阻碍下，土地有效供给不足，最终导致住房市场供求失衡。另一方面，金融危机扰乱了市场参与者对经济前景的合理预期，过多的游资和投资者不断涌入房地产市场，对房价进行炒作，加上房地产开发商共同哄抬房价等因素，使得房价一路飙升。但随着近三年来国内外经济形势的稳步向好以及房地产供给侧结构性改革成效的不断显现，2015 年安徽商品房年均销售价格增长速度结束了此前波动下降的趋势，并在 2016 年实现商品房年平均价格同比大幅提高至 8.56％，2017 年同比增长 8.88％，较去年同期水平小幅提高 0.32 个百分点。具体情况如下：

2017 年，安徽商品房平均销售价格为 6375.4 元每平方米，房地产行业进一步回暖，去库存压力尚存。考虑到 2017 年下半年政府为促进房地产市场结构的进一步优化，全省各地区对房地产市场分类施策、

定向施策，预计在未来一年中，房地产市场相对稳定，商品房价格继续回升，但增速相对稳定。

2007—2017 年安徽商品房年均销售价格见表 4 - 12 所列。

表 4 - 12　2007—2017 年安徽商品房年均销售价格

单位：元/平方米，%

年份	平均销售价格	同比增长	年份	平均销售价格	同比增长
2007	2664	14.73	2013	5080	5.28
2008	2949	10.70	2014	5394	0.06
2009	3420	15.97	2015	5457	1.17
2010	4205	22.95	2016	5924	8.56
2011	4776	13.58	2017	6375	7.61
2012	4825	1.03			

数据来源：各年《安徽统计年鉴》《安徽统计月报》。

四、保障性安居工程分析

作为党中央、国务院作出的重要战略部署，保障性安居工程直接关系到人民群众的生活质量，是全面建成小康社会的重要抓手，是转方式、调结构、惠民生的重大战略举措，事关社会和谐与经济发展。近年来，安徽认真落实国务院和省政府的切实要求，把加强质量管理摆在实施保障性安居工程的首位，把“质量第一”的原则贯穿到勘察、设计、施工、监理和竣工验收工作的全过程，并在 2017 年取得进一步成就。

2017 年，全省新开工保障性安居工程（棚户区改造）33.91 万套，超额完成相应年度目标任务；建成保障性安居工程 32.4 万套，完成度达 163.5%，超额完成省政府下达的 2017 年年度任务；全省农村危房改造竣工 15.1 万户，任务完成 151%；开工建设地下综合管廊里程 103.59 公里，完成度为 103.6%，超额完成国务院下达的再开工 60 公里的年度任务；新开工城市黑臭水体整治项目 87 个，超额完成任务；改造、新建排水（雨污水）管网里程 2486 公里，占年度任务的 124.3%；全省商品房库存比上年底减少 520 万平方米，超出目标任务

20万平方米；全省已完成整治改造老旧小区371个，超额完成年度目标任务的350个。此外实际投放惠农安居贷款金额累计163亿元，共计4.76万笔，超出年度任务63%；棚改货币化已安置23.79万户，占新开工目标任务71.4%；全省净增住房公积金开户29.19万户；九成以上历史文化名城名镇名村编制了保护规划。因此，整体来看，安徽较好地完成了国务院及省政府下达的各项年度任务，全面完成各项重点工作任务。

五、土地交易市场分析

土地购置是房地产开发的先决条件，其交易情况构成影响房价的重要因素。2007—2017年，全省土地购置面积、土地购置费和本年土地成交价款整体呈连年波动上升趋势。具体情况如下：

2007年，安徽房地产市场迅速发展，土地购置面积、土地购置费和本年土地成交价均呈现高速增长态势。2008年土地购置面积增速由正转负，直至2009年增速降至－14.67%，而土地成交价款同比增速连续两年大幅回落至9.87%，跌幅达53.34个百分点。2010—2011年全省土地购置面积增速扭负为正，本年土地成交款再次保持高速增长。原因可能是面对金融危机的持续影响，投资者为实现资产保值增值以及政府对房地产早期的利好政策积累的房地产投资潜力进一步得到释放，社会对房地产市场的需求不断上升，导致土地交易市场回暖，土地交易频繁。2012—2015年全省土地购置面积和土地成交款增速波动下行。2016年，全省土地购置面积回升至2142.70万平方米，同比增长18.60%，土地成交款为622.08亿元，同比增长－3.1%。

2017年安徽土地购置费累计达942.4亿元，同比增长51.50%，结束了此前两年来土地购置费同比负增长的状况；土地购置面积、土地成交价款延续上年快速增长态势，其中2017年累计购置土地面积3776.5万平方米，同比增长76.3%，土地成交价款为1183.41亿元，同比增长162.0%。土地购置费、土地购置面积、土地成交价款的快速增长预示着2017年安徽省房地产市场得到了快速发展。主要是2017年安徽经济形势好转，消费者预期有所增强，加上其他地区，尤其是沿海经济发达地区房价管控趋严，房地产市场热度不断向内地蔓延，导致安徽房地产市场逐渐回暖并升温，土地交易频繁。面对这种状况，2017 年下半年安徽省多个市县不断出台相关调控政策，意图稳定房地产市场，防止其大幅波动。

2007—2017 年安徽土地交易和土地购置情况见表 4－13 所列。

表 4－13 2007—2017 年安徽土地交易和土地购置情况

年份	本年购置土地面积（万平方米）	同比增长（%）	土地购置费（亿元）	同比增长（%）	本年土地成交价款（亿元）	同比增长（%）
2007	2259.86	33.44	170.70	61.19	172.86	63.21
2008	2248.47	－0.50	269.90	58.11	214.46	24.07
2009	1918.59	－14.67	292.00	8.19	235.62	9.87
2010	2451	27.75	517.20	77.12	359.97	52.77
2011	3294.99	34.4	567.35	9.70	602.70	67.43
2012	2618.78	－20.5	525.27	－7.42	473.96	－21.4
2013	2760.18	5.4	651.48	24	641.63	35.4
2014	3029.58	9.8	832.88	27.8	711.02	10.8
2015	1805.93	－40.39	641.99	－22.92	479.32	－32.59
2016	2142.70	18.60	622.08	－3.1	660.36	37.77
2017	3776.5	76.3	942.4	51.5	——	——

数据来源：各年《安徽统计年鉴》，《安徽统计月报》。

第三节 安徽及中部其他五个省份房地产投资情况对比分析

中部六省指的是河南、山西、湖北、安徽、江西和湖南。本节围绕这六个省份，从房地产开发投资增长情况、房地产市场供给情况以及房地产销售情况这三个方面，作对比分析。在此，我们搜集了最近十年的相关数据，并结合具体的政策背景以及时代背景予以阐述。

一、房地产开发投资情况的比较分析

（一）安徽房地产开发投资总额在六省中排名前列

房地产开发投资主要是通过房地产开发投资额和房地产住宅开发投资额这两个指标来反映。2008—2017 年，安徽作为中部大省，拥有得天独厚的地理优势，随着 2010 年国务院正式批复《皖江城市带承接产业转移示范区规划》，皖江经济带的构建更是成了安徽房地产投资的助燃器。这也促使安徽房地产开发投资总额在中部六省中是数一数二的，其房地产投资总额呈逐年递增的状态。具体情况如下：

从 2008 到 2010 年，安徽的房地产投资总额都排在中部首位，紧随其后的是河南。而到了 2011 年，河南房地产投资总额则首次超过了安徽，达到 2626.5 亿元。2012—2013 年，国务院常务会议确定了五项加强房地产市场调控的政策，再次重申坚持执行以限购、限贷为核心的调控政策，坚决打击投机性购房，简称“新国五条”。由于受到该政策的影响，安徽房地产开发投资额又再次超过了河南，在中部六省中拔得头筹。2014 年，我国又出台了“9·30”房贷新政，各地陆续松绑限购政策，9 月 30 号央行出台房贷新政，对首套、二套、多套，在认定上都有放松。该政策施行以后，全国各地楼市皆迎来了成交高峰，房价也在缓慢上涨。经过这一系列的调整，安徽房地产开发投资总额略低于河南的 4375.7 亿元，达到了 4339 亿元，排名中部第二。到了 2015 年，央行、住建部、银联会联合发文，全国二套房首付降至四成，在此政策的基础上，河南在房地产投资这块又再次超过安徽，跃居第一。2016 年，随着二胎政策的正式实施以及中央经济工作会议指出的要落实地方政府主体责任、房价上涨压力大的城市合理增加土地供应和提高住宅用地等政策的施行，河南房地产投资首度突破 6000 亿元，达到了 6179.1 亿元，同比增长 28.2%，继续保持房地产投资中部领头羊的地位，安徽则以 4603.6 亿元屈居第二。而在这六个省中，同比增长速度较快的还有江西和湖南，它们分别增长 16.5% 和 13.1%。

2017 年，河南房地产投资首次超过 7000 亿元，达到了 7136.7 亿元，同比增长15.5%，依旧稳居中部第1的位置。安徽则以5612.5亿元的投资额继续排在第2位。这六个省份中，同比增长较快的还有湖南和江西，它们分别增长了15%和14.6%。与上一年相比，湖北房地产投资额增速较为缓慢，仅为8.6%，而山西更是出现了负增长，投资总额下降了0.3个百分点。安徽增长最为明显，为21.9%；河南投资增长小幅度下降，下滑12.7个百分点。湖南和江西变化幅度不大，其中湖南比上年上涨1.9个百分点，江西下滑1.9个百分点。在这六个省份中，山西和江西的房地产投资较低，而山西更是出现负增长，这说明政府在“去库存”这一块收效显著，同时房地产销售市场也渐趋平稳。

（二）安徽房地产投资结构优化升级

2008—2017年，安徽投资保持平稳较快增长，进一步实现了从扩大规模向优化结构转变，从注重速度向提高效益转变，有效地促进了全省经济健康快速发展。房地产投资热度较高，房地产开发投资额在中部地区居于领先地位。而对于这10年间的房地产同比增长率而言，六省增速起伏不定，大体在波动中呈现下降趋势。具体如下：

2008—2017年，安徽房地产开发投资增长率最高的一年是2008年，为51.6%，最低是2015年的2%。通过前五年与后五年房地产投资增速的对比，我们看到安徽2013—2017年的房地产投资同比增长率明显低于2008—2012年的同比增长率，可见安徽的房地产投资增速正逐渐放缓。2008年，央行在百日内连续五次降息，房地产行业成为这一轮政策调整的最大受益者，安徽房地产增速也一跃成为中部第1，达到51.6%。2009年，随着放宽信贷、刺激住房消费等政策效果的逐渐显现，安徽房地产市场逐步回暖，但房地产市场回暖的基础尚未夯实，仍然存在较大的不确定性，房地产开发投资增速在中部的位次后移。2010年，国内各大城市房价飙升，国务院也在这个时候出台了“国十一条”政策，宏观经济形势稳中向好。安徽、河南、湖北和湖南房地产开发投资增速都在35%左右，相差不大。安徽房地产开发企业投资信心逐渐恢复，房地产开发投资增速为34.9%，较去年回升了12.4个百分点，位于中部第3。2011年，由于2月份出台的房地产调控新举措“限房价，竞地价”的影响，安徽房地产开发投资增速下降幅度较为明显，仅为27.9%。2012年，安徽在“国五条”政策的影响下，房地产开发投资增速较上一年再降7.2个百分点，达到20.7%，居中部第3。2013年，安徽在央行降准、降息以及企业以价换量等因素的共同作用下，刚性需求开始释放，房地产投资同比增长率开始缓慢回升，达到25.2%，居中部第4。2014年随着本次房地产市场的持续调整，开发企业库存显著增加，再加上销售大幅回落导致资金回笼速度变慢，企业经营风险加大。各省房地产开发投资增速均有明显回落。安徽增速为10%，排在中部第4，创近7年来新低。2015年，央行再次进行5次降息，并且还有3次降准备金，但安徽房地产开发投资增速出现较大幅度下降，仅增长2%。河南、湖北、湖南、山西增速显著回落，尤其是湖南增速首次跌破负值，仅为−9.4%。江西增速有所回升，为14.9%，居中部第1。2016年，安徽房地产投资同比增长4%，上涨幅度不大，投资总额依旧仅次于河南，达到了4603.6亿元。

2017年，全省房地产开发投资延续年初快速增长势头，商品房销售小幅回升，房地产市场总体保持平稳运行态势，全省房地产开发投资突破5000亿元，达5612.5亿元，增长21.9%。其中，住宅投资4007.0亿元，增长30.5%。全省商品房销售面积7983.9万平方米，增长4.6%；房地产开发施工面积38068.7万平方米，增长9.4%。

2008—2017年中部六省房地产开发投资及同比增长率变动情况见表4-14所列。

表4-14 2008—2017年中部六省房地产开发投资及同比增长率变动情况

单位：亿元，%

年份	安徽		河南		湖北		湖南		江西		山西	
	投资额	同比增长率	投资额	同比增长率	投资额	同比增长率	投资额	同比增长率	投资额	同比增长率	投资额	同比增长率
2008	1351.6	51.6	1206.7	44.2	892.7	23.3	955.9	26.7	547.7	25.8	326.8	26.2
2009	1669.8	22.5	1553.8	28.8	1200.4	34.5	1084.6	13.5	634.5	15.9	477.3	46.1
2010	2251.8	34.9	2114.1	36.1	1618.2	34.8	1469.1	35.5	706.8	11.4	592.2	24.1

（续表）

年份	安徽		河南		湖北		湖南		江西		山西	
	投资额	同比增长率	投资额	同比增长率	投资额	同比增长率	投资额	同比增长率	投资额	同比增长率	投资额	同比增长率
2011	2590.1	27.9	2626.5	24.2	2066.5	27.7	1943.8	32.3	867.0	22.7	790.2	33.4
2012	3151.6	20.7	3035.3	15.6	2539.5	22.9	2210.5	13.7	969.6	11.8	1010.5	27.9
2013	3946.2	25.2	3843.8	26.6	3286.0	29.4	2628.3	18.9	1174.6	21.1	1308.6	29.5
2014	4339.0	10.0	4375.7	13.8	3983.8	21.2	2883.6	9.7	1322.5	12.6	1403.6	7.3
2015	4424.9	2.0	4818.9	10.1	4249.2	6.7	2613.8	−9.4	1520.1	14.9	1494.9	6.5
2016	4603.6	4.0	6179.1	28.2	4296.4	1.1	2957.0	13.1	1770.9	16.5	1597.4	6.9
2017	5612.5	21.9	7136.7	15.5	4665.9	8.6	3400.6	15.0	2029.5	14.6	1198.0	−0.3

数据来源：国家统计局。

（三）安徽房地产市场发展仍有待提升

2008—2017年，中部六个省住宅开发投资额大体上呈稳定增长状态，安徽与河南基本处在中部领先位置。湖北与湖南的住宅开发投资额稍稍落后于安徽和河南，处在中部六省的中间地位。山西与江西省由于地理位置处于劣势，加上政策执行力度有限，住宅开发投资在中部地区排在末两位，投资额变动较小，与其他四个省份存在明显差距。安徽与河南则由于地域优势以及人口基数较大，城镇化速度也较快，再加之近年来较高的经济增长率，因而这两个省的房地产住宅投资要领先于其他几个省份。所以，从总体上看，安徽省房地产发展在中部是处于领先位置的，但是其发展仍然有待提高。

2008年，安徽住宅投资额高速增长，增长率为52.62%，增速居全省第1位，河南住宅投资同比增长率紧随其后，达到了51.91%，这不仅体现了安徽与河南对于住宅投资的鼎力支持，也体现出这两个人口大省对于住房的需求在日益增加。2009年，安徽省与河南省住宅投资额仍居前两位。由于受到2008年金融风暴的冲击，六省中除了山西同比增长率飞速上升到65.88%以外，其余各省增速均有不同程度的下降。2010年，国务院发布《关于促进房地产市场平稳健康发展的通知》，要求增加保障性住房和普通商品住房的有效供给，房地产开发企业信心逐渐回升，六省房地产住宅投资额仍旧上升，安徽新开工面积增速将有所回升，住宅投资额趋于增加。2011 年，安徽、河南、湖北和湖南住宅投资额均已超过千亿元大关。住宅投资同比增速则与 2010 年截然相反。在出台的“新国八条”的限购限贷政策影响下，安徽、河南、湖北、湖南住宅投资额增速均回落，而山西与江西由于地理位置比较偏远，受政策影响不大，住宅投资额增速均上升。2012 年，各种限购限贷政策陆续出台，各省住宅投资额增速均有所回落。2013 年，在“新国五条”中提出要增加普通商品住房及用地供应，进而实现房地产市场的有效供应。另外，全国住房城乡建设工作会议提出“支持合理自住和改善性需求”，改善性需求将会随着支持力度提高而加快释放，将有效激活市场，促进市场加快复苏。这些都使得六省的住宅投资额增速均有所回升。2014 年安徽、河南和湖北的住宅投资额遥遥领先于其余三省，山西与江西受当地经济条件与地理位置的影响，住宅投资额偏低。住宅投资额最高的河南是投资额最低的江西的 3.38 倍。当年，随着央行宣布降息以及公积金贷款额度的放松，该年的住宅投资额继续以较平稳的增速上升。2015 年，由于全国宏观经济面临下行压力，六个省份中除了山西以外，其他省份的住宅投资额增长率均出现回落，安徽的房地产住宅开发投资同比增长率较低，仅为 0.055%。同比增速最快的则为江西，达到 14.52%。湖南增速更是首次跌破负值，为－9.79%。2016 年，新发布的“沪九条”再次强调要从严执行住房限购政策，基于此，全国商品房成交与前 11 个月相比均出现不同幅度回落。另外，随着房地产去库存的增加，中部六省房地产开发投资增速均有明显回落。河南以 29.2%的房地产开发投资增速位于中部六省首位。其次是江西，增速达到 12.1%，安徽增速为 7.7%，排在中部第 3。

2017 年，“十九大”为房地产业定调，坚持“房子是用来住的，不是用来炒的”定位。地方则以城市群为调控场，从传统的需求端抑制向供给侧增加进行转变，限购限贷限售叠加土地拍卖收紧，供应结构优化，调控效果逐步显现。而随着房地产去库存的增加，中部六省房地产开发投资增速均有明显回落。其中安徽以 30.5%的房地产开发投资增速位于中部六省首位，其次是河南，增速为4.14%。中部其他几个省份投资增速下降显著，山西更是出现－29.93%的大幅度回落。其余几个省增速均不超过4%。

2008—2017年中部六省房地产住宅开发投资及同比增长率变动情况见表4－15所列。

表4－15　2008—2017年中部六省房地产住宅开发投资及同比增长率变动情况

单位：亿元，%

年份		2008	2009	2010	2011	2012	2013	2014	2015	2016	2017
山西	房地产开发住宅投资额	227.81	377.89	457.43	615.32	735.61	958.85	1010.69	1098.32	1141.08	799.56
	同比增长率	19.74	65.88	21.05	34.52	19.55	30.35	5.41	8.67	3.9	－29.93
安徽	房地产开发住宅投资额	1011.59	1175.58	1595.47	1869.63	2059.29	2549.88	2847.63	2849.19	3069.36	4007.0
	同比增长率	52.62	16.21	35.72	17.18	10.14	23.82	11.67	0.055	7.7	30.5
江西	房地产开发住宅投资额	446.41	509.17	544.77	661.14	684.21	795.38	971.92	1113.09	1247.58	1271.35
	同比增长率	26.02	14.06	6.99	21.36	3.49	16.25	22.19	14.52	12.1	1.91
河南	房地产开发住宅投资额	970.86	1235.21	1685.21	2021.19	2203.06	2827.09	3289.2	3529.15	4558.07	4746.56
	同比增长率	51.91	27.23	36.43	19.94	9	28.33	16.35	7.3	29.2	4.14
湖北	房地产开发住宅投资额	660.48	804.16	1040.25	1334.42	1698.38	2251.56	2755.42	3020.54	3012.35	2994.54
	同比增长率	30.05	21.75	29.36	28.28	27.28	32.57	22.38	9.62	－0.3	－0.59
湖南	房地产开发住宅投资额	703.08	837.9	1134.56	1487.9	1572.67	1845.81	1998.51	1802.94	1871.3	1941.72
	同比增长率	22.72	19.18	35.41	31.14	5.7	17.37	8.27	－9.79	3.8	3.76

数据来源：国家统计局。

安徽房地产市场依据不同时期的战略选择，在投资结构和经济增长点上均有待提升。从短期看，安徽房地产投资结构有待优化，应在投资内部做文章，优化结构，提升效率，包括在房地产业内部增加政府投资杠杆，补足保障性住房。从中长期来看，应在培育新的经济增长点上做文章。像新能源、高端装备制造、生物医药等新兴产业领域，虽然这些产业短时间内难以形成与房地产匹配的国民经济支柱产业效应，但经济发展的最大支柱可能源于改革催生的制度红利、人才红利，特别是在新型城镇化建设周期下，以人口城镇化为核心将带来土地、人口、技术等一系列要素价值的重估，这将成为未来中国经济增长的最大引擎。

从最近 10 年中部六省的增长速度可以看出，安徽、河南的增长速度最快。从住宅开发投资额可见，这几年安徽、河南在房地产住宅投资方面都积极于其他四省。主要是因为这几年随着住房制度改革不断深化和居民消费水平的不断提高，安徽、河南的工业化、城镇化建设步伐明显加快，支撑房地产市场的长期需求，带动房地产投资稳定增长。其次是因为安徽与河南同属中部大省，有大量人口从农村进入城市，对住房需求较大，推动房地产市场快速发展。

二、房地产市场供给情况的比较分析

衡量房地产市场供给情况的标准有很多，在此主要选取了房地产施工面积以及竣工面积作为其衡量标准。对安徽以及其他五个省近十年房地产施工面积以及竣工面积对比分析，发现在这十年间，安徽房地产施工面积和竣工面积都处于六省前列，说明安徽住房制度改革不断深化，居民生活水平也在不断提高。

（一）安徽房地产施工面积位于六省前列

2008—2017 年，随着房地产市场的发展，中部六省在房地产施工面积这块基本是逐年递增的。这 10 年间，河南积极贯彻国家要求，加快城镇化步伐的政策，努力把房地产开发投资作为推动城镇化的重要力量，在房地产投资施工方面稳居中部第 1。紧随其后的分别是安徽与湖南，这两个省在房地产开发投资方面也作出了不菲的业绩。而江西与山西一直居于中部地区后两位，施工面积明显小于其他四省，这主要还是受到地域限制。

2008—2011 年，安徽与河南的房地产施工面积相差不多，增速也相差不大。但是从 2012 年开始至 2015 年，河南房地产施工面积增速减慢，安徽房地产施工面积增速快于河南，两省之间的房地产施工面积差距拉大。湖南与湖北则分别位于第 3 和第 4 位，山西与江西则排在末两位。2016 年，虽然降息降准等宽松货币政策频出，全国楼市一片利好，但在中央强调去库存的背景下，各省房地产施工面积增速依旧缓慢，相比前几年有很大下滑。

2017 年，党中央召开了中国共产党第十九次全国代表大会，十九大对于房子的定位是“房子是用来住的，不是用来炒的”。要求加快建立多主体供给、多渠道保障、租购并举的住房制度，让全体人民住有所居。同时，对于开发商而言，去库存依旧是其面临的主要任务。在此基础上，可以看到安徽房地产施工面积增速相对于去年只是略有上升，相对于前几年，尤其是 2013 年之前则是显著下滑的。2017 年安徽房地产施工面积达到了 38068.69 万平方米，排在中部第 2，低于河南的 48425.69 万平方米，增速为 6.8%，仅低于江西的 12.78%。其他四个省份增速均不超过 3%，其中山西更是首次出现了负增长，房地产施工面积同比增长率为−4.4%。从表 4 - 11 中，可以看到河南与安徽的房地产施工面积始终排在中部六省的前两位。究其原因，安徽与河南同属中部大省，在城镇化与现代化建设上面投入力度较大，因此房地产市场热度高于中部其他四省，在房地产施工面积方面也领先于其他四省。

2008—2017 年中部六省房地产施工面积情况见表 4 - 16 所列。

表 4 - 16　2008—2017 年中部六省房地产施工面积情况

单位：万平方米，%

年　份		2008	2009	2010	2011	2012	2013	2014	2015	2016	2017
山西	房地产施工面积	3895.9	5486.7	7599.8	9307.96	11714.28	14040.05	15476.89	15734.48	17069.25	16322.8
	同比增长率	15.15	40.83	38.51	22.48	25.85	19.85	10.23	1.66	8.5	−4.4
安徽	房地产施工面积	11729.4	14165.5	17620	20785.8	24836.06	30235.2	33479.11	34244.67	35645.44	38068.69
	同比增长率	31.15	20.77	24.39	17.97	19.49	21.74	10.73	2.29	4.1	6.8
江西	房地产施工面积	6344.7	6755.6	7229.9	8461.38	9465.63	11995.67	13332.64	15293.6	16427.25	18526.95
	同比增长率	16.36	6.48	7.02	17.03	11.87	26.73	11.15	14.71	7.4	12.78

（续表）

年份		2008	2009	2010	2011	2012	2013	2014	2015	2016	2017
河南	房地产施工面积	13906.2	16071.5	20394	25343.32	29559.36	35979.33	38857.6	40994.4	47359.55	48425.69
	同比增长率	31.8	15.57	26.9	24.27	16.64	21.72	8	5.5	15.5	2.25
湖北	房地产施工面积	7800.5	9546.5	11589.4	13922.07	16819.71	21865.81	26321.99	28296.28	29879.88	29907.97
	同比增长率	19.04	22.38	21.4	20.13	20.81	30	20.38	7.5	5.6	0.09
湖南	房地产施工面积	10715.5	13727.7	16801.9	20341.84	21356.89	25400.09	27747.75	28322.13	30139.38	31022.34
	同比增长率	31.28	28.11	22.39	20.07	4.99	18.93	9.24	2.07	6.4	2.93

数据来源：国家统计局。

（二）安徽房地产竣工房屋面积连续两年小幅回调，稳居中部第 2

近年来，山西、安徽、河南、湖北、湖南这五个省的房地产竣工面积呈逐年递增的状态，而江西的房地产竣工面积波动幅度相对来说比较平稳。河南作为人口大省，近些年来不断深化改革住房制度，因而河南房地产竣工面积自 2008 年开始就一直高于其他五省，居中部第一位。

安徽与湖南相差不大，2008 年，安徽房地产开发企业竣工面积稍稍高于湖南。2009 年至 2012 年，湖南竣工面积增速加快，超过安徽，位居中部第 2 位，仅次于河南。2013—2017 年，湖南竣工面积增速减慢，安徽逐渐超过湖南。湖北竣工面积增速不如河南、安徽与湖南，但总体增长仍快于山西与江西两省，位于中部地区第 4。江西竣工面积一直保持平稳状态，变动幅度不大。山西竣工面积增幅变化倒是较大，该省在 2008 年、2010 年、2011 年、2013 年和 2016 年竣工面积均保持增长态势，在 2011 年，其增速达到顶峰，为 75.33%，而其他年份则都呈负增长。2015 年，除安徽与江西以外，其余四个省竣工面积均为负增长。河南经过之前几年的快速增长之后，终于迎来首次下滑，且幅度较大，达到了－26.41%。2016 年，中部各省情况与安徽相似，土地市场成交下跌。由于各省总体住房库存水平仍处较高位，二季度开发企业主要以去库存为主，对于投资购地积极性不高，再加上企业对政策观望的原因，除山西略有上涨外，各省竣工面积均有所下降。

2017 年，江西房地产竣工面积 1854.4 万平方米，增速达到 13.4%，位列中部第 1。房地产竣工面积增速排在第 2 位的是湖北，增速为 1.9%。其余四个省份竣工面积均有所下降，下降最多的是山西和安徽，分别为－26.6%和－11.8%。在跨进新时代的今天，我国社会发展的目标已经从求生存转化到了求发展。以前是解放生产力来全面发展经济，现在是要均衡生产力，让经济发展均衡和充分。各省在注重发展房地产市场量的基础上，追求质的发展，积极优化投资结构，响应政府号召，坚持“房子是用来住的，不是用来炒的”。因而各省在房地产竣工面积的增速上普遍有所回落。

2008—2017 年中部六省房地产开发企业竣工房屋面积情况见表4－17 所列。

表 4－17　2008—2017 年中部六省房地产开发企业竣工房屋面积情况

单位：万平方米，%

年份		2008	2009	2010	2011	2012	2013	2014	2015	2016	2017
山西	房地产竣工面积	920.5	861.1	1203.7	2110.43	1732.99	2284.82	2182.48	2114.49	2683.59	1969.92
	同比增长率	15.52	－6.45	39.79	75.33	－17.88	31.84	－4.48	－3.12	26.9	－26.6
安徽	房地产竣工面积	2541.1	2861.2	3026.7	3628.73	3965.39	5180.35	5196.37	5537.74	5382.95	4747.71
	同比增长率	8.52	12.6	5.78	19.89	9.28	30.64	0.31	6.57	－2.8	－11.8
江西	房地产竣工面积	1586.7	1646.8	1817.7	1906.06	1747.48	1790.26	1871.79	1907.89	1635.61	1854.4
	同比增长率	－2.42	3.78	10.38	4.86	－8.32	2.45	4.55	1.93	－14.3	13.4
河南	房地产竣工面积	3026	3401	4426.9	5527.42	5870.54	5965.87	7324.34	5390.32	6299.44	6201.71
	同比增长率	8.63	12.39	30.16	24.86	6.21	1.62	22.77	－26.41	16.9	－1.6
湖北	房地产竣工面积	2057.9	2312.1	2541.2	3221.05	3273.71	3040.84	3431.18	2785.17	3127.49	3219.72
	同比增长率	－1.99	12.35	9.91	26.75	1.63	－7.11	12.84	－18.83	12.3	1.9

（续表）

年份		2008	2009	2010	2011	2012	2013	2014	2015	2016	2017
湖南	房地产竣工面积	2393.8	2965.2	3347.9	4146.31	4457.97	4593.76	4022.89	3969.96	4533.74	4084.05
	同比增长率	16.44	23.87	12.91	23.85	7.528	3.05	−12.43	−1.32	14.2	−9.9

数据来源：国家统计局。

三、房地产销售额的比较分析

近10年，中部各省房地产销售起伏较大。前面几年，房地产作为国民经济支柱性行业，销售持续走高，而在近三年，随着房地产市场供给侧改革深入，因地制宜、因城施策的调控效果逐步显现。各省房地产开发投资增长加快，而商品房市场销售则有所回落。

2008—2017年，六省房地产销售面积基本处于稳定增长状态。2008年，在金融危机的冲击之下，除了山西，其他各省商品房销售面积均出现负增长。2009年，各省商品房销售面积排名没有变化，各省变化幅度大致相似。2010—2011年，房地产市场交易继续扩大，除江西省商品房销售面积略有下降之外，其余五省的商品房销售面积都逐年增长。2012年，国土资源部表示将继续坚持房地产调控政策不动摇，保持从严从紧调控，在这一系列房地产调控政策的作用下，仅有安徽、湖南和山西的商品房销售面积保持微弱的增长。2013年，"新国五条"提出要增加普通商品住房及用地供应，在此政策的督促下，除山西省商品房销售面积增速下降之外，其他五省均有所回升。2014年由于购房者处于观望状态，另外各种调控政策也在不断改变，致使商品房市场成交呈下行趋势。2015年，安徽三四线城市短期供过于求，商品房销售面积6174.09万平方米，较去年同期下降0.45个百分点，降幅比2014年收窄0.56个百分点。2016年房地产市场迎来本轮周期的高点，全年成交规模创历史新高，城市分化态势延续，中部六省商品房销售面积均有所增长。安徽商品房销售面积以及增速依旧稳居中部第2的位置。

2017年，安徽商品房销售面积为9200.7万平方米，排在中部第

2。增速为8.24%，排在中部第4。2017年房地产业宏观经济地位继续回升，但是可比增速明显下降。虽然调控升级，但购房者依然会有积极入市的机会，房屋销售数据好于预期。购房需求依旧非常强劲，刚需市场可挖掘的潜力非常大。河南商品房销售额依旧一马当先，达13313.89万平方米，超出第2名安徽4113.19万平方米之多。这一年安徽省经济走势稳健、质态良好，实现了稳增长不失速。同时政府密集出台调控政策，平稳房地产市场走势，这些都极大地促进了房地产市场的良好发展。

2008—2017年中部六省商品房销售面积情况见表4-18所列。

表4-18　2008—2017年中部六省商品房销售面积情况

单位：万平方米，%

年份		2008	2009	2010	2011	2012	2013	2014	2015	2016	2017
安徽	商品房销售面积	2785.83	4030.92	4154.26	4605.58	4828.81	6265.35	6202.18	6174.09	8499.65	9200.7
	同比增长率	−9.65	44.69	3.06	10.86	4.85	29.75	−1.01	−0.45	37.7	8.24
河南	商品房销售面积	3191.98	4335.09	5452.23	6275.16	5968.49	7310.21	7879.67	8556.34	11306.27	13313.89
	同比增长率	−18.74	35.81	25.77	15.09	−4.89	22.48	7.79	8.59	32.14	17.8
湖北	商品房销售面积	1941.62	2718.05	3508.61	4187.62	4037.85	5298.54	5601.98	6244.55	7427.16	8155.21
	同比增长率	−23.53	39.99	29.09	19.35	−3.58	31.22	5.73	11.47	18.9	9.8
湖南	商品房销售面积	2655.51	3513.72	4469.98	4900.33	5150.48	5952.38	5439.53	6363.01	8085.36	8532.25
	同比增长率	−2.89	32.32	27.22	9.63	5.1	15.57	−8.62	16.98	27.1	5.5
江西	商品房销售面积	1727.6	2280.91	2469.73	2416.85	2397.1	3167.06	3067.16	3478.23	4691.84	5841.9
	同比增长率	−20.59	32.03	8.28	−2.14	−0.82	32.12	−3.15	13.4	34.9	24.5
山西	商品房销售面积	994.71	1034.2	1180.59	1284.78	1497.88	1642.82	1576.27	1592.55	2061.1	2415.61
	同比增长率	8.88	3.97	14.15	8.83	16.59	9.68	−4.05	1.03	29.4	17.2

数据来源：国家统计局。

2008—2017 年，中部六省的商品房销售额与销售面积的同比增长率大致相似，除 2008 年由于楼市受到金融危机的冲撞比较严重，好几个省的销售额都有所下滑，从 2009 年开始中部六省销售额在逐年增长。在这 10 年里，安徽与河南商品房销售额就一直高于其他四省。2008—2013 年安徽商品房销售额一直居中部第 1 位，2014 年开始被河南赶超，屈居中部第 2。由于这两个省份的迁入人口数比较多，对于房屋的需求较大，并且经济发展迅速，所以许多房地产开发企业都选择在这里开发投资，因而这两省销售额一直处于中部前两位。湖北与湖南在商品房销售额方面不相上下，处于中部地区中间位置。山西与江西在商品房销售额方面均低于其他四省，处于中部后两位。2008 年由于受到金融危机影响，各省商品房销售额增速均有所下降。2009 年，随着国家一揽子计划的贯彻落实，中国经济实现企稳回升，总体形势稳中向好。中部六省房地产开发完成投资也开始出现加快迹象，六省销售额均有所上升。2010 年，除山西增速上升外，其余五省增速均放缓。销售额最高的依旧是安徽。2011 年，六省商品房销售都有所增长，增速最快的是湖北，最慢的是山西。2012 年除了山西增速上升外，其余五省同比增长率均下降。其中，安徽的同比增长率为 5.92%，下降了 20 个百分点。2013 年，“新国五条”发布，六省销售额继续上涨，其中安徽、河南、湖北、江西商品房销售额同比增长率增速较快，湖南同比增长率增速较为缓慢，而山西同比增长率则下降了 5.9 个百分点。2014 年，一方面房贷进一步收紧，房地产信贷额度总体偏紧，另一方面开发商和购房者观望情绪比较浓厚。六省房地产销售额同比增长率大幅下降，安徽商品房销售额 3345.19 亿元，增长 5.1%。2015 年，受到上年“930 新政”的影响，各省房地产销售额增长率均有所回升，而安徽三四线城市由于前期库存过高、需求相对疲软，商品房销售额为 3369.42 亿元，增长仅 0.72%。2016 年，金融信贷显著放宽，各种利好政策频出，加上股市动荡，消费者的观望态度减弱，对商品房的需求增加，商品房销售额均有所回升，增速明显加快，尤其安徽房地产市场发展态势良好，在六个省中增幅最大，达到 49.4%。

2017年，去库存和遏制房地产市场过热在各省市展开，三四线城市去库存的政策也一直延续，各大城市提高限购限贷门槛，限购限贷以及限售作为调控手段，抑制投机购房需求，平稳房地产市场。在这些政策背景下，六省销售额增速普遍回落，安徽回落幅度最大，由上年的49.4%下降到16.5%，下降了32.9个百分点。

2008—2017年中部六省商品房销售情况见表4-19所列。

表4-19　2008—2017年中部六省商品房销售额情况 单位：亿元，%

年份	山西		安徽		江西		河南		湖北		湖南	
	商品房销售额	同比增长率	商品房销售额	同比增长率	商品房销售额	同比增长率	商品房销售额	同比增长率	商品房销售额	同比增长率	商品房销售额	同比增长率
2008	234.29	14	821.49	0	368.96	−18.15	746.46	−15.67	582.61	−24.84	611.33	0.11
2009	279.99	19.51	1378.39	67.79	602.8	63.38	1155.9	54.85	960.03	64.78	941.6	54.02
2010	411.71	47.05	1746.92	26.74	776.41	28.8	1658.79	43.51	1313.2	36.79	1406.39	49.36
2011	441.03	7.12	2199.67	25.92	1002.44	29.11	2196.81	32.43	1878.73	43.07	1857.35	32.07
2012	579.89	31.49	2329.88	5.92	1137.35	13.46	2286.67	4.09	2036.2	8.38	2085.23	12.27
2013	728.26	25.59	3182.87	36.61	1647.9	44.89	3074.14	34.44	2790.32	37.04	2525.64	21.12
2014	746.14	2.46	3345.19	5.1	1621.76	−1.59	3440.58	11.92	3088.31	10.68	2299.11	−8.97
2015	775.64	3.95	3369.42	0.72	1863.67	14.91	3945.55	14.68	3661.37	18.56	2738.92	19.13
2016	1027.1	32.4	5035.55	49.4	2678.37	43.7	5612.9	42.26	4994.05	36.4	3751.86	37
2017	1357.83	32.2	5865.8	16.5	3592.5	34.1	7129.4	27	6258.92	25.3	4460.66	18.9

数据来源：国家统计局。

安徽房地产销售逐渐回落，这主要源于以下两方面的原因。一方面，热点城市政策频频加码，周边三四线城市也同步联动调控，传统限购限贷政策不断升级，创新性的限售政策抑制投资投机需求，房地产供需两端信贷资金逐步收紧；另一方面，大部分三四线城市仍持续去库存，部分库存压力下降明显的城市也及时出台稳市场措施。2017年房地产行业调控深化，长短结合调控显效，商品房销售额增速持续回落；一、二线城市成交量持续维持低位，三、四线城市高速增长后劲不足，弱化对全国房地产市场拉动作用。长期来看，长效机制加快推进并逐步落实，市场将回归理性，预计未来市场量价将保持稳定。

第四节　安徽房地产投资存在的问题、对策及其发展展望

2017年，安徽房地产开发投资增长较快，商品房销售增速回落，去库存成效明显，房地产市场总体保持平稳运行态势。受限购等政策影响，商品房销售量逐月回落，房地产市场总体稳中向好。但是安徽房地产业依然存在着不容忽视的问题，如资金投向结构不合理、企业融资困难、房地产区域发展不平衡等。本节分析安徽房地产市场存在的主要问题及相应的对策措施，并对安徽未来房地产投资情况进行预测。

一、安徽房地产投资存在的问题

目前，安徽房地产投资主要存在资金投向结构不合理、中小型房企自有资金不足、房地产开发投资区域分化明显等问题。

（一）房地产资金投向结构不合理，经济适用房投入建设不足

2008—2017年，安徽房地产住宅开发投资稳定增长，2017年达到4007.0亿元，占当年房地产开发投资的71.4%。虽然住宅开发投资稳定增长，经济适用房的开发投资规模在各类住宅建设中所占的比例也并不是最低的，但是与我国的收入结构相比，这一比例明显偏低，房地产和住宅开发投资增长分别高达21.9%和30.5%，并且经济适用房开发投资的增长率只有9.5%。因此，造成供给与需求的结构性矛盾有加剧之势，普通商品房和经济适用房供不应求，高档商品房却不同程度地空置积压。

（二）中小型房企自有资金不足，投资风险大

企业自有资金不足是安徽中小型房地产开发企业面临的最大问题。房地产开发项目涉及土地使用权的受让、开发，居民拆迁补偿，建筑安装成本投入及各种税费的杂项开支，项目开发程序复杂、工期长，资金投入量大。但是，安徽中小型房地产开发企业，尤其是一些小型房地产开发商，自有资金严重不足。中小房地产企业的自有资金有两

种形式，一是凭借单个房地产开发商的自有资金进行开发项目投资，资金自主权好，但资金规模小，其持有的自有资金往往只能取得开发项目批准及土地使用权；二是多个开发商的自有资金联合进行开发项目投资，可有效提高资金实力和开发商信誉，但资金能否及时到位，存在较多干扰因素。当个别开发商抽逃资金时，会给整个开发项目带来严重的资金危机。房地产开发成本需求和企业自有资金间的矛盾，导致中小企业房地产开发项目投资风险较大。

（三）各市房地产投资分化明显，不利于房地产投资健康发展

与其他产业相比，房地产投资具有竞争激烈、风险较大、回报率较高等特点。但同时，它也有一个突出的问题，那便是区域发展不平衡。从安徽各市房地产开发投资情况来看，对全省房地产开发投资增长贡献率排在前五位的依次为：阜阳 20.9%、合肥 20.4%、蚌埠 15.3%、亳州 12.6%、滁州 9.1%，以上五个城市解释了 2017 年安徽房地产开发投资变动的 78.2%，而剩余 13 个城市的贡献率不到 22%。这表明安徽各市房地产投资分化明显，区域发展不平衡，不利于全省房地产投资健康发展。

二、解决安徽房地产投资问题的对策

针对安徽存在的资金投向结构不合理、中小型房企自有资金不足、房地产区域发展不均衡等问题，安徽政府应加大工作力度，推动各项政策措施落地、落实、见效，确保房地产市场平稳健康运行。

（一）合理安排经济适用房的建设投资规模

针对当前经济适用房开发与建设规模不足的问题，政府应科学合理地制订与社会经济发展水平相符合的经济适用房的长、中、短期配套供应计划，使之在推进住房市场化和建设经济适用房之间保持一种合理的比例关系，并据以严格实施来确保中低收入者的住房问题早日得到解决。在经济适用房开发项目和用地方式上尝试推行“锁定房价，拍卖地价”的项目拍卖招标方式，明确所拍卖地块为经济适用房建设项目，并规定售价、户型标准、销售对象的条件。这种方式将经济适用房供应中的政府职能与市场作用有机结合在一起，既充分考虑了中

低收入者的支付能力，又客观地把握了政府相关资源的投入能力与投资积极性。

（二）加强合作开发力度，提升自有资金比例

提升中小房地产企业自有资金比例，可有效抵御房地产项目开发过程中存在的资金风险，还可提高开发项目的质量和信赖程度。在当前安徽中小房地产企业自身自有资金有限的情况下，可通过加强企业合作，提升自有资金比例。加强企业合作，需要各开发商企业按照合同约定，及时足额地提供自有资金，尤其要预防个别开发商违约给开发项目带来的资金风险，可通过第三方担保的方式或以商业保险的方式避免这种信用危机给项目带来的资金风险，有效提升项目开发的自有资金比例。

（三）加强金融监管，控制土地市场，改善投资环境

为解决安徽区域开发投资分化严重的问题，应从以下三点做出努力：第一，要加强金融监管。推动合肥、阜阳等地区房地产过热产生的资金，绝大部分都是从银行流出的，因此要加强银行的监管，从源头上控制投机资本；第二，要严格控制土地市场，加强土地资源管理。土地是房地产开发的必要条件，是引导房地产开发投资方向，促进商品房供求平衡、结构合理的基础因素，因此，要遏制房地产过热以及防范房地产泡沫，就要对土地市场严格控制，加强房地产开发投资过热地区的土地资源管理，规范土地供应；第三，改善安徽边缘城市房地产投资环境。政府应加强房地产投资冷门城市的基础设施建设，加快城镇化建设，为这些区域的房地产投资提供较好的硬环境。

三、安徽房地产行业发展展望

在分析安徽房地产市场发展的有利条件与不利条件的基础上，对全省房地产行业今后两年的发展趋势进行预测。

（一）安徽房地产市场发展的有利条件

安徽房地产市场运行具有一定的有利条件，体现在有利的宏观经济形势、良好的货币金融环境以及新型城镇化的推进等方面。

1. 供给侧结构性改革背景下，房价逐渐上涨的预期得到缓和

在中央“房子是用来住的，不是用来炒的”的房地产行业定调之后，推动房地产市场平稳发展的新的供给侧改革也正在发力。热点城市的保障房供应和中小商品房供应力度在加大，租售并举的新生供应也在逐渐萌生，人们对房价上涨的预期和焦虑正在缓和，加上包括教育在内的公共资源供给改革的推进，也使得人们对产权住房的依赖未来有望减轻。整体市场预期因此正在悄然发生转变。

2. 良好的货币金融环境以及优化的政策

当前安徽省政府积极采取各项措施，在《安徽省人民政府关于去库存促进房地产市场稳定发展的实施意见》中，安徽省将加强商品房供应管理，并引导房地产开发企业调整营销策略，适当降低商品住房价格。为进一步完善“十三五”规划，安徽省财政继续超调 10 亿元，各市、县（市、区）按不低于 2 倍规模，以市、县（市、区）为单位设立中小微企业转贷资金池。鼓励金融机构对信用良好、生产经营正常的企业，给予授信项下流动资金贷款“无还本续贷”的还款便利。完善“税融通”合作机制，扩大小微企业受惠面。安徽金融运行保持了健康平稳的发展态势，宽松的金融环境有力支撑了全省经济社会发展。

3. 以人为核心的新型城镇化的推进

随着国家新型城镇化安徽总体方案获得通过，安徽经济发展迎来了一个重要机遇期。安徽决定全面实行居住证制度，鼓励和促进有能力在城镇就业和生活的常住人口有序实现市民化，全面放开除合肥市以外其他所有城市落户限制。维护进城落户农民土地承包权、宅基地使用权、集体收益分配权，引导进城落户农民依法自愿有偿转让上述权益。省财政安排 5 亿元专项资金，采取“借转补”、以奖代补方式，高品质建设一批特色小镇。当前安徽房地产去库存工作将结合城镇化这一根本途径展开推进，通过提高城市基础设施建设及公共服务水平，来增强对农村转移人口的吸引力。同时，增强蚌埠、阜阳等三四线城市和合肥、芜湖等相对发达城市之间基础设施的互联互通水平，促进公共服务均等化。

（二）安徽房地产市场发展的不利条件

安徽房地产市场发展过程中存在一些不利条件，体现在全国经济下行压力大、房地产企业融资困难以及房地产市场销售或明显回落等方面。

1. 安徽经济下行压力依旧较大

2017 年中国经济增长的形势不太乐观，潜在增长率下降，金融市场更加脆弱，贸易投资增长乏力，反全球化趋势也比较明显。同时，在全球货币宽松不断蔓延，资产荒、资产泡沫与负利率在全球市场普遍共存。另外，财政部的 87 号文和 50 号文大大加强地方政府的财政刚性，发改委叫停了一些省市大型基础设施的建设项目，这也说明政府在做大规模基建方面也是比较审慎，处于观望状态。在经济下行压力下，安徽房地产市场景气周期势必不会延续下去。

2. 房地产企业融资困难

由于当前商业银行风险防患标准提升、放贷的门槛提高，安徽房地产企业的融资能力出现了一定程度的下降。除了银行贷款，其他来源的开发资金均有所降低，这是对房企融资能力的一个严峻考验。此外，融资贵也是摆在房企面前的一大难题。连续的降息降准使得商业银行吸收存款的成本大大减小，但对房企而言，银行资金成本的下降导致贷款利率不降反升，同时信托、基金等融资渠道的利率也可能水涨船高，提高房地产企业的融资成本、削弱企业的盈利能力。另外，安徽房地产企业存在较多信贷资产问题，受大量贷款金额影响，银行并无多余资金扶持房地产抵押贷款，房地产金融融资渠道受到限制。这些都不利于安徽房地产市场的发展。

3. 房地产市场销售或明显回落

安徽房地产销售经历了近两年的增长之后，恐面临销售的明显回落。一是受高基期因素影响。最近这两年安徽商品房销售的高增长意味着对未来住房需求的透支和转移，具体体现在以下两个方面：由于房地产开发投资的回升，从总量上看，2017 年房地产总体库存不会有明显下降；人口城镇化速度减慢，且居民住房需求三五年内相对稳定，目前的销售高增长意味着对未来需求的透支。二是受限购影响成交量恐大幅下滑。自 2016 年 10 月份以来，合肥楼市调控政策持续收紧，

“房十条”限贷限购限地限价、进一步加大土地供应力度的调控，房地产开发投资将面临较大下行压力，房地产销售预计会有所回落。

（三）2018—2020 年安徽房地产投资预测

2018 年是贯彻党的十九大精神的开局之年，是改革开放 40 周年，是决胜全面建成小康社会、实施“十三五”规划承上启下的关键一年。未来几年，预计我国将会一直坚持稳中求进的工作总基调，坚持新发展理念，紧扣我国社会主要矛盾变化，按照高质量发展的要求，统筹推进“五位一体”总体布局和协调推进“四个全面”战略布局，坚持以供给侧结构性改革为主线，统筹推进稳增长、促改革、调结构、惠民生、防风险各项工作，推动质量变革、效率变革、动力变革，引导和稳定预期，加强和改善民生，促进经济社会持续健康发展。

在房地产领域，十九大报告提出：“坚持房子是用来住的、不是用来炒的定位，加快建立多主体供给、多渠道保障、租购并举的住房制度，让全体人民住有所居。”这既是对房地产定位的重申，也是对房地产调控思路的进一步深化，房子的居住属性将会进一步增强。

随着房地产市场进入下半场，房地产市场供求关系发生明显变化。从需求上看，未来几年房地产需求整体将呈小幅回落态势。从供给上看，新开工面积和土地购置面积预计将会保持低幅波动，同时，住房租赁市场建设会对房地产投资形成托底，房地产投资将仍具韧性，保持相对平稳。从区域来看，城市间的分化在加大。

通过对安徽 2008—2017 各年度房地产有关统计数据的分析，考虑到国内外宏观经济环境的变化以及城镇化进程、人口变动的走势，同时结合未来房地产调控政策的可能走向，利用有关经济预测模型，对 2018—2020 年安徽房地产市场的主要指标进行预测，见表4－20所列。

表 4－20　2018—2020 年安徽房地产开发主要指标及预测情况

指标	单位	2018 年		2019 年		2020 年	
		预测值	增长	预测值	增长	预测值	增长
固定资产投资	亿元	31170.6	6.80%	33227.9	6.60%	35354.5	6.40%

（续表）

指标	单位	2018 年		2019 年		2020 年	
		预测值	增长	预测值	增长	预测值	增长
房地产开发投资	亿元	6746.2	20.20%	8007.7	18.70%	9393	17.30%
房地产开发资金来源	亿元	8553.4	12%	9135	6.80%	9482.1	3.80%
其中：国内贷款	亿元	1165.5	35.6%	1629.4	39.8%	2421.2	48.6%
其中：自筹资金	亿元	2959.8	10.20%	3119.6	5.40%	3188.2	2.20%
施工面积	万平方米	43282	10.50%	45662.5	5.50%	46712.7	2.30%
新开工面积	万平方米	12561.4	10.20%	12272.5	−2.30%	11769.3	−4.10%
竣工面积	万平方米	4424.9	−6.80%	4491.2	1.50%	4590	2.20%
商品房销售面积	万平方米	8970.7	−2.50%	8504.2	−5.20%	8155.5	−4.10%
商品房销售额	亿元	5994.8	2.20%	5797	−3.30%	5646.3	−2.60%
土地购置面积	万平方米	4947.2	31%	6540.2	32.20%	8391.1	28.30%

1. 房地产开发投资增速持续回落

2017 年，安徽房地产开发投资完成 5612.5 亿元，增长 21.9%。从 2018 年起，预计房地产开发投资增速会逐年保持回落，预计 2018—2020 年房地产开发投资分别增长 20.20%、18.70%、17.30%。未来三年，安徽房地产投资增速将持续回落。一方面，是由于商品房销售增幅的持续回落，将传导至房地产开发投资。另一方面，2017 年对房地产开发投资贡献较大的土地购置费用受基期因素影响，以及房地产开发企业以销售回款为主的其他资金来源增速放缓等因素影响。

2. 房地产开发资金增幅出现回落，国内贷款增速显著上升

2017 年房地产开发资金来源实际增长 23%，达 7637 亿元。其中，国内贷款达 859.51 亿元，增长 30.7%；自筹资金达 2685.88 亿元，相对上一年增长 40.9%。鉴于近年来债券发行规模出现显著下滑，而房

地产开发企业对于各类贷款的依赖度上升，不过由于销售尚可，购房预收款等仍将贡献较高的现金流。未来，房地产行业受到销售放缓以及融资约束仍较大等因素影响，资金来源增速仍将继续放缓。从房地产开发具体资金来源看，预计2018—2020年，房地产开发资金来源增速将逐年回落，国内贷款增速会显著上升。而国内贷款增速显著上升的原因主要在于在发债、私募基金融资受限后，银行信贷、信托贷款成为房企的重要融资渠道，同时伴随房地产企业的景气度高位运行，银行、信托也提高了融资意愿。

3. 区域分化明显，皖北六市房地产开发投资仍将处于领先位置

依据近些年全省各地市房地产发展趋势，房地产市场开发投资与人口流向的正相关性较大，人口流入大的城市商品房投资增幅往往较快。城镇化率相对较低的城市，房地产市场潜力相对较高、市场空间较大；商品房投资增幅较快的城市基本也是城镇化程度相对偏低的城市，尤其是阜阳、蚌埠、亳州等皖北城市。而其他人口流入量较低的城市如池州、宿松、铜陵等，房地产开发投资增幅明显偏低。预计未来几年，安徽房地产开发重心仍将放在皖北六市，皖北六市开发投资仍将处于领先位置。2018—2020年安徽各市房地产投资额预测情况见表4-21所列。

表4-21 2018—2020年安徽各市房地产投资额预测情况 单位：亿元

	2018年		2019年		2020年	
地 区	预测值	增长（%）	预测值	增长（%）	预测值	增长（%）
合 肥	1809.7	16.2	2068.5	14.3	2333.3	12.8
淮 北	133.7	19.2	161.2	20.5	189	17.3
亳 州	441.6	37.3	612.4	38.7	817	33.4
宿 州	285.2	10.8	307.4	7.8	328.7	6.9
蚌 埠	737.7	37.4	985.6	33.6	1309.8	32.9
阜 阳	770.8	49.3	1106.9	43.6	1545.3	39.6
淮 南	287.5	48.6	416	44.7	587.5	41.2

（续表）

	2018 年		2019 年		2020 年	
滁　州	552	29.3	687.8	24.6	843.9	22.7
六　安	363.7	23.8	446	22.6	539.1	20.9
马鞍山	310.3	19.8	364.3	17.4	417.5	14.6
芜　湖	522.8	14.3	591.8	13.2	662.2	11.9
宣　城	196.4	5.8	206	4.9	213.6	3.7
广　德	24.6	51.2	36.4	47.8	49.1	34.9
铜　陵	137.1	10.2	152.9	11.5	175.5	14.8
池　州	86.2	2.5	89.5	3.8	91.4	2.2
安　庆	186.7	14.9	215	15.1	246.3	14.6
宿　松	10.6	12.8	12	13.3	13.4	11.6
黄　山	139.8	13.2	157.1	12.4	175.7	11.8

4. 各城市房价差异缩小，整体保持低位运行

从大中城市的房价走势情况来看，2017 年以来，安徽 18 个大中城市房价同比涨幅持续回落，但房价保持上涨的城市个数持续维持高位。在差异化政策的引导下，城市间房价变动差异缩小。从未来房价走势来看，随着 2018 年房地产调控思路的明确，要保持政策的连续性和稳定性，继续实施差异化的调控政策。在这一政策指引下，预计各城市仍会将保持房价平稳作为一项重要调控目标，房价不会出现大幅上涨。具体到安徽各个城市，预计不同城市的房价仍然保持分化，但分化趋势会因为差异化政策而有所减弱。人口流入城市和经济发展潜力大的城市仍存在房价上涨的压力，但涨幅不会超过 10%，未来，皖北地区和长三角城市群的房价涨幅相对会较高。

第五章 安徽电子信息产业投资分析

2017年，安徽信息制造业中的集成电路产量、彩色电视机产量增长迅速，远远高于同期全国平均增速。信息制造业固定资产投资增长迅速，规模、增速位于中部省份第1，但主营业务收入水平偏低，在中部省份排在第3位，位于河南、江西之后。安徽信息服务业发展迅速，高于全国平均增速，是全国平均增速的两倍，和河南、湖南的差距进一步缩小，但发展滞后的局面仍未得到根本改变，和湖北差距进一步扩大。

第一节 安徽电子信息产业投资的基本状况分析

安徽信息制造业主动适应经济发展新常态，在经济增长动力与经济下行压力并存的情况下，实现了产业的快速发展，固定资产投资无论是总额还是增速都位居全国前列。软件业的增长迅速，产业结构更趋合理，固定资产增速明显降低，赶超软件业发达省份不确定性增加。

一、电子信息产业发展基本状况分析

（一）电子信息制造业发展分析

1. 电子信息制造业产值规模分析

安徽电子信息制造业的销售产值从2015年的1991.25亿元，增加到2016年的2322.01亿元，按当年价格计算，增长16.61%。而全国相应年份电子信息制造业的销售产值分别为91606.58亿元和99629.48亿元，增速为8.76%。安徽的增速接近全国增速的2倍。2016年，全省规模以上工业销售产值为42329.72亿元，较2015年的

38798.25 亿元，同比增长 9.10％。全国相应时期的工业销售产值分别为 1158998.52 亿元和 1109852.97 亿元，增长 4.43％。

2. 电子信息制造业细分行业主要产品产量规模分析

安徽信息制造业在龙头项目带动下，产出增长迅速，各细分行业产品产量显示出不同的增长态势。2017 年 1 月至 10 月，安徽微型电子计算机产量 1498.40 万台，同比增长 9.90％，高于同期全国平均增速 8.20％；集成电路生产量 64772.70 万块，同比增长 204.70％，全国集成电路的产量 12835000.00 万块，同比增长 20.70％；手机生产量 99.84 万台，相较于去年同期减少 14.00％，而同期全国手机生产量 161916.9 万台，平均增速为 5.30％；彩色电视机生产量 1299.13 万台，同比增长 28.80％，高于同期全国平均增速－1.30％。详见表 5－1 所列。

表 5－1　电子信息制造业主要产品产量

细分行业主要产品		生产量	增速（％）
微型电子计算机（万台）	安徽	1498.40	9.90
	全国	25004.30	8.20
集成电路生产量累计值（万块）	安徽	64772.70	204.70
	全国	12835000.00	20.70
手机生产量累计值（万台）	安徽	99.84	－14.00
	全国	161916.90	5.30
彩色电视机生产量累计值（万台）	安徽	1299.13	28.80
	全国	13780.00	－1.30

数据来源：中国统计数据网。

（二）电子信息服务业发展分析

1. 电子信息服务业产值规模分析

2016 年，安徽信息服务业的增长态势良好，信息服务业增加值为 403.4 亿元，比 2014 年增长 21.58％，高于整个服务业 15.78％的增速。所有 14 个服务业大类中，低于科学研究和技术服务业的 39.69％，房地产业的 29.19％，文化、体育和娱乐业的 23.98％，水利、环境和公共设施管理业的 23.19％，居民服务、修理和其他服务业22.37%。安徽信息服务业的从业人员从2015年的94.7万人上升到2016年的97.3万人，增加了2.75%。

2. 软件业发展状况分析

2016年，安徽软件产业规模增长迅速，产业结构更趋合理。安徽规模以上软件企业实现业务收入260亿元，比2015年增长26.5%，而同期全国平均增速约为12.5%。其中，软件产品收入91亿元，增长6.4%；信息技术服务收入149亿元，增长40.4%；嵌入式系统软件收入20.2亿元，增长43.7%。由于嵌入式软件、信息技术服务业强劲增长，安徽软件业产业结构更趋合理。

安徽软件业在中部省份中位次仍然靠后。在中部六省中，2016年安徽规模以上企业软件收入排在第4位，仅高于江西和山西。其中，安徽规模以上企业软件产品收入排在第4位，高于江西和山西；规模以上信息技术服务收入排在第4位，高于江西和山西；规模以上企业嵌入式系统收入排在第4位，高于江西和山西。详见表5-2所列。湖北软件业发展条件好，企业竞争力强，在中部六省中，总体实力最强。湖北在工业和嵌入式软件、信息安全、地球空间信息、工程设计软件、数字内容和创意、信息服务外包等领域保持了自己的特色和优势，形成集聚度较高的企业群、产品群。湖南在智能制造、两化融合中成绩斐然，在装备制造、钢铁、有色金属、石油化工等制造业领域实施的"互联网+"重点项目，已经实现效益；南车机车、中车时代电器、三一重工、中联重科通过了工信部两化融合贯标认定。河南软件业务收入296亿元，同比增长6.5%，而安徽同比增长26.5%，安徽和河南的软件业发展差距缩小。安徽软件业和湖北软件业的发展差距进一步扩大，安徽需要迎头赶上。

表5-2 中部六省规模以上企业软件收入 单位：亿元

省份	软件收入	软件产品	信息技术服务	嵌入式系统
山西	23.92	10.46	12.59	0.86
安徽	260.03	90.98	148.87	20.191
江西	87.01	33.89	52.09	1.03

（续表）

省份	软件收入	软件产品	信息技术服务	嵌入式系统
河南	296.35	111.73	183.49	1.13
湖北	1330.51	693.71	571.2	65.61
湖南	396.01	114.08	228.39	53.54

数据来源：《中国电子信息产业年鉴2016》。

在省内空间布局上，软件产业集聚式发展态势明显，呈现以合肥为中心，芜湖、马鞍山快速跟进的发展格局。2016年，合肥软件业实现主营业务收入307亿元，同比增长25.7%；芜湖软件主营业务收入71.1亿元，同比增长103.7%；马鞍山软件主营业务收入15.4亿元，同比增长25.2%；铜陵软件主营业务收入7.7亿元，同比增长5.5%。安徽著名软件公司的空间分布在一定程度上反映软件业的产业集聚，2016年，年收入超过30亿元的软件企业为2家，分别为合肥的科大讯飞、四创电子。2016年，安徽软件企业20强中，合肥占18席，芜湖占1席，铜陵占1席。科大讯飞进入2017年全国软件业务百强，排名第50位，比2016年的排名提高32位。

二、电子信息产业投资状况分析

（一）电子信息制造业固定资产投资分析

安徽信息制造业固定资产投资额2016年为742.19亿元，2015年为512.73亿元，2016年比2015年增长44.75%，而2015年信息制造业的固定资产投资增速为7.71%，前者接近于后者6倍。同期安徽制造业固定资产投资增长率为9.40%。2016年，电子信息制造业投资增速虽然大幅回升，但宏观经济不确定因素较大，计算机等传统领域发展趋缓，在一定程度上影响企业投资意愿。

从固定资产投资隶属关系来看，在安徽电子信息制造业固定资产投资中，2015年隶属于中央的为18.16亿元，隶属于地方的为494.57亿元，隶属于地方的占比为96.46%。2016年隶属于中央的为6.32亿元，隶属于地方的为735.87亿元，隶属于地方的占比为99.15%。可见，地方在电子信息制造业固定资产投资中仍占绝对优势。相对于2015年，2016年地方投资进一步增强。

从固定资产投资不同主体来看，在安徽电子信息制造业固定资产投资中，2015年，国有控股企业、私人控股企业的投资额分别为50.68亿元、388.22亿元，占投资总额的比重分别为9.88%、75.72%，2016年，国有控股企业、私人控股企业的投资额分别为201.95亿元、425.25亿元，占投资总额的比重分别为27.21%、57.30%，私人控股企业和国有控股企业的固定资产投资占主导地位，但国有控股企业的主导作用增长显著，反映了2016年信息制造业固定资产投入增加的部分主要由政府投资。港澳台控股、外商控股的固定资产投资在投资总额的比重上大体不变，相对于信息产业发展较为充分的省市，该比重偏低。详见表5-3所列。

表5-3　安徽信息制造业固定资产投资的控股情况　单位：亿元，%

年份	指标	总额	中央	地方	国有控股	集体控股	私人控股	港澳台商控股	外商控股	其他
2015	金额	512.73	18.16	494.57	50.68	7.46	388.22	13.69	3.09	49.59
	比重	100.00	3.54	96.46	9.88	1.45	75.72	2.67	0.60	9.67
2016	金额	742.19	6.32	735.87	201.95	0	425.25	19.06	4.44	91.48
	比重	100	0.85	99.15	27.21	0.00	57.30	2.57	0.60	12.33

数据来源：2016、2017年《安徽统计年鉴》。

2016年，信息制造业的内资企业累计完成投资13446亿元，增长17.3%，其中，私营企业和股份有限公司分别完成投资6182亿元和5673亿元，分别增长16.9%和9.9%；国有企业完成467亿元，下降36.4%；外商企业和中国港澳台企业分别完成投资1883亿元和1225亿元，分别增长26.6%和52.1%。2016年我国信息制造业各经济类型企业完成固定资产投资比重如图5-1所示。

（二）电子信息服务业固定资产投资分析

2016年，电子信息服务业固定资产投资299.25亿元，增长15.71%。其中软件业的固定资产投资257.20亿元，增长26.17%。

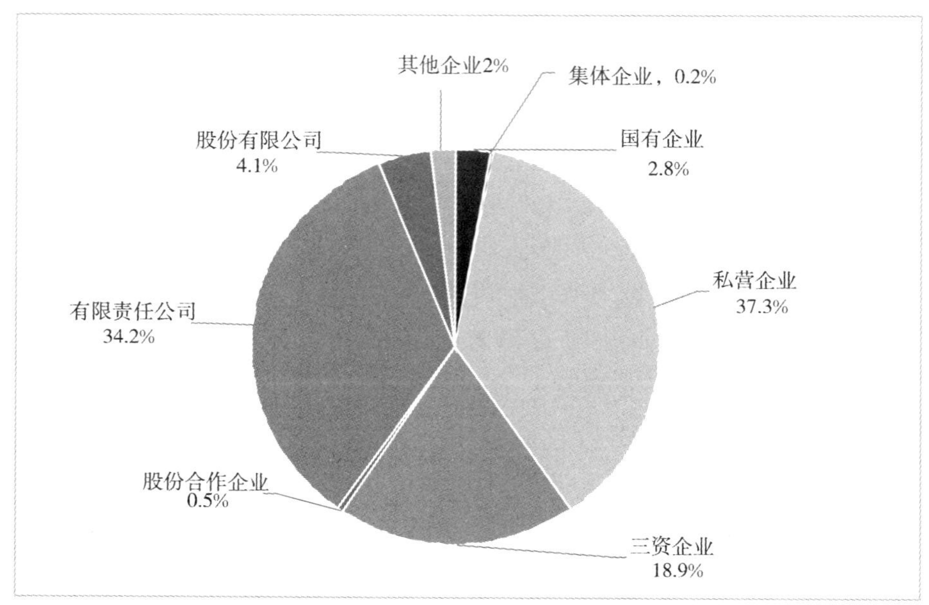

图 5-1 2016 年我国信息制造业各经济类型企业完成固定资产投资比重

电信业固定资产投资 42.05 亿元，降低 15.51%。电信业的固定资产投资和软件业的固定资产投资之间的差距呈现越来越大的趋势。云计算、物联网、大数据、智能制造、协同制造等新兴领域的发展，新技术、新业态、新服务模式的出现，衍生许多新的需求和服务，软件业的投资十分活跃。

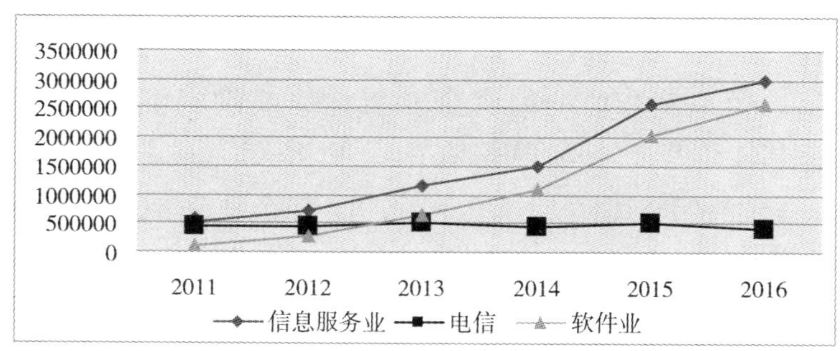

图 5-2 安徽电子信息服务业固定资产投资变动趋势图

从固定资产投资的隶属关系来看，电子信息服务业固定资产投资隶属于地方的占较大比例，尤其是其中的软件业。在电信业固定资产投资中，隶属于中央的为 9.76 亿元，隶属于地方的为 32.29 亿元，隶属于地方的占比为 76.79%；在软件业固定资产投资中，隶属于地方的为 257.20 亿元，隶属于地方的占比为 100%。

从固定资产投资的不同主体来看，电信业主要由国有控股，软件业由私人控股占绝对比例。电信业的固定资产投资中国有控股占 37.92 亿元，占全部固定资产投资的比重 90.19%。软件业的固定资产投资中私人控股的 207.82 亿元，占全部固定资产投资的比重 80.80%。软件业固定资产投资中的外商控股为 0，一方面显示了安徽软件业吸引外商投资能力较弱，另一方面也反映软件业吸引外商投资还有巨大潜力可挖。详见表 5－4 所列。

表 5－4　2016 年安徽信息服务业的固定资产投资的控股情况

单位：亿元，%

		总额	中央	地方	国有控股	集体控股	私人控股	港澳台商控股	外商控股	其他
电信	金额	420455	97570	322885	379214	6436	23268	5837	0	5700
	比重	100.00	23.21	76.79	90.19	1.53	5.53	1.39	0.00	1.36
软件	金额	2572032	0	2572032	193331	8700	2078189	0	4960	286852
	比重	100.00	0.00	100.00	7.52	0.34	80.80	0.00	0.19	11.15

数据来源：2017 年《安徽统计年鉴》。

从区域分布看，各地信息服务业固定资产投资差异明显，区域发展不平衡特征突出。合肥、芜湖、马鞍山的电子信息服务业固定资产投资额分别为 150.33 亿元、43.69 亿元、36.65 亿元，位于全省前三位。三市的固定资产投资额之和占全省比重分别为 50.24%、14.60%、12.25%，合计 77.08%，三市对全省电子信息服务业固定资产投资起到了主导作用；而皖北六市固定资产投资之和占全省的比重为 12.83%，占全省的比重偏低。

从动态时序看，合肥信息服务业固定资产投资占全省的首位度有所下降，2016 年比 2015 年降低了 0.82 个百分点，反映了合肥信息服务业在全省的主导地位有所减弱。芜湖和马鞍山的信息服务业固定资产投资占全省的比重分别提高了 1.22%和 0.82%，自 2015 年以来连续两年增长。2015 年，皖北六市固定资产投资之和占全省的比重为 14.29%，2016 年，该比重为 12.83%，降低了 1.46%。黄山和宣城的信息服务业固定资产投资占全省的比重分别降低了 0.50% 和 0.23%。2015—2016 年安徽各市电子信息服务业固定资产投资额见表 5-5 所列。

表 5-5　2015—2016 年安徽各市电子信息服务业固定资产投资额

单位：万元

地区	2015 年	2016 年	地区	2015 年	2016 年
合肥	1320697	1503292	六安	51480	37098
淮北	77011	104256	马鞍山	295496	366474
亳州	12878	5600	芜湖	346100	436863
宿州	44336	8816	宣城	16560	12216
蚌埠	45576	27323	铜陵	95738	98597
阜阳	29655	5834	池州	7743	34095
淮南	160140	231959	安庆	21451	48551
滁州	14847	32682	黄山	46467	38831

数据来源：2016—2017 年《安徽统计年鉴》。

第二节　安徽电子信息产业存在的问题和解决对策

尽管信息制造业投资增速加快，但产出水平偏低，经济效益有待提高，大项目带动固定资产投资的势头减弱。安徽软件行业规模偏小，招商引资动力不足，缺少知名企业落户，发展环境有待进一步改善。

一、电子信息产业投资存在的主要问题

（一）信息制造业投资增速加快，但主营业务收入水平偏低

安徽信息制造业固定资产投资增长迅速，规模、增速位于中部省份第 1。2015 年，中部省份中包括家电的信息制造业的固定资产投资额分别为河南为 1158.2 亿元，湖北为 801.5 亿元，安徽为 834.5 亿

元，江西为 737.0 亿元，湖南为 626.9 亿元。2016 年，河南为 1189.25 亿元，湖北为 926.95 亿元，安徽为 1201.38 亿元，江西为 1041.38 亿元，湖南为 696.41 亿元。河南、湖北、安徽、江西、湖南增速分别为 2.68％、15.65％、43.96％、41.30％、11.09％，安徽包括家电等信息制造业的固定资产投资增速为 43.96％，增速位居中部省份第 1，总额排在第 1，排在全国第 3 位，固定资产投资额首次超越河南。安徽的固定资产投资额已经超越河南，全国排在第 3 位，仅次于江苏、广东，但安徽信息制造业的主营业务收入值却排在河南、江西之后，位于全国第 11 位。

（二）合肥软件业发展较为迅速，但与武汉、南京差距较大

"中国软件名城"武汉市和"中国软件谷"南京市的软件业发展让合肥面临不小的压力。2016 年，武汉有内资软件企业的个数为 2443 家，软件业务收入 1276.22 亿元；南京为 1768 家，软件业务收入 3250.50 亿元，而整个安徽却只有 288 家，软件业务收入 248.54 亿元。就吸引外资企业而言，武汉外资软件企业 59 家，南京外资软件企业 139 家，而整个安徽的软件外资企业 10 家。2016 年武汉的外资企业软件收入为 45.58 亿元，南京的外资企业软件收入为 1292.42 亿元，而 2016 年整个安徽外资企业软件收入为 11.49 亿元。

（三）软件业招商引资动力不足，缺少国内外知名企业落户

软件业吸引投资的动力因素包括科技教育、高级人才素质、区位条件、经济环境、政策环境等。软件业是高科技行业，技术进步迅速，技术教育为软件业的发展提供智力支撑。软件企业的研发能力和创新能力受到高级人才的素质限制，缺少高级人才是软件企业创新的短板。此外，区位条件、经济环境、政策环境对一个地区的软件业的招商引资影响显著。安徽在高级人才素质、区位条件、经济环境等因素方面和周边发达的省份有一定差距。

软件业是创新型人才汇集的产业，员工流动性高，足够多的企业为员工的个人发展带来了便利，也为企业之间进行良性竞争与合作提供了良好的条件和环境。从 2016 年的中国软件业务收入前百家企业来看，北京共有 32 家入围，广东 18 家入围，江苏 10 家入围，上海 8 家

入围，而安徽仅有1家入围。

（四）信息制造业盈利能力下降，企业再投资能力受到限制

2016年，安徽规模以上信息制造业实现销售收入2322.01亿元，利润124.56亿元，销售利润率5.36%，高于全省工业的销售利润率5.29%。但相对于2015年安徽信息制造业的销售利润率为5.86%，信息制造业的上游高端元器件价格快速上升导致成本增加，企业盈利能力下降，企业的再投资能力受到限制。

（五）重大项目封顶和建成，固定资产投资快速增长势头减弱

随着晶合显示驱动项目顺利封顶、合肥京东方10.5代生产线建成，安徽2016年的信息制造业的固定资产投资超过43.96%的高速增长将会很难再现。2017年，500万元以上电子信息制造业项目完成固定资产投资额同比增长24.6%，低于2016年的43.96%。

二、优化安徽电子信息产业投资的对策建议

（一）完善核心产业链条

深化“建芯固屏强终端”行动，加快推进新型显示、集成电路、智能终端等重点领域发展，做好TFT－LCD 10.5代线及其核心配套，做好长鑫12吋DRAM、晶合12吋芯片、中科安南微电子芯片生产线、国晶微电子集成电路测试等产业链关键项目建设服务，大力发展智能终端硬件产业，促进核心配套零组件本地化生产。

（二）推动企业优惠政策落实

贯彻落实《安徽省“十三五”软件和大数据产业发展规划》文件，积极向企业宣传，协调省直有关部门制定相关配套文件，进一步规范流程，从税收优惠、股权投入、装修借款、设备补助租金补贴、创新奖励等方面着手，确保相关优惠政策落到实处。

（三）加快推进特色新兴信息制造业发展

继续推进电子信息产业园的发展工作，对特色集聚区的发展分类指导。打造合肥“IC之都”，重点发展笔记本电脑、平板电脑、主板等消费电子产品生产；此外对集成电路产业进行重点扶持。建设芜湖“太赫兹科学城”，打造创新创业新基地，力争到“十三五”末产值突

破千亿元。加大对蚌埠硅基新材料、滁州智能家电、池州半导体等产业基地的支持力度，这些产业基地都有产值上千亿的潜力。

（四）创建“中国声谷”

中国（合肥）国际语音产业基地是国家新型工业化示范基地，也是首个国家级智能语音产业集聚区，目前已有100多家企业入驻。为了更好地承担国家的战略和使命，有以下两项重点工作要做，一是着力打造人工智能科教体系，推动产学研协同创新；二是争取到2020年在语音智能、量子智能、类脑智能以及大数据智能方面形成技术优势。

第六章　安徽科研与技术服务业投资分析

2017年，在省委、省政府坚强领导下，全省人民以习近平新时代中国特色社会主义思想为指导，全面贯彻落实党的十九大精神，贯彻落实全国科技工作会议和省第十次党代会精神，加快推进创新驱动发展战略实施，统筹推进创新型省份、合芜蚌国家自主创新示范区、全面创新改革试验、合肥综合性国家科学中心等重大创新战略平台建设，充分发挥国家战略平台的叠加效应，积极发挥科技第一生产力、人才第一资源、创新第一动力的作用，科学与技术服务业投资工作取得突出成就，科技创新综合实力快速提升。本章主要从分析安徽科研与技术服务业投资的基本情况出发，找到了安徽科研与技术服务业投资发展中的主要问题，并基于科研与技术服务业投资相关情况给出了相应的政策建议，同时，结合内外环境的变化，预判安徽科研与技术服务业投资发展的未来趋势。

第一节　安徽科研与技术服务业投资的基本情况

从创新发展与投资工作概况和投资规模及成果转化等方面分析安徽科研与技术服务业投资发展的基本情况。

一、科研与技术服务业创新发展与投资工作概况

创新发展与投资工作的情况主要体现安徽科研与技术服务业投资在政府层面开展的相关工作，具体体现在科技创新政策支撑体系、重大创新工程建设、创新平台载体建设、科技成果研发转化、区域创新协调发展和科技创新改革试验等方面。

（一）科技创新政策支撑体系建设全面展开

政策支撑体系主要体现在以下几个层面：一是战略实施层面。省委省政府出台印发《安徽贯彻落实〈国家创新驱动发展战略纲要〉实施方案》，提出实施创新型省份建设“三步走”战略。二是技术、平台和企业、资本和金融、制度和政策体系层面。省政府出台印发《关于加快建设创新发展四个支撑体系的实施意见》，全面部署展开技术和产业、平台和企业、资本和金融、制度和政策创新体系建设。三是科技创新政策层面。省政府出台《关于支持科技创新若干政策》，从引导企业加大研发投入、开展重大关键技术攻关等10个方面支持创新型省份建设。四是创新激励层面。省科技厅会同省财政厅制定印发《支持科技创新若干政策实施细则》，积极组织开展2017年支持科技创新奖励补助政策兑现工作，有效调动了各类创新主体的创新创业积极性。

（二）重大创新工程建设加快推进

重大创新工程建设加快推进表现在以下几个方面：一是量子信息工程建设顺利开展。全省科技创新“一号工程”—量子信息科学国家实验室创建取得重大进展，省委省政府出台《关于支持量子信息科学国家实验室若干政策的意见》，提出10项支持政策举措，省财政设立10亿元引导性资金专项支持量子信息科学研究。科技部已对组建方案进行论证，组织专家来皖开展专题调研，并向国务院领导汇报。量子通信与量子计算机研究列入国家“科技创新2030重大项目”，作为“十三五”首个启动的重大项目。二是启动建设合肥综合性国家科学中心。支持合肥市新建天地一体化信息网络合肥中心、离子医学中心、大基因中心等重大创新平台，启动开展先进光源、大气光学、聚变堆主机关键系统三大装置预研、规划和选址工作，帮助争取国家重大科技项目支持大科学装置前沿研究等领域经费4.6亿元以上。三是与国家基金对接。积极与国家自然科学基金委对接，就成立国家自然科学联合基金达成共识。四是规划建设安徽创新馆和环巢湖科技创新走廊。已开展安徽创新馆建设概念性设计方案全球征集工作以及环巢湖科技创新走廊建设思路、目标任务、规划布局等研究论证工作。

（三）创新平台载体建设扎实开展

创新平台载体建设扎实开展，表现于如下几个方面：一是新型研发机构发展迅速。中科大先研院已建设联合实验室 47 家，引进高端创新人才 37 名，孵化企业 195 家，完成二期项目（中科大高新区）规划方案和批复立项工作。合工大智能院已建研发检测中心 14 家，引进创新团队 40 余个，孵化企业 44 家，启动建设包河区新址项目。中科院合肥技术创新工程院引进创新团队 4 个，孵化企业 5 家，并与合肥高新集团、中安创谷共同出资设立规模 3300 万元的科技成果转化基金。新设立北航合肥创新研究院（北航合肥科学城），已完成项目规划设计并通过合法性审查，启动建设招标工作。二是积极支持企业、高校院所建设研发机构。新批建设类脑智能技术及应用国家工程实验室，集成电路封装测试等 36 家省级重点实验室，备案组建公路交通安全等 19 家省级工程技术研究中心。组织开展已建省级重点实验室、工程技术研究中心运行绩效评价工作，推荐 100 家评估优秀的研发机构申报省“三重一创”政策支持。三是高新区建设发展不断加快。获批建设铜陵狮子山国家高新区，淮南、安庆、天长创建国家高新区进展顺利，界首、庐江、宣城申报国家高新区方案已报送国务院。

（四）科技成果研发转化成效明显

科技成果研发转化主要体现在以下几个方面：一是启动省科技重大专项项目申报。围绕战略性新兴产业、高新技术产业发展和传统产业升级技术需求，组织实施科技重大项目，启动开展 2017 年省科技重大专项项目申报推荐工作，凝练确定新型显示、智能语音、机器人、高性能专用集成电路、生物育种、高端医疗器械等 11 个重点领域。遴选实施省重点研发计划项目 238 项，支持经费 9850 万元。二是科研产品不断推出。在重大科技项目额牵动下，世界首台气体轴承斯特林制冷机工程化产品、超临界电站锅炉启动系统再循环泵、首款多语种实时翻译机等一批重大创新成果成功研发，京东方 10.5 代 TFT－LCD 生产线、12 寸晶圆驱动芯片制造项目即将试产。三是建立健全科技成果捕捉发现、跟踪对接和转化落地机制。创办《安徽科技快讯》，定期搜集整理编发安徽及国内外最新科技成果信息，发送省直相关部门、各市政府和高新园区、企业跟踪对接，得到省政府主要领导、分管领导批示充分肯定，并启动了 2017 年高层次科技人才团队扶持计划申报工作。四是实施高新技术企业培育行动。累计遴选 1800 多家科技中小企业入库培育，完成 2017 年第一批高企评审工作，1147 家企业通过评审，其中新认定企业 550 家。出台高新技术企业奖励实施细则，遴选 254 家高企拟给予奖励。五是支持研发设计、技术转移、创新创业等科技服务业发展。备案新建省级技术转移服务机构 8 家，组织开展了技术转移服务机构、科技企业孵化器、众创空间运行绩效评价工作，对评价优秀的机构给予奖励补助。

（五）区域创新协调发展全面加强

区域创新协调发展全面加强体现于以下几点：一是深入推进合芜蚌国家自主创新示范区建设。编制印发示范区建设路线图和施工图，指导合芜蚌三市研究制定各自实施方案，芜湖市出台示范区建设若干政策规定。二是加大皖北科技创新补短板力度。组织召开皖北科技工作座谈会，在创新资源配置上积极向皖北地区倾斜，省支持科技创新若干政策对皖北和省级以上贫困县奖励补助经费上浮 20%。安排 2017 年科技转移支付经费 2273 万元，支持皖北地区实施农业新品种、新技术引进、示范和推广项目 40 余项。在省科技重大专项中增设皖北专项，支持省内高校院所与皖北地区开展合作项目。三是推进实施“第二粮仓”工程。围绕淮河流域砂姜黑土中低产田改造，探索开展“土—肥—水—种—药—农机—秸秆还田—物联网—生态养殖”农业全生产链技术创新与集成示范，建立示范基地 4 万多亩、示范推广 30 多万亩、辐射带动 1000 余万亩。四是深化科技精准扶贫工作。聚焦贫困地区发展需求，安排实施科技扶贫项目 170 余项，支持经费 2800 万元。

（六）科技创新改革试验深入实施

科技创新改革试验深入实施体现于如下几方面：一是落实增加知识价值导向分配政策。牵头制定《实行以增加知识价值为导向分配政策的实施意见》，已经省深改领导小组会议审议原则通过；深化科技金融改革，支持金融机构累计设立 5 家科技支行，新增专利质押融资 95 笔，质押金额 14 亿元，同比分别增长 81%和 210%。二是修改完善科技保险补助政策。拓展补助险种范围，提高保费补助比例。三是支持高新技术企业进行股份制改造。截至目前，全省累计在主板上市高新技术企业 53 家，在“新三板”挂牌高新技术企业 190 家，在省股权交易市场挂牌科技型企业 733 家。四是改革完善省级财政科研项目资金管理。实施科研项目分类管理，将省级财政科研项目分为公开竞争、后补助、稳定支持三类。会同省财政厅制定出台省科技重大专项、重点研发计划、自然科学基金项目资金管理办法，进一步明确公开竞争研发项目资金管理职责、开支内容、预决算管理、监督检查等内容；加快推进省科技计划项目管理系统建设，开发建设公开统一的科技评审（评估）专家库，征集遴选专家 2225 名，已完成系统调试并试运行。五是推动落实科技报告和激励制度。1000 多份科技报告上线公布。推进激励人才相关政策落实，出台降低企业引进高层次科技人才成本实施细则，完成 2016 年奖励资金兑现工作。组织开展院士工作站运行绩效评价，对 22 家评价优秀的院士工作站给予奖励补助。遴选推荐 16 名创新创业人才参选第三批国家“万人计划”。

二、科研与技术服务业投资规模及成果转化情况

投资规模及成果转化情况主要从财政支出、登记科技投资成果、产品检测及其标准、专利申请授权、技术合同交易和高新技术产业投资等方面展开分析的。

（一）安徽财政支出对科学与技术服务业的投资情况

2017 年，安徽财政支出 6204 亿元，增长 12.3%。其中，科学技术支出增长 0.4%；全年固定资产投资 29186 亿元，按可比口径计算，比上年增长 11%。科学与技术服务业固定投资 280.6 亿元，增长 −10.4%。

（二）安徽登记科技投资成果基本情况

2017 年，全省共登记科技成果 377 项，企业是科技成果的主要完成单位，自选课题项目占多数。成果类型多是应用技术，主要分布在现代农业、生物医药与医疗器械、新材料等领域，实现产业化应用的占 79.77%。具体情况如下：

1. 成果类别比较丰富

2017 年登记的科技成果中，应用技术类成果 346 项、软科学类成果 14 项、基础理论类成果 17 项，分别占成果登记总数的 91.78%、3.71%和 4.51%。

2. 成果来源分布较广

2017 年登记的科技成果中，计划内项目（包括国家、部门和地方计划项目、部门、地方和民间基金项目、国际合作项目等）登记成果 130 项，占成果总数的 34.5%；横向委托和自选课题项目登记成果 16 项、217 项，分别占成果总数的 4.2%和 57.6%；其他来源项目登记成果 14 项，占成果总数的 3.7%。

3. 完成主体持续优化

2017 年登记的科技成果中，企业、独立科研机构、大专院校、医疗机构作为科技成果完成主体的分别是 260 项、41 项、13 项、44 项，分别占成果总数的 69%、10.9%、3.4%和 11.7%；其他完成主体的共 19 项，占成果总数的 5%。

4. 经费投入主体多元

2017 年登记科技成果的实际经费投入（包括国家、部门、地方、基金、自有、银行贷款、国外资金及其他渠道）共计 20.4 亿元。其中，国家投入 0.29 亿元、部门投入 0.18 亿元、地方投入 0.38 亿元、自有资金 16.66 亿元，分别占总投入的 1.44%、0.9%、1.88%和 81.67%。

5. 区域分布趋于合理

2017 年登记的科技成果中，合肥、滁州、六安登记科技成果位居全省前三位，淮北、宿州、淮南三市累计登记科技成果不足 10 项；合芜蚌三市共登记成果 198 项，占成果总数的 52.5%。

6. 应用技术成果领域分布比较广泛

2017 年登记的 346 项应用技术成果中，共有 204 项高新技术领域的科技成果。其中，现代农业 65 项，生物医药与医疗器械 39 项，新材料 33 项，先进制造 31 项，电子信息 18 项，环境保护 9 项，现代交通 3 项，地球、空间与海洋 3 项，新能源与节能 2 项，航空航天 1 项。

7. 应用技术成果研究水平持续提升

2017 年登记的 346 项应用技术成果中，经有关机构评价处于国际领先水平、国际先进水平、国内领先水平和国内先进水平的分别是 3 项、17 项、175 项和 94 项，分别占成果总数的 0.87%、4.9%、50.6%和 27.2%；国内一般水平 15 项，占 4.3%；其余未评价的共有 42 项，占成果总数的 12.1%。

8. 应用技术成果产业化及经济效益稳定增加

2017 年登记的 346 项应用技术成果中，实现产业化应用的有 276 项，占成果总数的 79.77%。其中，252 项成果共实现转化收益 25.33 亿元，分别为自我转化收入 24.05 亿元、技术转让与许可收入 0.28 亿元、合作转化收入 1.01 亿元。详见表 6-1 所列。

表 6-1 2017 年度安徽各市登记科技成果情况 单位：项

区域	总数	应用技术类成果	计划项目成果
全　省	377	346	130
合芜蚌	198	167	76
合肥	181	151	72
淮北	1	1	1
亳州	7	7	5
宿州	1	1	1
蚌埠	7	7	3
阜阳	22	22	10
淮南	5	5	1
滁州	32	32	5
六安	25	25	0
马鞍山	8	8	2
芜湖	10	9	1
宣城	19	19	0
铜陵	24	24	22
池州	11	11	5

（续表）

区域	总数	应用技术类成果	计划项目成果
安庆	11	11	2
黄山	13	13	0

资料来源：安徽省科技厅、安徽省统计局官网。

（三）安徽科技与技术产品检测及其标准情况

2017 年，全省获得资质认定的检验检测机构 1179 个，国家质量监督检验中心 25 个；有产品质量、体系认证机构 32 个（包含在皖分部、分公司），累计完成强制性产品认证的企业 1776 个；法定计量技术机构 91 个，全年强制检定计量器具 305.94 万台（件）。截至 2017 年末，累计制定国际标准 12 项、国家标准 2038 项，制定、修订地方标准 2326 项。

（四）安徽科技专利申请授权情况

2017 年，安徽共申请发明专利 93527 件，获授权发明专利 12440 件，其中合芜蚌示范区申请 56100 件，占全省 60%；获授权 7972 件，占全省 64%。全省拥有有效发明专利 47734 件，每万人口发明专利拥有量达到 7.7 件，合芜蚌示范区拥有有效发明专利 29421 件，万人发明专利拥有量 19.8 件。

（五）安徽技术合同交易基本情况

2017 年，安徽紧扣创新发展要求，充分发挥市场在资源配置中的决定性作用，着力规范技术合同登记工作，不断完善技术市场服务体系，全省吸纳和输出技术合同交易额均实现快速增长，为促进全省科技成果转移转化、支持中小企业创新发展、支撑产业转型升级发挥了积极作用。

1. 技术吸纳稳步提升

据“全国技术合同网上登记系统”数据统计显示（下同），2017 年，全省共吸纳技术合同 17953 项，合同成交额 270.68 亿元，较上年增长 34.2%。其中，吸纳省内 13926 项，技术合同成交额 106.62 亿元，分别占全部吸纳技术合同的 77.6%和 39.4%；吸纳省外 4027 项，技术合同成交额 164.06 亿元，分别占全部吸纳技术合同的 22.4%

和60.6%。

2. 技术输出不断扩大

2017年，全省共输出技术合同18211项，合同成交额249.57亿元，较上年增长14.8%。其中，输出到省内13926项，技术合同成交额106.62亿元，分别占全部输出技术合同的76.5%和42.7%；输出到省外4285项，技术合同成交额142.95亿元，分别占全部输出技术合同的23.5%和57.3%。

3. 高校院所技术合同交易比较活跃

2017年，全省高校和科研院所共输出技术合同2820项，技术合同成交额12.06亿元，分别占全部输出技术合同的15.5%和4.8%；全省高校和科研院所共吸纳技术合同791项，技术合同成交额5.5亿元，分别占全部吸纳技术合同的4.4%和2%。

4. 企业技术合同交易比例增大

2017年，全省企业共输出技术合同15320项，技术合同成交额236.29亿元，分别占全部输出技术合同的84.1%和94.7%；全省企业共吸纳技术合同12965项，合同成交额209.68亿元，分别占全部吸纳技术合同的72.2%和77.5%。

5. 合芜蚌技术合同交易占比较大

2017年，合芜蚌三市共输出技术合同17204项，合同成交额213.2亿元，分别占全省输出技术合同的94.5%和85.4%；合芜蚌三市共吸纳技术合同10469项，技术合同成交额173.52亿元，分别占全省吸纳技术合同的58.3%和64.1%。详见表6-2所列。

表6-2 2017年度安徽各市技术合同交易情况

单位：项目、亿元

区域	吸纳技术		输出技术	
	合同数	成交额	合同数	成交额
全　省	17953	270.68	18211	249.57
合芜蚌	10469	173.52	17204	213.2
合肥	8553	144.17	15301	142.7

（续表）

区域	吸纳技术		输出技术	
	合同数	成交额	合同数	成交额
淮北	377	4.34	33	1.32
亳州	424	2.66	16	0.92
宿州	466	5.63	25	0.28
蚌埠	898	5.03	1426	22.19
阜阳	696	14.91	33	1.88
淮南	480	4.41	165	5.94
滁州	782	8.09	43	5.25
六安	860	3.8	26	0.42
马鞍山	894	7.55	336	12.25
芜湖	1018	24.32	477	48.31
宣城	666	4.17	40	1.21
铜陵	344	4.31	93	3.86
池州	332	5.65	64	0.65
安庆	686	12.95	81	2.08
黄山	477	18.69	52	0.31

资料来源：安徽省科技厅、安徽省统计局官网。

（六）安徽高新技术产业投资基本情况

2017年，安徽深入学习贯彻习近平总书记系列重要讲话精神，特别是视察安徽重要讲话精神，加快实施五大发展行动计划，构建技术和产业、平台和企业、金融和资本、制度和政策四大创新支撑体系建设，高新技术产业投资继续保持着稳健发展态势，为美好安徽建设提供了强有力支撑。

1. 高新技术产业投资成果持续增加

2017年，全省规模以上高新技术产业产值比上年增长20.4%，增加值增长14.8%，增加值增速比规模以上工业高5.8个百分点；高新技术产业增加值占全省规模以上工业增加值的比重为40.2%，比上年提高0.4个百分点。全省规模以上高新技术产业对全省规模以上工业增加值增长的贡献率为63.5%。

2. 主导产业投资成果效益明显

高新技术产业中的主导产业主要是电子信息和家用电器、汽车与装备制造、食品医药、材料和新材料、轻工纺织、能源和新能源产业。2017年，高新技术产业中电子信息和家用电器产业增加值比上年增长14%；汽车和装备制造产业增加值比上年增长10.2%；食品医药产业增加值比上年增长13.3%；材料和新材料产业增加值比上年增长19.8%；轻工纺织产业增加值比上年增长28.2%；能源和新能源产业增加值比上年增长33%。

3. 高新技术企业投资规模显著增加

到2017年底，全省共有高新技术企业4310家。据统计，当年高新技术企业实现产值9221亿元，申请专利47736项，授权专利23562项。其中，营业总收入亿元以上的高新技术企业1138家，10亿元以上的156家，百亿元以上的8家。

4. 投资载体投资蓬勃发展

截至2017年底，全省共有20家高新技术产业开发区。其中国家级5家；各类高新技术产业基地49家，其中国家级24家；全省共有科技企业孵化器161家，其中国家级25家，省级59家；全省共有众创空间267家，其中国家级41家，省级98家。据统计，2017年众创空间总收入2亿元，众创空间总面积390.7万平方米，累计获得投融资的团队、企业1492个。详见表6-3所列。

表6-3 2017年全省各市高新技术产业投资总产值及增加值

单位：亿元

市名	高新技术产业增加值同比增幅（%）	高新技术产业总产值同比增幅（%）
合肥	12.8	9.7
淮北	15.2	15.1
亳州	15.3	27.5
宿州	30.4	37.1
蚌埠	16.6	22.3

（续表）

市名	高新技术产业增加值同比增幅（%）	高新技术产业总产值同比增幅（%）
阜阳	19.1	37.5
淮南	21.9	35.5
滁州	13.8	23.1
六安	26.5	36.1
马鞍山	25.4	44.9
芜湖	15.2	21.3
宣城	17.1	25
铜陵	11.6	30.1
池州	10.4	19.8
安庆	9.3	14.8
黄山	18.8	26
合计	14.8	20.4

资料来源：安徽省科技厅、安徽省统计局官网。

第二节　安徽科研与技术服务业投资发展中的主要问题

安徽的科技服务业投资经过多年的发展有了很大的进步，各类科技企业、科技园区、生产力促进中心、中小企业服务中心等各类产业投资主体大量出现，信息、咨询、培训等配套服务机构也日趋完善，但和国内外发达地区相比，科技服务业投资中的自主创新能力、科技成果转化、体制与政策障碍、区域发展异化等方面还存在很多问题。

一、自主创新能力不强，国际化程度低，缺乏竞争力

重技术引进、轻消化吸收再创新导致安徽科技产业投资的层次偏低、科技服务水平不足、自主创新能力弱、产品或服务的附加值较低。同时，从业人员总体素质不高，高科技人才、科技服务专业人才匮乏，致使安徽在一些关键技术领域仍依赖国内外发达地区，核心竞争力不

强。此外，安徽科技服务机构主要服务领域往往局限于省内市场，国际化和贸易程度低，在战略规划、专业人才、准入制度等方面与国内外的发达地区相比存在较大差距，科技投入仍显不足，目前还难以参与竞争。

二、科技投资成果转化率偏低，市场供需失衡

科技成果转化率不高是安徽乃至全国科技服务业发展中面临的一个突出问题。当前，安徽的企业科研能力普遍偏低，产品更新对外部研究成果的依赖性较强。安徽的高校“走出去”、企业“走进来”，深度开展产学研合作，技术从图纸到商品的转化等问题从根本上没有得到解决。

由于产学研之间缺乏比较完善的利益分配和联动机制，当前，高校和科研院所的很多成果，市场不需要；市场需要的成果，高校和科研院所又没有。政产学研“各拉各的车”，原始创新转化不畅，严重影响了社会效益和经济效益的释放。作为科技创新与技术输出重要“供体”的高校和科研院所，其科研任务缺乏产业驱动性和针对性，导致科技成果有效供给不足和有效需求不旺情况并存。

三、体制与政策障碍并存，准入门槛较高

科技服务业投资的政策和体制有待改善的地方不少。民营经济在科技服务业投资领域存在不同程度的“限进”情况，如企业税收压力较大，政府对全社会科技创新投资活动支持力度不够等。

科技服务业投资市场准入方面的诸多“禁区”，体制根源在于过度垄断，政策根源在于难落实。从整体上看，高度保护的科技服务业投资体制提高了准入认证难度，抑制了对科技服务投资领域中小企业的资金注入，一定程度上制约了安徽乃至我国科技服务业投资规模化发展。

四、科技服务业投资分布零散，集聚效应较弱

安徽科技服务业产业集聚区的投资规模较小，产业链发展不完善，往往由个别企业或某项技术牵头，但上下游企业衔接不紧密，不能相互扶持，影响科学技术的传播，阻碍产业投资结构的优化升级。此外，

省内各城市的中心城区周边的产业园区在规划和企业入驻时又出现行业布局不集中、企业间关联性较弱、缺乏专业化分工协作等问题。这些都将导致安徽科技服务业投资的关联带动能力差，服务效率不高，产业集群发展受限等问题。

五、投资市场运作机制不健全，融资渠道有待进一步拓展

由于科技开发初期风险大、收益期长，金融机构及民间资本往往不愿为科技开发初级阶段的企业提供信贷支持，因此，吸引民营资本及社会闲散资金注入的实践遇到不少阻力，绝大部分领域的科技创新投资都由省内政府来“买单”，降低了企业科技创新与开发的动力。

此外，绝大部分科技服务投资机构官办色彩较浓，约束机制弱，行政化现象严重，缺乏独立性和公正性，政企不分、政事不分的现象仍然普遍存在，市场化改制进程缓慢，致使服务能力与效率较低，很难适应国内外其他高效的科技服务投资机构的市场竞争。

六、发展不均衡，区域差异化显著

从科技服务业投资市场规模和完善度来看，合肥、芜湖、蚌埠等城市比较成熟，处于第一集团；马鞍山、安庆、六安等市科技服务业有一定基础，在当地政府的大力支持下发展迅猛；池州、铜陵、淮北等市发展仍比较落后。从科技服务型上市公司的数量看，合芜蚌马占了90%以上，而池州、铜陵、淮北等地市却较少分布。从科技创新能力看，东、中、西边地市的专利受理数量占全省的比例分别为72.42%、14.33%、12.13%，发明专利授权量占比分别为70.11%、14.68%、11.59%。从每千人中R&D人员数量看，前三位依次为合肥（199.46）、芜湖（187.58）、蚌埠（160.48），而后三位（池州、铜陵、淮北）地市之和（36.78）不足合肥一市的20%。从全省技术合同成交额看，皖东、皖中地市在技术输出和吸纳新技术方面都比较活跃，输出技术成交额高于吸纳技术成交额，皖北地区的输出技术和吸纳技术的成交额差不多持平，而皖南地区吸纳技术成交额明显高于输出技术成交额，并且技术合同成交额占全省的比重较低。

第三节　安徽科研与技术服务业投资发展的政策建议

科技服务投资的多样化、专业化不仅让创新本身和创新应用产生了巨大增值，而且让创新应用主体以更小的成本利用创新成果。一个地区创新能力不强，并不一定是创新实力不强，可能恰恰是与创新相关的科技服务业投资不强所致。对安徽来讲，当前既需要培养优势主导产业投资的自主创新能力，使之在增强当前产业竞争力的同时不断生成新的竞争优势、保持持久竞争力；还迫切需要全面提升各行业的科技投资发展水平和科技投资应用水平，通过增进科技投资应用达到超越原有发展模式、实现跨越式发展的目的，进而产生新的优势产业投资。

一、强化创新与科技应用投资的结合

充分利用科技服务业投资高度的知识密集性，努力做到如下两点：一是加速科技成果的应用和转化。大力发展诸如技术咨询和技术成果评估、科技中介等科技服务业投资，将各种专业人才、专业技术以最佳组合方式有效组织起来，快速地将已有的技术根据市场分析和预测以及专业评估应用到最适合的领域和项目上，及时发现企业急需解决和攻克的现有技术难题，并找到最佳解决方案和攻关主体，实现有针对性的创新。二是拓宽创新的内涵和应用范围。即适应创新模式愈来愈扁平化的发展趋势，让专业的科技服务业投资以市场化的方式组织协调万众创新，让分散于社会各个角落的创新主体、创新内容有序组织编排成各种各样的创新链条并形成创新体系，应用于各行各业之中，使一个个独立的创新通过不同排列、组合、叠加产生最大的创新效果。

二、激发并极化区域创新的科技投资环境

科技服务业投资的经济活动具有显著的正向外部效应，安徽应该最大限度发挥科技服务业投资显著的效益外部性。通常认为，科技服

务投资每创造 1 个单位的收益，就能为投资服务对象带来 5 个单位以上的收益增加。而且创新内容涉及产品、设计、营销、生产流程和组织创新等方方面面，创新最重要的要素——人力资本往往是在开放交融的环境中通过学习、交流、流动、合作等方式释放创造力，其他创新资源、机会和环境的营造也都会促进区域创新能力的培养和创新要素的聚集。从国外的发展经验看，很多成功案例都是通过吸引科技服务业企业投资、充分发挥其正向外部效应，从而促进了高科技产业的发展。因此，促进省内区域创新发展的重点之一就是要找到引领区域创新的关键企业、找准科技服务业投资发展的基点和核心产业，让领头产业或企业自发生成一系列产业簇群，层层叠加出区域创新合力。

三、生成区域创新和集群优势的科技投资规模

国际上很多创新驱动发展的成功经验都是集聚发展，如美国的硅谷、日本的筑波科学城等，都在特定时期对区域创新发展产生了深远影响。因此，安徽应有效促进科技服务业投资典型的产业交互性，充分发挥科技服务业投资在产业交互方面的作用，促进集聚发展推动创新。一是通过集聚发展让省内科技服务业投资共享发展资源。科技服务业投资以小微企业为主，单独企业的经济实力相对有限，通过省内集聚发展可使其共享很多必要的发展平台，降低发展成本。二是促进安徽省内同类、同行企业通过合作、竞争、模仿等途径，发挥知识溢出优势，在集聚发展中产生竞合效益。三是充分发挥行业间的差异性和互补性在加快新技术、新思想传播方面的积极作用。不同类型科技服务业投资集聚程度越高，就越有利于企业快速、高效找到不同产品或技术的供应商，以及所需要的各种科技服务投资。四是通过集聚发展促使安徽各种类型的科技服务业投资实现共生共养，构建科技产业投资的生态圈。

四、多维度提升科技服务业发展投资效果

从技术投资维度来看。安徽科技服务企业需不断提升技术创新水平，通过加大研发投入，建设研发平台，汇聚更多的科技资源，突破

关键技术。特别是研发服务、工程技术服务、科技文化融合、科技咨询等科技服务企业，更需要牢牢把握技术的制高点。加大对安徽科技服务企业技术创新的支持力度，开放数据资源，推动科研仪器设备共享，扶持创新联盟发展，鼓励科技服务企业新技术、新产品、新服务的应用。

从投资标准维度来看。安徽产业技术创新联盟应该在行业规范发展中发挥出更重要的作用，面向省内各产业集群搭建科技服务投资平台，形成既把握技术前沿，又深入行业骨髓的专业科技服务投资商，形成良性多赢的发展局面。加大力度支持科技服务投资企业研究和推广行业标准，积极鼓励将安徽科技服务投资行业标准上升为国家标准。

从资本维度来看。安徽应充分发挥科技金融投资的资本杠杆作用，大力发展天使投资、风险投资、股权投资，为大众创业、万众创新插上翅膀。引导资本市场关注优秀的科技服务投资企业，以少量政府资金为牵引，引导社会资金支持、投资科技服务企业，鼓励优秀的科技服务企业在新三板、创业板、主板市场上市，形成社会关注、资金集聚的态势，实现科技服务企业与资本的无缝对接。

从市场投资维度来看。安徽应该打破区域、行业壁垒，进一步放开科技服务投资领域的市场准入，引导政府部门、大型国有企业、科研机构向社会购买第三方科技服务，加快科技成果转化和科技资源释放。建设一批定位清晰、布局合理、协同发展的科技服务业投资集聚区，形成专业技术投资服务支撑体系，提升安徽产业集群的协作效应和科技服务品牌效应。抓住“一带一路”倡议实施的机遇，鼓励安徽龙头科技服务企业通过海外并购、联合经营、设立分支机构等方式尽快走向国际市场。

从人才投资维度来看。科技服务业投资是知识密集型产业，更需要高端人才、复合型人才的积极创造。通过政府引导，进一步发挥安徽技术创新联盟、科技社团等社会组织作用，搭建安徽行业领军人才交流合作平台。充分利用国家和地方各类人才计划，引进和培养一批懂技术、懂市场、懂管理的复合型科技服务高端人才，壮大创新人才队伍，为安徽科技服务业投资的发展提供强有力的人才支撑。

第四节　安徽科研与技术服务业投资发展的未来趋势

随着安徽经济社会发展对科技服务投资的需求日益增加，从单一服务到全程服务，从专业服务到综合服务，从技术服务到战略咨询服务，新的业态形式不断涌现。安徽科技服务投资的功能也日益综合化、高级化，主要从技术咨询、技术转移、信息服务等扩展到向技术熟化、创新创业、科技金融等综合性高端化、专业化、集成化的方向发展，涌现出了一批像产业技术研究院、创客、创新工场、车库咖啡等一大批创新创业新型服务组织和服务业态。安徽科技服务业投资的发展，主要有以下几个趋势。

一、投资总量占比不大，但未来增速较快

2013—2017 年安徽科技服务业年平均增速达到 23.4%，对经济的贡献越来越突出。安徽科学研究与技术服务业 2013 年实现投资值 168.3 亿元，2014 年实现投资值 209.4 亿元，2015 年实现投资值 271.7 亿元，2016 年实现投资值 305.9 亿元，2017 年实现投资值 365.8 亿元。2017 年投资额占全省投资总量的比重约为 16.1%，预计 2020 年投资值将会突破 500 亿元，占全省投资总量的比重预计将超过 25%。2017 年科技服务业投资全行业固定投资额为 280.6 亿元，同比增长－10.4%，预计到 2020 年这一数字将会达到 450 亿元。2017 年科技服务业投资行业法人数和就业人数分别为 14932 个和 33.7 万人，同比增长 14.5%和 10.8%，到 2020 年，法人数和就业人数预计会达到 20000 个和 50 万人。

二、产业协调融合发展，投资结构异化发展

科技服务业投资虽然是从现代服务业投资中独立出来，提供专业化投资服务的一种业态，它本身的发展同时又和产业发展日益紧密地融合在一起，发挥越来越突出的作用。比如安徽制造业服务化投资的

趋势日益明显，科技服务业投资和农业的融合推进安徽现代农业的投资发展，和安徽科技服务业投资本身的融合也非常突出，对安徽传统产业的模式和形态形成了非常大的改造和冲击。

科技服务业投资对皖北发展的支撑将会得到强化，皖北重点的投资领域是生物医药、现代中药、食品、轻纺鞋服、煤基材料等优势产业，重点培育的投资领域是电子信息、汽车、装备制造、新材料、云计算、现代物流等新兴产业，科技服务业投资的结构趋势是把合肥、芜湖等制造业向皖北地区梯度转移，加强产业技术投资协作，共建产业园区；对于皖南地区科技服务业投资将会发挥创新对文化旅游示范引领作用，推进科技投资与文化旅游投资的深度融合，运用数字化技术和现代生产方式，提升文化旅游科技含量，打造新型文化旅游生产、传播和营销模式，延伸产业链，提高附加值。同时，科技投资的创新将助推皖南国际文化旅游示范区建设，也会对皖南国际文化旅游示范区的智慧旅游水平和层次带来提升，从而推动文化创意、生态旅游等新业态发展；而科技服务业投资将在皖西大别山片区带动生态种植养殖业、多功能农业、绿色农产品加工等特色支柱产业的发展，投资的目标是通过科技进步推进皖西大别山片区建设成为全国生态文明示范区、贫困地区“四化”协调发展先行区、区域统筹发展和跨区协作创新区；科技服务业投资在合肥及省辖市地区将重点推进创新型城市建设。以合肥国家创新型试点城市建设为示范带动，重点投资相关项目，助推有条件的省辖市创建国家创新型城市。

三、投资效率低迷状况有所改善，未来增长空间巨大

2017年，安徽规模以上科技服务业投资企业实现营业利润818.6亿元，同比增长30.4%，比上年同期提高18.2个百分点；投资行业中有10个门类的营业利润实现了两位数增长；扣除投资收益后，规模以上科技服务业投资企业经营性利润同比增长41.2%，预计到2020年，营业利润额会突破1200亿元。2017年，规模以上科技服务业投资企业营业利润率达到14.3%，比上年同期提高1.8个百分点，投资行业中有8个门类营业利润率高于上年同期，成本费用利润率达到

15.4％，比上年同期提高 2.1 个百分点，投资行业中有 9 个门类成本费用利润率高于上年同期。科技服务业投资投向信息传输、软件和信息技术、租赁和商等领域的营业利润率、成本费用利润率都超过20％，预计到 2020 年，营业利润率、成本费用利润率在同比和环比增速上会有不少的突破。

四、投资方式向专业化、第三方和市场化方向发展

近年来在移动互联、生物医药、节能环保和新材料领域，研发设计、技术转移、创业孵化、知识产权等服务环节出现了一大批专业的新型研发组织和机构投资，通过整合行业资源、构建专业服务投资团队，向社会提供专业化的第三方科技服务投资。

随着市场管制的放松，市场化的力量逐步地增强，很多以前由政府组织提供的科技服务投资，现在逐步由市场化的组织来承担，很多提供科技服务投资的方式也通过政府购买等来提供。市场化的组织发展非常快，同时提供的科技服务投资模式也日益专业化，分工日益细化。

五、集成化的服务投资模式成为科技服务业投资结构发展的重要形态

所谓集成化的服务投资模式是指与企业联系密切的基本服务和专业服务过程中，全面建立“一件事情”部门牵头落实机制，实行“一窗受理、并联服务、一窗出件”的全链条服务模式，突出“集成服务”优势。科技服务投资作为服务投资模式的一种开始向整个创新链拓展，并从之前的提供技术咨询、技术转移、信息服务等，发展到现在更多的提供创新创业、技术孵化、成果转化等一系列的综合性服务投资。一部分综合实力较强的科技服务投资机构围绕产业集群开展包括研发外包、产品设计、技术交易、创业孵化、科技金融等一站式综合投资服务，呈现出集成化的发展特点。

六、科技服务投资的新业态不断催生

从 20 世纪 90 年代起，安徽科技服务业投资已经有了很大的发展，

那个时候的主要业态包括研发外包、生物外包、研发外包、检测服务等。进入 21 世纪以后，安徽的众筹众包、创客、科技博客、众创空间、创意苗圃等这些新的科技服务投资业态不断地催生。具体来说，安徽科技服务业投资在研发设计领域呈现明显的细分化、专业化和外包化的发展趋势，逐渐形成以生物 CRO 为代表的研发外包产业投资。在创业孵化服务投资领域，逐渐由早期提供简单的物业租赁服务向提供高质量创业增值服务转变，服务专业化、社会化和网络化程度不断加深，建立在天使投资网络下的“第三代”孵化服务投资业态逐渐涌现。知识产权服务投资领域，逐渐由低级的知识产权代理等服务向较高端的知识产权布局、知识产权运营发展，呈现出投资内容专业化、投资服务集成化、投资运营商业化等新的趋势。

七、线上线下相结合成为科技服务业投资发展的一个特征

利用互联网开展服务，实现线上和线下相结合，成为未来科技服务业投资发展的一个必然趋势。通用型服务模块化并在线上提供服务，深度的个性化服务主要通过线下进行解决。线上和线下相结合，满足不同类型客户群体的需要，这是科技服务业投资发展的一个新特征，未来安徽科技服务业投资线上与线下结合的具体步骤和措施是：安徽联合技术产权交易所、安徽产权交易中心、安徽长江产权交易所等线上、线下相结合的技术市场平台将逐步建立，全省各市和有关机构区域性、行业性技术市场也将陆续建立和完善。

第七章　安徽教育与文化产业投资分析

教育是民族振兴、社会进步的基石，是提高国民素质、促进人的全面发展的根本途径，是中华民族最根本的事业。在人类社会的深刻变革中，教育越来越居于龙头地位，发挥着举足轻重的作用。党的十八大以来，我国逐步建立了覆盖各学段的资助体系，基本实现了适龄儿童不会因为家庭困难而辍学的目标。十九大报告明确指出，“建设教育强国是中华民族伟大复兴的基础工程，必须把教育事业放在优先位置，加快教育现代化，办好人民满意的教育”及“文化是一个国家、一个民族的灵魂。文化兴则国运兴，文化强则民族强。没有高度的文化自信，没有文化的繁荣兴盛，就没有中华民族的伟大复兴。”发展文化产业，是发展新兴第三产业的重要举措，也是加快培育新的经济增长点、全面建成小康社会的需要。《安徽国民经济和社会发展第十三个五年规划纲要》明确指出，要提高教育质量，提升文化产业竞争力。“十三五”时期，是安徽全面建成小康社会的决胜阶段，经济发展的方式、动力、结构和形态都将发生深刻变化，教育和文化产业发展面临新形势。

本章对安徽教育与文化产业投资现状进行全面分析，指出现阶段安徽在教育和文化产业投资方面存在的问题，在此基础上提出对策建议。

第一节　安徽教育投资分析

本节对安徽教育投资现状进行分析，并与我国中部地区以及全国进行对比，指出安徽教育投资存在的问题，从而提出可行性政策建议，把握投资力度，提高投资效益，促进安徽经济又好又快发展。

一、安徽教育投资现状分析

近年来，安徽大力发展教育事业，优化人才培养结构，财政教育支出逐年增加，教育事业快速发展。本部分从教育投资政策、投资规模、投资结构、固定资产投资变动等方面分析安徽投资现状。

（一）教育投资政策环境分析

近年来，各大政策的颁布和资金的落实大大改善了安徽教育投资环境。从国家层面来看，2017 年国务院出台了《国务院办公厅关于进一步加强控辍保学提高义务教育巩固水平的通知》，要求各级政府履行控辍保学法定职责，完善行政督促复学机制，建立义务教育入学联控联保工作机制，提升农村学校教育质量，因地制宜促进农村初中普职教育融合，建立健全学习困难学生帮扶制度，精准确定教育扶贫对象，全面落实教育扶贫和资助政策，统筹城乡义务教育学校规划布局，改善乡村学校办学条件，建立控辍保学动态监测机制。从省级层面来看，安徽公布了《安徽省人民政府关于鼓励社会力量兴办教育　促进民办教育健康发展的实施意见》，全面贯彻党的教育方针，进一步调动社会力量兴办教育的积极性。《安徽省“十三五”教育事业发展规划》指出，安徽到 2020 年，全面实施素质教育，普及现代国民教育，力争基本实现教育现代化，教育总体实力和社会影响力显著增强，推动安徽建成真正意义上的教育大省，力争实现向教育强省的跨越，推动实现人力资源大省向人力资源强省跨越。

（二）教育投资规模和比例分析

2016 年，全省教育经费总投入为 1235.79 亿元，比上年的 1157.85 亿元增长 6.73%。其中，财政性教育经费为 1030.43 亿元，比上年的 957.27 亿元增长 7.64%。全省公共财政教育经费为 910.87 亿元，比上年的 856.73 亿元增长 6.32%。2007 年至 2016 年，安徽教育投资总量整体呈逐年上升趋势，其中 2010 至 2012 年上升趋势较为明显，而近年来上升态势较为平稳，如图 7－1 所示。

根据安徽省统计局公布的数据，可计算出 2007 年至 2016 年安徽教育财政支出占财政总支出的比例。2016 年安徽财政支出约为 5530 亿元，其中用于教育的财政支出为 861.87 亿元，约占财政总支出的 16%。自 2007 年来，安徽用于教育的财政支出呈逐年上涨的趋势，但占财政总支出的比例较为平稳，每年均为 16%左右。具体数据详见表 7－1 所列。

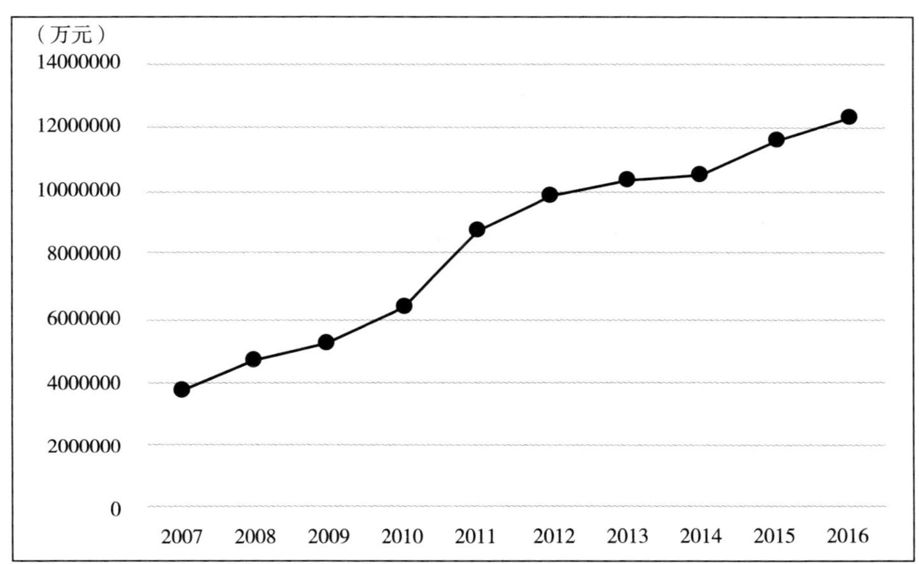

图 7－1　2007—2016 年安徽教育投资总量趋势图

表 7－1　2007—2016 年安徽财政支出与教育支出

年　份	财政总支出（亿元）	教育支出（亿元）	教育支出占财政支出比例（%）
2007	1243.83	212.97	17
2008	1647.13	286.26	17
2009	2141.92	342.71	16
2010	2587.61	386.31	15
2011	3302.99	564.71	17
2012	3961.01	717.94	18
2013	4349.69	736.59	17
2014	4664.10	743.07	16
2015	5239.01	856.73	16
2016	5530.00	861.87	16

数据来源：根据安徽省统计局网站相关数据整理计算。

（三）教育投资结构分析

安徽教育投资来源主要有国家财政性教育经费、民办学校举办者投入、社会捐赠经费、事业收入和其他收入。2007 年至 2016 年，安徽教育投资的主要来源为国家财政性教育经费和事业收入，其中国家财政性教育经费所占比例逐年上涨，而事业收入所占比例整体呈下降趋势。民办学校中举办者投入所占比例较为稳定，社会捐赠经费所占比例逐年下滑。2016 年安徽教育投资仍以国家财政教育投资为主，其次为事业收入，而民办学校中举办者投入、社会捐赠经费和其他收入所占比例仅占一小部分。2016 年国家财政性教育经费所占比例进一步增大，为 83.37%，为近年来的最大值，民办学校中举办者投入、社会捐赠经费、事业收入和其他收入所占比例较 2015 年都有一定程度上的缩小，分别为 0.48%、0.08%、14.94%、1.15%。2007—2016 年安徽教育投资来源结构情况见表7－2所列。

表 7－2 2007—2016 年安徽教育投资来源结构情况 单位：%

年份	国家财政性教育经费所占比例	民办学校中举办者投入所占比例	社会捐赠经费所占比例	事业收入所占比例	其他收入所占比例
2007	70.94	0.73	0.55	25.09	2.69
2008	71.66	1.30	0.56	24.47	2.01
2009	73.33	0.94	0.47	23.06	2.20
2010	74.86	1.01	0.37	21.63	2.14
2011	77.84	0.67	0.25	19.08	2.16
2012	81.76	0.61	0.24	16.30	1.09
2013	82.35	0.45	0.14	15.91	1.15
2014	82.51	0.35	0.08	16.17	0.89
2015	82.68	0.61	0.10	15.45	1.16
2016	83.37	0.48	0.08	14.94	1.15

数据来源：根据安徽省统计局网站相关数据整理计算。

据安徽省统计局数据显示，2016 年安徽对于义务教育阶段的投入力度最大，高中阶段和高等教育次之，学前教育和其他教育投入最少，如图 7－2 所示。

根据 2007 年到 2016 年相关数据（表 7－3）分析可知，安徽教育投资重心自 2007 年来，一直放在中小学教育和高等教育上，中等职业教育和幼儿教育投资的重视程度稍显不足。2016 年教育投资由中等职

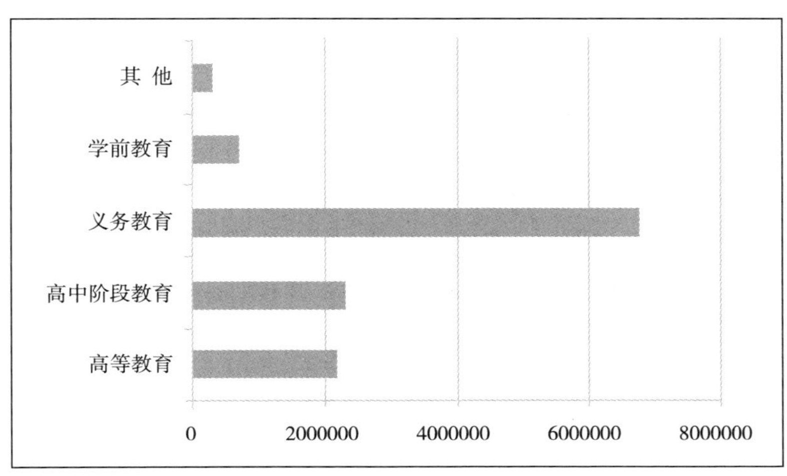

图 7－2　2016 年安徽各级学校教育投资比例

业学校、中学和其他教育向高等学校、小学、特殊教育和学前教育转移，但中等职业教育、学前教育所占比例甚小，只达投资总额的 10%左右。2016 年，安徽用于小学、初中的教育投资比例非常之高，分别为 34.46%和 32.67%；高等教育其次，为 17.4%。

表 7－3　2007—2016 年安徽各类学校教育投资所占比例情况　　单位：%

年份	高等学校	中等职业学校	中学	小学	特殊教育	学前教育	其他
2007	23.32	6.68	34.81	30.83	0.26	0.86	3.23
2008	22.54	7.44	34.93	30.12	0.25	0.77	3.94
2009	23.12	7.45	35.05	30.71	0.23	0.82	2.61
2010	22.70	7.39	34.49	30.37	0.28	2.02	2.75
2011	24.38	7.28	33.14	29.45	0.22	2.63	2.89
2012	20.37	7.96	34.67	28.89	0.21	4.40	3.50
2013	17.51	7.53	34.71	30.34	0.24	4.54	5.12
2014	17.83	6.62	33.06	30.97	0.31	5.10	4.39
2015	18.33	7.30	32.95	32.80	0.39	5.30	2.51
2016	17.40	6.33	32.67	34.46	0.33	5.89	2.60

数据来源：根据安徽省统计局网站相关数据整理计算。

（四）教育固定资产投资变动分析

2007 年到 2016 年安徽教育固定资产投资总量规模呈曲折波动的趋势。按照可比价格（2006 年＝100），安徽教育固定资产投资总量出现两次减少的情况，分别在 2011 年和 2014 年，先从 2007 年的 798063.63 万元增至 2010 年的 1899136.48 万元，在 2009 年增速达到最大值，为 62.87％，2014 减少至 1836566.98 万元。2015 年安徽教育厅印发了《安徽省属高等院校国有资产管理暂行办法》，该办法强调了教育固定资产的重要性，并制定了一系列条款保障省属高等院校教育固定资产。同年，安徽教育固定资产投资额达 272.5 亿元，增速达 48.39％，2016 年教育固定资产投资额增至 3750493 万元，是 2014 年的 2 倍之多，见表 7－4 所列。

表 7－4 安徽 2007—2016 年教育固定资产投资总量情况

年份	总量（万元）	增速（％）
2007	798063.63	13.42
2008	978680.68	22.63
2009	1593947.65	62.87
2010	1899136.48	19.15
2011	1410396.02	－25.74
2012	1653536.47	17.24
2013	1902565.67	15.06
2014	1836566.98	－3.47
2015	2725242.00	48.39
2016	3750493.00	37.62

数据来源：根据安徽省统计局网站相关数据整理计算。

（五）教育固定资产投资地区分布分析

从 2016 年安徽教育固定资产投资的地区分布来看，合肥教育固定资产投资总量在全省的比重仍居首位，高达 25.3％，蚌埠、阜阳、芜湖这几所城市占全省教育固定资产投资总量的比重较大，均在 7％以上，其他城市占全省教育固定资产投资总量的比重均低于7%，最低为池州，仅占全省教育固定资产投资总量的1.04%。截至2016年底，安徽共有普通高等学校109所，其中50所位于合肥，比重高达45.9%，其他城市中拥有超过5所普通高等学校的仅有淮南和芜湖，分别拥有6所和9所，最少的为宣城，仅拥有1所普通高等学校。由此可知，安徽教育固定资产投资仍存在地区分布不均的现象，且差距较大。详见表7－5所列。

表7－5　安徽2016年教育固定资产投资地区分布情况

地区	总量（万元）	比重（%）
全省	3750493	100.00
合肥	950301	25.34
淮北	99645	2.66
亳州	211255	5.63
宿州	168048	4.48
蚌埠	319526	8.52
阜阳	276095	7.36
淮南	253794	6.77
滁州	205936	5.49
六安	259276	6.91
马鞍山	225630	6.02
芜湖	308636	8.23
宣城	79217	2.11
铜陵	106147	2.83
池州	39183	1.04
安庆	171688	4.58
黄山	76116	2.03

数据来源：根据安徽省统计局网站相关数据整理计算。

（六）安徽教育投资使用效率实证分析

安徽一直致力于发展教育事业，对教育的资金投入也是逐年加大。对于投入效率的差异分析，本部分拟从投入产出指标选取入手，计算经费及固定资产投入对应的产出指标，在此基础上对教育投资产出指标做出比较，以得出安徽教育资金的使用效率。进一步通过分析近五年安徽教育经费支出效率趋势，以对第一步得出的效率差异的改善做出初步判断，并提出未来的发展方向。

近年来，为督促地方政府保障义务教育供给，中央政府加强了确保教育达标与实施结果评估的力度，安徽在中央政府的号召下相继出台了一系列教育经费保障机制实施办法。这些政策内容涉及义务教育经费投入、办学条件、师资配备及学生培养等方面。基于这一政策导向，我们选取了 2 个投入指标，分别为教育经费、固定资产投资；7 项产出指标，分别为教育竣工面积、受教育人数占人口比、专职教师人数、学校数和师生比。

从《中国统计年鉴》及《安徽统计年鉴》选取 2012—2016 年近五年的相关数据（表 7－6），从中可以看出安徽近五年的教育经费和教育固定资产投资一直呈上涨趋势。经计算 2016 年的教育固定资产投资涨幅达到了 37.62％。而产出指标随时间变动的趋势还不能直观看出，因此需要做进一步实证分析。

表 7－6 安徽教育投入、产出指标

年份	产出指标			投入指标			
	教育建筑竣工面积	受教育人数占人口比	专职教师数	学校数	师生比	教育经费	教育固定资产投资
2012	2267880.00	19.48	60.10	21897.00	5.55	987.62	204.05
2013	1448623.00	19.83	60.70	21690.00	5.63	1030.13	240.48
2014	2040539.00	19.04	61.19	21195.00	5.70	1045.78	235.82
2015	1824238.00	19.11	61.74	20099.00	5.70	1157.85	272.52
2016	2105302.00	18.63	63.10	20092.00	5.75	1235.09	375.05

数据来源：根据安徽省统计局网站相关数据整理计算。

教育经费支出效率分析是一项涵盖教育经费使用状况、办学条件改善情况及师资配备状况等的多指标综合评价。目前，进行多指标综合评价的方法很多，比较前沿的评价方法如：层次分析法、投入-产出分析法、灰色关联分析法、模糊综合评判法及数据包络分析法等。采用数据包络分析法（DEA）可以克服其他分析方法中因多投入、多产出指标单位的不统一造成的评价难题，因此具有其他方法无可替代的优势。另外，采用数据包络分析法主要采用客观赋权，有效避免了在赋权方面存在的主观性。数据包络分析分别采用不变规模报酬 C^2R 模型、可变规模报酬 B^2C 模型和非增规模报酬 FG 模型，可以计算出总技术效率、纯技术效率和规模效率，其中：总技术效率＝纯技术效率×规模效率。

DEA 的两个最基本模型形式分别是 C^2R 模型和 BC^2 模型。两者的区别在于 C^2R 是用于计算决策单元即技术有效且规模有效的模型，而 BC^2 模型是用于计算决策单元仅技术有效的模型。在此，我们采用 BC^2 模型，将表 7－6 数据通过 DEA 软件计算，结果见表 7－7 所列。

表 7－7　DEA 分析结果

年份	总效率	纯技术效率	规模效率	规模报酬特征
2012	100.0%	100.0%	100.0%	
2013	97.6%	100.0%	97.6%	递减
2014	97.0%	100.0%	97.0%	递减
2015	87.6%	100.0%	87.6%	递减
2016	84.0%	100.0%	84.0%	递减

通过分解总效率为纯技术效率和规模效率，从规模效率来看，2012 年的规模效率为 100%，意味着 2012 年处于固定规模报酬阶段，规模有效。2013 年至 2016 年的规模效率均小于 100%，为规模无效率，但 2013 年和 2014 年的规模效率较为接近 100%，可认为规模大小较为合适。2012 年至 2016 年均处于规模报酬递减阶段，反映了教育投资规模扩大导致投资效率下降的问题，安徽应适当控制教育投资规模。但是这五年来，安徽教育经费的纯技术效率均为 100%，反映了

各年度教育经费支出的外生制度较为完善。

可以得出如下结论：2012 年安徽为纯技术有效且规模有效，2013—2016 年为纯技术有效但规模无效。说明安徽教育投资在制度上较为完善，而由于教育投资规模的不完善，导致了投资效率下降。

二、安徽教育投资存在的问题

（一）教育经费占财政总支出比例稍低，教育投资的相对量还不足

2007 年以来，安徽对于教育从重视程度到投资总量都在不断加强，但政府财政性教育经费在财政总支出中所占比重不高，总体上增长速度也十分缓慢。安徽政府财政性教育经费占财政总支出的比重最高为 2012 年的 18%，最低为 2010 年，仅占 15%，近三年来安徽财政性教育经费比重约为 16%。详见表 7－8 所列。

表 7－8　2007—2016 年安徽教育经费及相关比重情况

年份	财政总支出（亿元）	财政性教育支出（亿元）	财政性教育经费比重（%）
2007	1243.83	212.97	17
2008	1647.13	286.26	17
2009	2141.92	342.71	16
2010	2587.61	386.31	15
2011	3302.99	564.71	17
2012	3961.01	717.94	18
2013	4349.69	736.59	17
2014	4664.10	743.07	16
2015	5239.01	856.73	16
2016	5530.00	861.87	16

数据来源：根据安徽省统计局网站相关数据整理计算。

将 2016 年安徽与江浙地区、中部地区公共财政教育经费增长情况作对比，2016 年安徽公共财政教育经费占公共财政支出比例为 16.49%，而江苏为 18.45%，浙江更是高达近 19%，可见安徽的教育

经费占财政总支出的比重与东部地区仍有一定的差距。与中部地区相比，安徽公共财政教育经费占公共财政支出比例仅高于湖北和湖南，详见表 7 - 9 所列。

表 7 - 9　2016 年安徽与江浙地区、中部地区公共财政教育经费增长情况对比情况

地区	公共财政教育经费（亿元）	公共财政教育经费占公共财政支出比例（%）	公共财政教育经费本年比上年增长（%）	财政经常性收入本年比上年增长（%）	公共财政教育经费与财政经常性收入增长幅度比较（%）
安徽	910.87	16.49	6.32	5.24	1.08
山西	607.59	17.72	1.45	0.98	0.47
上海	801.98	11.59	8.45	16.06	−7.61
江苏	1841.94	18.45	5.64	3.57	2.07
浙江	1313.65	18.84	7.60	6.32	1.28
江西	840.16	18.20	7.24	5.00	2.24
河南	1245.01	16.70	8.20	5.63	2.57
湖北	979.79	15.25	13.90	7.44	6.46
湖南	1027.39	16.21	12.42	10.50	1.92

（二）教育投资结构不合理，与东部地区存在差异

合理安排教育投资在各级各类教育之间的分配比例，是提高教育投资经济效果的重要前提。虽然安徽努力引导社会资本投入中职教育、幼儿教育，但投资结果仍不理想。

首先，投资渠道单一的局面更加严重。自 2007 年以来，安徽教育社会资本投资比重逐年降低，教育投资越来越依赖于财政支出。2016 年安徽教育投资依然主要来源于国家财政性教育支出，社会资本投入只占总投入的 16.63%，较 2015 年再一次降低了 0.69%，这种变化主要是由于民办学校、社会捐赠经费和事业收入投资的减少。江苏社会资本投资比重虽然也呈现逐年递减的趋势，但仍然高于安徽。2016 年江苏社会资本投资比重占 19.02%，比安徽高出 2 个百分点。详见表 7 - 10所列。

表 7－10 2007—2016 年安徽社会资本教育投资与江苏省的对比情况

单位：%

年份	安徽					江苏				
	社会资本投资比重	民办学校投资比重	社会捐赠投资比重	事业收入投资比重	其他所占比重	社会资本投资比重	民办学校投资比重	社会捐赠投资比重	事业收入投资比重	其他所占比重
2007	29.06	0.73	0.55	25.09	2.69	38.22	0.34	1.86	28.64	7.38
2008	28.34	1.30	0.56	24.47	2.01	34.92	0.32	1.48	26.6	6.52
2009	26.67	0.94	0.47	23.06	2.20	33.04	0.19	1.34	25.8	5.71
2010	25.14	1.01	0.37	21.63	2.14	29.76	0.11	1.29	23.72	4.64
2011	22.16	0.67	0.25	19.08	2.16	25.90	0.32	1.13	19.83	4.62
2012	18.24	0.61	0.24	16.30	1.09	22.10	0.15	1.03	17.11	3.81
2013	17.65	0.45	0.14	15.91	1.15	20.63				
2014	17.49	0.35	0.08	16.17	0.89	20.63	0.36	0.62	15.95	3.70
2015	17.32	0.61	0.10	15.45	1.16	19.63	0.18	0.53	15.85	3.08
2016	16.63	0.47	0.08	14.94	1.15	19.02	0.20	0.29	15.83	2.70

数据来源：根据安徽省、江苏省及国家统计局、财政厅、教育厅网站相关数据整理计算。

其次，与东部地区差距较大。由于发展战略、经济、政策等一系列的原因，东部地区的起点相对较好，教育水平的提升速度也比较稳定；中部地区的教育水平中等，教育发展迅速。另外，安徽生均教育费与东部地区存在着较大差异，2016 年安徽普通小学生均公共财政预算公用经费为 8573.56 元，较全国平均水平略低，而同年上海市普通生均公共财政预算公用经费为 22125.13 元，江苏和浙江也达到了 1 万元以上。普通初中和普通高中的情况也是如此，安徽的生均公共财政预算公用经费均低于全国平均水平，较江浙沪地区有很大的差距。但是安徽的增长率较高，普通小学、普通初中、普通高中在 2016 年分别达到了 10.39%、11.88%、14.57%，均高出全国平均水平，说明安徽已然意识到本省教育同东部地区的差异，并在不断缩小这一差距。详见表 7－11 所列。

表 7－11　安徽与东部地区各级教育生均公共财政预算公用经费增长情况对比

（单位：元）

地区	普通小学			普通初中			普通高中		
	2015 年	2016 年	增长率（%）	2015 年	2016 年	增长率（%）	2015 年	2016 年	增长率（%）
全国	8838.44	9557.89	8.14	12105.08	13415.99	10.83	10820.96	12315.21	13.81
安徽	7766.51	8573.56	10.39	11114.71	12435.26	11.88	7789.21	8924.35	14.57
上海	20688.35	22125.13	6.94	27636.22	30284.67	9.58	35632.31	37768.99	6.00
江苏	11988.81	12503.03	4.29	19048.59	21194.74	11.27	18039.48	21134.25	17.16
浙江	11599.79	12908.55	11.28	16616.16	18798.27	13.13	18280.68	21742.03	18.93
广东	8757.95	9997.31	14.15	11456.7	13725.98	19.81	10863.23	13478.72	24.08

数据来源：国家统计局《关于 2016 年全国教育经费执行情况统计公告》。

（三）学历教育过度和专业性人力资本投资不足

据《安徽省就业失业动态监测分析报告》表明，安徽现在失业人群渐有向高学历者扩展的趋势。教育投资过程中学历教育过度问题凸显，另外专业性的人力资本投资在当前环境下也捉襟见肘。劳动力市场存在结构性短缺的问题，低学历的劳动力技能水平不能达到产业升级的需要，高学历的劳动力也不能在实际应用中达到很好的效果。同时教育结构中过于重学历文凭、轻素质技能，学历与工作不匹配，大学生“知识失业”现象屡见不鲜。2017 年上半年，高中及职高、技校、中专文化程度供求仍占主体，市场需求人数大于供给人数。而大学文化程度需求略显不足，求职人数约为 22 万，需求人数仅为 19 万，求人倍率仅为 0.88。详见表 7－12 所列。

表 7－12　2017 年上半年安徽按文化程度分组的供求人数情况

文化程度	需求人数（人）	需求比重（%）	求职人数（人）	求职比重（%）	求人倍率
初中及以下	442651	20.96	453716	27.24	0.98
高中	776461	36.76	645359	38.74	1.20
职高/技校/中专	375670	48.38	321577	49.83	1.17
大专	410440	19.43	337937	20.29	1.21

（续表）

文化程度	需求人数（人）	需求比重（%）	求职人数（人）	求职比重（%）	求人倍率
大学	194623	9.21	221080	13.27	0.88
硕士以上	8145	0.39	7651	0.46	1.06

而在现在的劳务市场中，职业教育人才在技能特点、人才素质方面有着结构性短缺的问题。拥有专业技术的人才企业更为看重，受到市场的欢迎，大学生就业难与企业找不到合适的技术工人形成鲜明对比，许多企业难以招聘到能满足企业实际问题需要的技术人才。现在拥有本科文凭的求职者比比皆是，以至于许多地方职业教育培养的技术人才薪资待遇超过那些高学历者。安徽目前正是在产业结构升级、经济转型的重要时期，要实现产业结构的升级和供给侧改革，坚实的专业技术人才是必要条件之一。如何解决现在的问题，是安徽需要着力解决的一个问题。

高等教育是提升经济的必然要求。但是如果片面地重学历文凭、轻素质技能，盲目地追求高等教育的发展而忽视专业技术教育，会造成教育结构不合理，质量水平下降，从而导致市场的扭曲，从而给教育的持续健康发展之路带来消极影响。与此同时，经济越发展，越需要技术人才，高素质工人严重缺乏会严重影响企业经济效益的提高，使安徽经济增长的后劲不足。

（四）教育经费使用效率不高

通过实证分析可知，安徽教育经费规模效率2012—2016年分别为100%、97.6%、97%、87.6%、84%，呈逐年下滑趋势，表明安徽教育经费使用效率越来越低。随着人力资源对经济增长推动作用愈发明显，财政方面的教育投入总量在增加。但随着投入经费的增加，目前安徽过于关注财政投入这一系列流程的最开始一步——投入，对于整个教育经费的使用流程与效果关注过少。这就导致教育经费在实际使用过程中存在很多不规范不严谨的地方，实际操作过程受人为因素影响也比较大，执行存在漏洞。比如只管投入，不管收获，很少评估资金拨付的依据。有的地方年度会有结余，有的地方捉襟见肘，想干的事情干不成，不但导致了资金的浪费，而且耽误了一批人才的成长。同时经费的管理并不十分规范。这些不合理又会继续影响下一年度的资金拨付，形成一个恶性循环，影响经费使用效率。同时，资金具体实施使用也存在不规范，比如拨款打入违规的户头等一系列不规范行为。资金使用很多时候缺乏约束，缺少监督，使用效率较低。对于现实情况具体问题下的施行细节和绩效管理相当缺乏，对不同地方不同需求与供给的分析不够深入，从而致使经费短缺和费用的浪费现象同时存在，相对有限的教育经费没有发挥在最需要的地方。

除此之外，经费分配使用过程没有做到透明。教育经费的分配和使用过程应该减少损失和浪费，让人民清楚，让人民监督，经费的违规使用行为也会有损政府的信誉。在较优学校上使用过多的教育经费也加剧了教育均衡的问题，难以实现教育普惠的目标。这些问题都与教育经费的分配和不透明密不可分。

三、完善安徽教育投资的政策建议

根据安徽教育投资现状，针对安徽教育投资存在的问题，提出如下对策建议。

（一）继续加大力度，充分调动社会积极性，广开筹资渠道

安徽教育投资与其他投资相较，相对量明显不足。首先，调整财政性教育经费投入的学级结构，明确和规范各级政府在财政性教育经费支出中应承担的责任，建立省、市和县共同分担的办法，把教育支出的重点放在农村义务教育的同时，重点增加对学前教育和中等职业教育的投入。其次，积极激发各界各方办学积极性，进一步激发教育领域投资活力，不断提升质量水平，挖掘发展的新动力。投资教育要尽力整合各方资源，政府也继续对社会资本增强引导，使资金来源更加多元，通过多种渠道汇聚更加丰富的资源来支持教育。最后，多渠道筹措教育投资。可以采取更加开放的政策，结合实际吸取国外先进经验，改善安徽单一的依靠财政支出的状况。逐步从政府办学、政府管学，以公办学校为主向更加多元化的制度改变。出台政策，调动社会力量投入教育的积极性，鼓励政府与社会力量灵活合作，缓解目前

的问题。打造一个政府坚实支撑，民间投资、外资等力量积极补充的新教育局面，推进教育投资主体多元化。

（二）调整教育投资结构

针对安徽投资结构不合理这一问题。首先，从财政拨款方面入手，对贫困地区和农村教育不发达的地区加大教育经费的转移支付力度。充分考虑安徽一些贫困地区的特殊实际状况，给予适度的倾斜和补偿。在教育资源方面，努力提升农村师资队伍素质，培养一批农村骨干教师，利用珍贵的教育资源为农村教育的持续健康发展创造条件。其次，需要加强宣传教育。通过宣传教育使人民在观念上对于人力资本投资更加重视，使农民意识到提高人力资本是促进收入增加的一个重要途径，使他们更愿意在教育方面对于子女投资。同时，教育活动是一项外部性比较强的经济活动，收益也往往是在未来才能显现，一项教育投资往往要在几十年甚至一百年后才能显示出巨额收益。政府官员不能只追求政绩而不愿将资金投向教育，应该优先发展教育。

（三）加强和重视职业教育投资

职业教育作为一种传授公民专业知识和技能、提高从业能力的教育，是正规学历教育之外又一改善人力资本状况的重要手段。但一些地方和部门在教育投资中对于职业教育发展的推进力度还不够。产业结构提升需要的高级技工人才匮乏，劳动者的专业技能不能适应市场，职业教育的结构和质量也无法满足实际需求。对于安徽专业性人力资本投入不足这一问题，我们应更深入地发展职业教育事业，以能力为出发点，加强对能力的培养，加强技能人才的输出。更好地把握职业教育与经济增长、就业的内在联系。统筹发展、持续发展、健康协调发展。要积极推动职业教育市场化，职业教育为社会培养专门技术人员，根据就业市场的供求变化及时调整专业、设置课程，把握好市场的风向标，面向就业，保证职业教育更好地为经济建设服务。学校与企业加强联合办学力度，拓宽职业教育入口与出口。同时政府加强引导，加强对于民办职业教育的保护，使民办职业教育在更广阔的空间中充分发展。

（四）提高教育经费使用效率

提高教育经费使用效率，可以改进教育经费的分级拨付方式，提高实施过程的效率，也对教育经费的规范管理大有裨益。明确政府的教育投入范围以及其他各项指标，提高支出有效性，强化对于绩效的管理，设立教育经费投入——产出绩效评估体系，强调财政投入目标与结果有效性之间的关系，将教育经费管理纳入政府绩效评估。同时公开教育经费信息，实现“阳光财政”，让人民也参与监督。财政部门与教育部门共同审核决定专项支出预算。对每年决定在教育系统要办的大事、实事，财政部门应优先安排或预留资金，确保重点项目保质保量地完成。同时，积极推进项目绩效评价的试点工作，跟踪整个预算执行过程的财务监控，减少学校将定额公用经费用于专项开支、预算执行中的挤占混用，以及会计核算乱列支的状况。应进一步完善预算编制程序，逐步实现标准周期预算。推进信息化建设，调整和完善预算的编制及监控办法。补充完善教育经费管理法律法规，使经费从前期筹集到中期分配到后期效果评估都有章可循，发挥教育经费的最大使用效率。

第二节 安徽文化产业投资分析

文化是一个国家乃至一个民族的灵魂，越来越成为影响综合国力竞争的重要因素。文化兴则国运兴，文化强则民族强。要想取得中华民族的伟大复兴，就必须树立高度的文化自信，大力发展文化产业。习近平总书记在十九大报告中指出，“我国社会主要矛盾已经转化为人民日益增长的美好生活需要和不平衡不充分的发展之间的矛盾”。而要想解决这些问题，就必须加快推动文化事业与文化产业的快速发展，用多元化的文化产品满足人民的文化需求。近年来，安徽政府不断加大政策扶持和投资力度，利用文化产业的反向调节作用繁荣社会主义市场经济，促进社会主义文化的发展。省委、省政府高度重视文化产业的发展，在多次召开文化产业工作会议、组织文化产业调研的基础上，出台了一系列加快文化产业发展的政策。但是在文化产业取得快速发展的同时，安徽文化产业投资也遇到了一些困难和障碍，与中部六省相比还比较落后。如何加大文化产业投资力度，拓宽文化产业融资渠道，成为目前亟待解决的问题。

一、安徽文化产业投资现状分析

（一）文化产业投资情况分析

2017 年，安徽政府以习近平新时代中国特色社会主义思想为指导，认真贯彻落实中央和省委省政府决策部署，继续大力推进文化产业项目建设，并取得了优秀的成果。2017 年安徽分行业固定资产投资额及增速见表 7 - 13 所列。

表 7 - 13　2017 年安徽分行业固定资产投资额及增速

行　业	投资额（亿元）	比上年增长（%）
农、林、牧、渔业	775.8	－4.6
采矿业	231.8	－0.5
制造业	11434.3	11.5
电力、热力、燃气及水生产和供应业	1277.4	28.7
建筑业	72.9	－49.7
批发和零售业	602.8	－30.1
交通运输、仓储和邮政业	2036.5	11.6
住宿和餐饮业	193.5	－25.5
信息传输、软件和信息技术服务业	274	6.6
金融业	62.1	－23.6
房地产业	6551.6	14.4
租赁和商务服务业	612.8	2.5
科学研究和技术服务业	280.6	－10.4
水利、环境和公共设施管理业	3297.6	28
居民服务、修理和其他服务业	107.9	9
教育	443.4	23.1

（续表）

行　业	投资额（亿元）	比上年增长（%）
卫生和社会工作	255.5	15.1
文化、体育和娱乐业	254.3	11.6
公共管理、社会保障和社会组织	421.2	−7.7

2017年，安徽固定资产投资为29186亿元，按可比口径计算，比上年增长了11%。从行业分类上来看，文化、体育和娱乐业固定资产投资额为254.3亿元，增速为11.6%；房地产业固定资产投资额最高为6551.6亿元，占2017年固定资产投资总额的22.45%；其次为水利、环境和公共设施管理业，固定资产投资额为3297.6亿元，占固定资产投资的11.3%，但其增速最快；建筑业、批发和零售业、住宿和餐饮业、金融业、科学研究和技术服务业以及公共管理、社会保障和社会组织等行业的固定资产投资为负增长，虽然文化、体育和娱乐业的固定资产投资增速为正，但相对于水利、环境和公共设施管理业与教育等行业来说，文化、体育和娱乐业的增速较低。

（二）文化产业基本情况

安徽在工作中始终坚持以人民为中心，大力实施文化发展战略，大力推进文化产业发展模式的创新，推动文化事业全面繁荣、文化产业快速发展，安徽文化软实力的逐渐增强，有利于进一步发挥文化引领作用，增强文化产业对经济发展的拉动作用。

1. 行业集中度较高

根据国家统计局相关报告显示，2016年，安徽规模以上文化产业企业共有2280家，主营业务收入2416.3亿元，分别比上年增长了19.6%和15.3%。从产业分类来看，全省规模以上文化制造业、批发零售业、服务业企业分别达到了1089家、452家及739家，各占47.8%、19.8%和32.4%；实现主营业务收入1559.1亿元、504.7亿元与352.5亿元，各占64.5%、20.9%和14.6%。从地区上来看，合肥和滁州分别实现主营业务收入941.3亿元和242.1亿元，占全省的39%和10%，合计占49%；铜陵、淮南、宿州、芜湖主营业务收入增幅较高，分别增长128.5%、62.6%、50.6%、37.3%。从企业来看，全省主营业务收入超亿元企业有466家，比上年增加66家；其中，超10亿元企业31家，康佳电子、华文国际、海尔电器、惠科金扬、山鹰纸业等5家企业超50亿元。

2. 文化科技融合发展

2016年，安徽获批文化产业专利总计为5998件，比2015年增长了6.4%。其中，获授权代表核心知识产权的发明专利为1173件，增长30.8%；占授权专利的19.6%，比2015年提高3.6个百分点。合肥、芜湖获授权发明专利超过百件，分别达520件和182件。规模以上文化制造业中，有14.8%的企业进行了研发活动，共投入研发经费20.2亿元，研发投入强度（研发经费与主营业务收入之比）达1.3%，比全部规模以上工业高0.42个百分点；共实现新产品销售收入313.6亿元，户均0.29亿元。规模以上文化批发、零售业中，有28.4%的企业开展了文化产品营销方式的创新，户均实现主营业务收入2.1亿元，是未开展营销创新企业的2.9倍。规模以上文化服务业中，有38.7%的企业开展了营销创新，户均实现主营业务收入0.73亿元，是未开展营销创新企业的1.8倍。

3. 文化消费稳定增加

安徽已经连续3年开展为期3个月的文化惠民消费季活动。2016年，安徽第三届文化惠民消费季期间，通过将财政资金直接补贴给看书、看报、看戏、看电影、看电视“五看”消费者，累计吸引文化消费人数8736.6万人次，消费总额167.6亿元，比上届分别增长了15.8%和19.5%。文化惠民消费季活动对全省文化消费的拉动力不断增强。2016年，全省居民人均教育文化娱乐支出1559元，比2015年增长16.4%；占人均消费总支出的10.6%，比上年提高0.2个百分点。其中，城镇居民人均教育文化娱乐消费支出2233.3元，增长16.7%，比人均消费总支出增幅高3个百分点；占人均消费总支出的11.4%，比2015年提高0.3个百分点。农村居民人均教育文化娱乐消费支出949.1元，增长13.7%；占人均消费总支出的9.2%，比2015年下降0.1个百分点。

（三）文化产业发展的趋势变动分析

文化软实力越来越成为衡量一个国家综合国力的标准，对一个省份来说发展文化产业更是繁荣本省经济的一项重大战略，为此安徽贯彻落实中央政策，大力促进文化产业发展，积极出台相关政策法规，为文化产业的发展提供法律保障，减少文化产业在发展过程中遇到的难题与挑战。安徽文化产业发展已经历了很长一段时间，目前来看，安徽文化产业发展前景一片向好。

为了确保相关数据能良好地反映出安徽文化产业发展的趋势，本报告主要选取安徽文化产业发展近 10 年的数据来分析说明。

首先，文化产业机构数整体上呈增加趋势。安徽文化产业机构数从 2007 年的 13906 个增加到 2016 年的 15613 个。文化产业机构数量随着年份的变动有增有减，在 2014 年时降到十年来的最低，总的来说安徽文化产业机构数量是呈上升趋势的。其中 2007 年到 2008 年间，安徽文化产业机构数量是增加的，从 2008 年到 2010 年安徽文化产业机构数量呈下降趋势，2011 年文化产业机构数量有所增加，但在接下来的三年里文化产业机构数量是下降的，2014—2016 年，文化产业机构数量逐年上升，于 2016 年达到 15613 个，如图 7 - 3 所示。

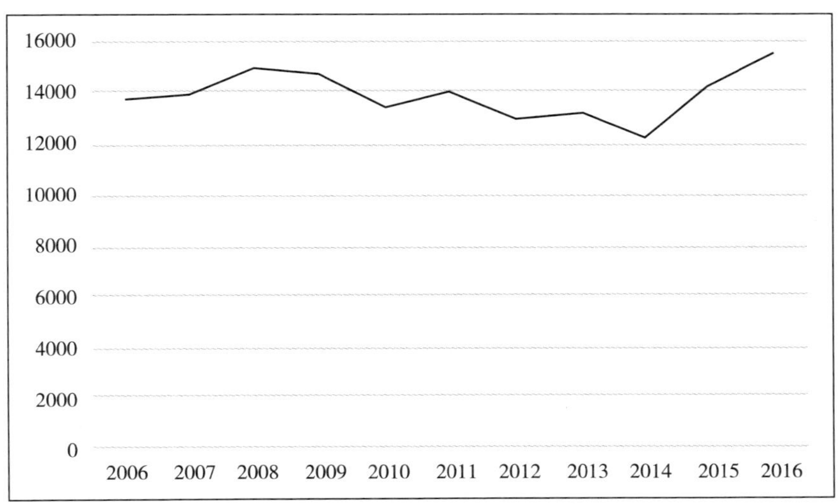

图 7 - 3 文化产业机构数量变动折线图

数据来源：《安徽统计年鉴》

其次，文化产业增加值呈现递增趋势。安徽文化产业增加值由2007 年的 61.2 亿元，变动到 2016 年的 247.1 亿元。在 2006 年到2007 年间，文化产业增加值由 61.2 亿元减少到 39.5 亿元，随后在2007—2016 年间，文化产业增加值呈逐年递增的趋势，在 2016 年增至 247.1 亿元，如图 7－4 所示。

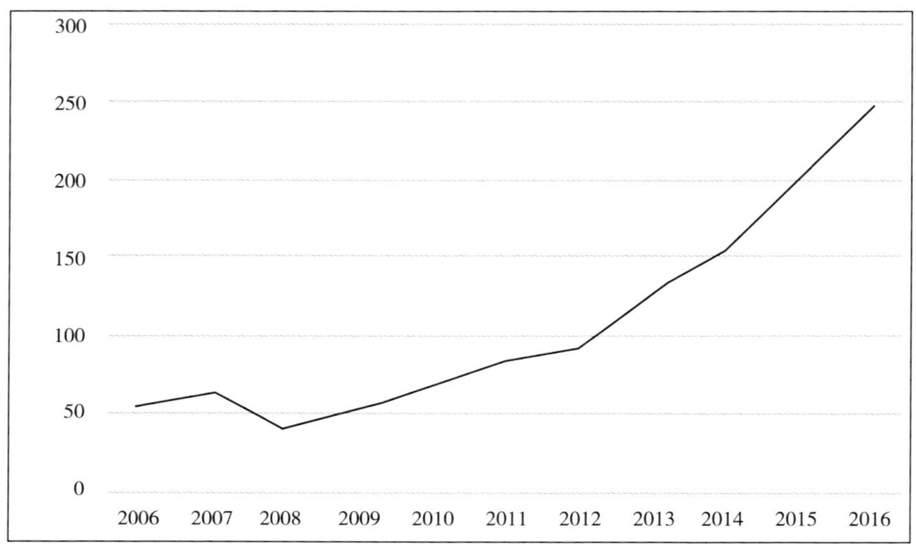

图 7－4　文化产业增加值变动折线图

再次，文化产业的从业人数整体上也呈现递增趋势。文化产业的发展还可以从文化产业从业人员的数量上体现出来，安徽文化产业从业人员数 2007 年为 62038 人，到 2016 年时增加到了 108668 人，文化产业从业人员的增加从侧面反映了安徽文化产业的发展。2007—2011 年安徽文化产业从业人员数一直呈上升趋势，2011 年到 2012 年有所下降，2012 年到 2013 年增加，然而在 2013 年到 2014 年又呈下降趋势，2014 年至 2016 年呈上升趋势。总体来看，安徽文化产业的从业人数是在曲折的变动中呈增加趋势的，如图 7－5 所示。

最后，文化相关产业在有增有减中保持上升的趋势。安徽文化产业的发展还体现在图书出版情况、公共图书馆个数、博物馆个数、图书种类、杂志种类、艺术表演团体数量等文化相关产业上。从 2007 年

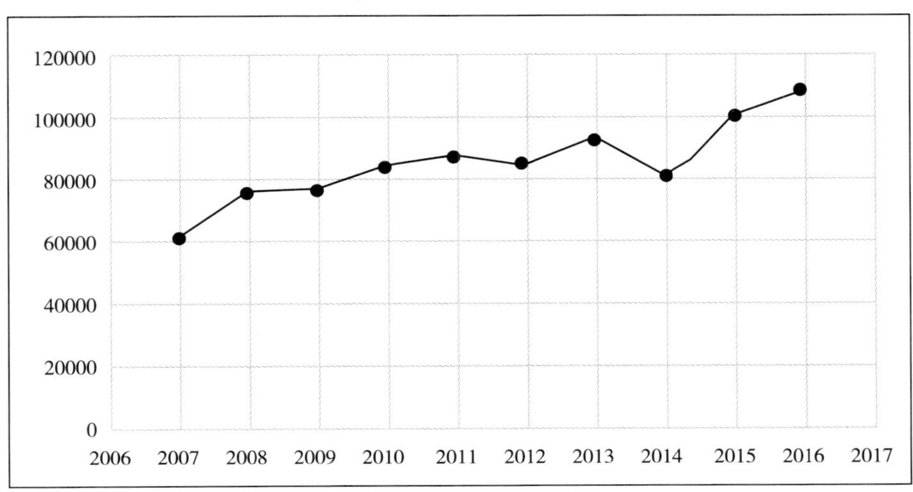

图 7－5　文化产业从业人数变动折线图

到 2016 年，这些少年儿童读物种类、课本出版种类、图书种类、杂志种类、公共图书馆个数、博物馆个数及艺术表演团体的个数，总体上是增加的。其中图书种类变化幅度较大，说明安徽文化的发展正在追求满足人民日益增长的文化需求，其余 6 种变化幅度很小，在有增有减中保持上升的趋势，如图 7－6 所示。

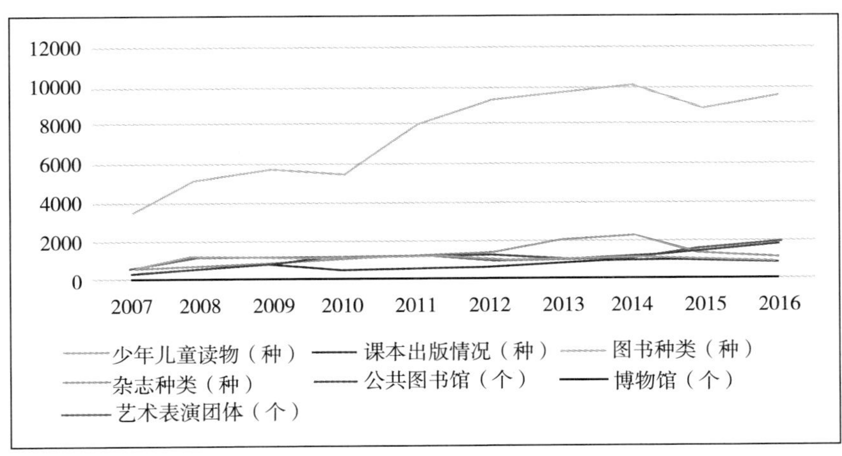

图 7－6　文化相关产业发展情况

（四）文化产业投资的趋势变动分析

安徽文化产业投资的主要方式有政府财政投资、社会固定资产投资、外商直接投资。2016 年政府财政投资为 842323 万元，社会固定资产投资为 2413939 万元，外商直接投资为 9149 万美元。近十年来，安徽文化产业投资主要方式的变动趋势为财政投资和固定资产投资均呈上升趋势，而外商直接投资从 2007 年的 11828 万美元降到了 2012 年的 6267 万美元，从 2012 年至 2016 年外商直接投资金额缓慢地增加，总体上来说变化幅度不大，从折线图上来看，外商直接投资接近于一条直线，这很大程度上受到了安徽整体经济水平的影响，也与安徽招商引资的相关政策有一定的关系，如图 7－7 所示。

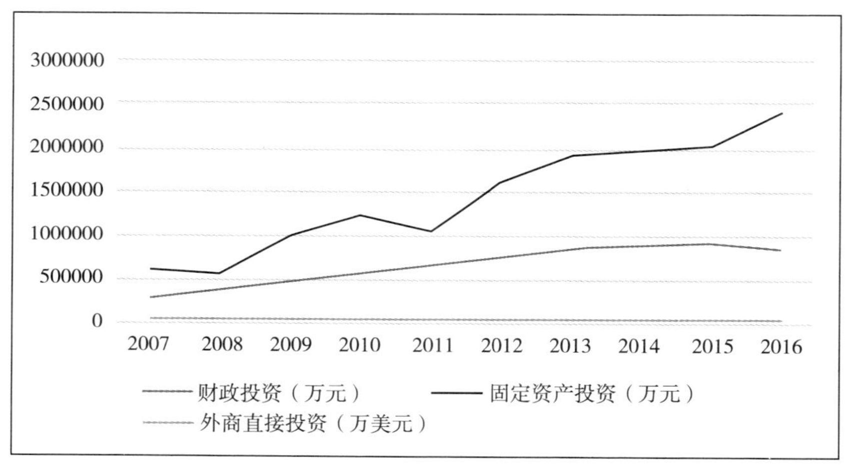

图 7－7　文化产业主要投资方式变动趋势

（五）文化产业投资与中部其他省份的比较

与中部其他省份进行比较，总结出安徽文化产业投资的优势及不足。现主要从中部六省的财政对文化产业投资与固定资产对文化产业投资来进行比较。

1. 中部六省财政对文化产业投资的趋势变动比较

在中部六省中，河南财政对文化产业的扶持力度一直领先于其他五省，但 2015 年湖南财政加大对文化产业的投资力度，超过了安徽和河南，在 2016 年湖南成为文化产业获得财政投资最多的一个省份，如

图 7－8 所示。安徽财政对文化产业的投资一直处于较平稳的状态，2007 年到 2013 年政府对文化产业的投资缓慢增加，2013 年到 2014 年有所下降，在 2014 年到 2015 年稍有增加，但 2015 年至 2016 年，安徽财政支出对文化产业发展的扶持力度又呈下降趋势。总体上来说，

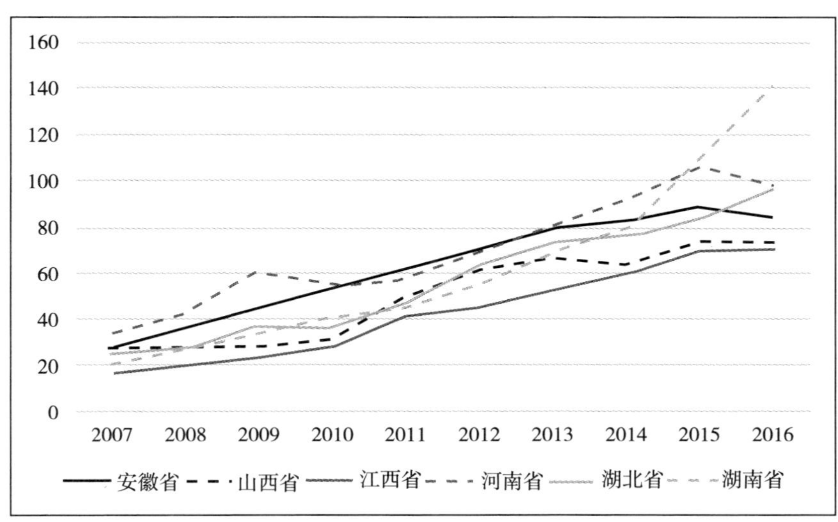

图 7－8　中部六省财政投资变动趋势

安徽财政支出对文化产业发展的支出力度是越来越大的，这表明安徽政府近年来逐步重视文化产业的发展，贯彻落实中央相关政策。江西财政对文化产业投资额处于落后水平，但总体上是增加的，江西对文化产业发展的重视程度还不够，经济观念尚未转变。山西财政对文化产业的投资在中部六省中处于倒数第 2 的位置，仅高于江西。总之，中部六省的财政对文化产业投资额是处于增加的一个状态，表明中部六省对文化产业的发展越来越重视。

2. 中部六省在固定资产对文化产业投资上的比较

将中部六省的文化产业固定资产投资金额进行比较分析，见表 7－14 所列（2017 年江西文化产业固定资产投资额缺失）。单从投资金额来看，截至 2017 年，河南文化产业固定资产投资金额最大，湖北、湖南次之，且河南和湖南的文化产业固定资产投资金额相差无几，山西文化产业固定资产投资额最低，安徽处于倒数第 2 位，仅比山西高了

192.9 亿元。河南文化产业固定资产投资金额位于中部六省第 1，这与河南近年来积极响应国家《文化产业振兴规划》的要求是分不开的，为发展文化产业，河南制定了一系列相关政策及文化产业协会、研究院等。山西文化产业发展的相关配套措施还不完善，造成了山西文化产业固定资产投资额在中部六省中处于最后一位。总体上来看，近 10 年的中部六省的文化产业固定资产投资的金额是增加的，如图 7－9 所示，中部六省文化产业固定资产投资额增加的速度有快有慢，对于具体年份来说各省份固定资产对文化产业投资的金额是有增有减的。其中很明显地看出增长较快的为河南，从 2008 年的 90.7 亿元增加到 2017 年的 657.37 亿元；江西、湖北和湖南三省固定资产对文化产业投资额增加的幅度大致相同；山西文化产业固定资产投资从 2008 年至 2015 年一直处于中部六省的最后一位，2016 年江西文化产业固定资产投资降为最后一位，安徽文化产业固定资产投资的情况也不容乐观，需要加大固定资产对文化产业的投资力度。

表 7－14 中部六省文化产业固定资产投资 （单位：亿元）

年份	安徽	山西	江西	河南	湖北	湖南
2008	52.64	22.8	47.6	90.7	56.5	45.9
2009	95.79	55.9	74.2	149.7	103.2	79.2
2010	119.35	66	84.4	165.6	115.1	98.1
2011	105.68	77.7	106.5	110.4	121.3	94.5
2012	158.01	83.1	97.8	182.3	163.4	113.5
2013	187.81	87.3	143.3	262.2	177	189.6
2014	195.06	171.3	251.7	309.5	253	248
2015	201.57	195.4	261.3	371	289.5	280
2016	241.39	192.8	176	547.66	306.54	512.8
2017	254.3	61.4	—	657.37	355.04	650.2

考虑到数据的可获得性，选取中部六省 2016 年的文化产业固定资产投资金额占固定资产投资总额的比重，来更加直观地比较中部六省固定资产对文化产业发展的支持力度。从图 7－10 中可以看出，湖南

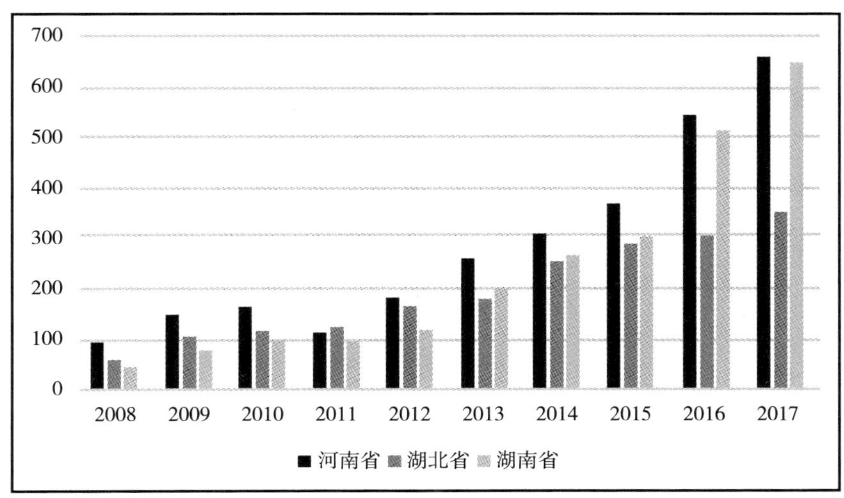

图 7-9　中部六省文化产业固定资产投资变动趋势

占比最高，而江西占比最低，安徽仅比江西高了 0.01 个百分点，处于中部六省中倒数第 2 的位置，这更进一步地说明了安徽固定资产投资对安徽文化产业投资的力度不够，需要加大固定资产对文化产业发展的投资。

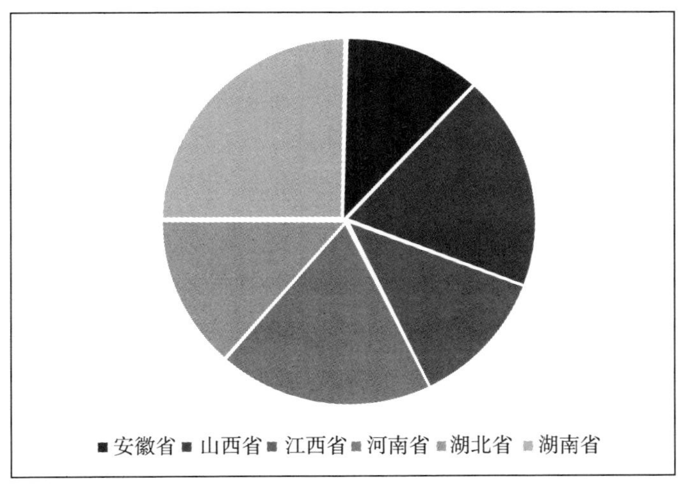

图 7-10　2016 年中部六省文化产业固定资产投资占固定资产投资的比重

（六）安徽内部各市文化产业投资比较

安徽共有 16 个市，由于所处地理位置的不同，其所拥有的发展文化产业的资源不同，且各个市区的经济发展水平并不完全一致，各市对文化产业发展的重视程度也不一样，这一系列因素使得安徽内各市的文化产业发展存在一定的差异，为进一步分析各市在文化产业发展中的差距，现选取 2016 年各市的相关数据，见表 7－15 所列。

表 7－15　2016 年安徽各市文化产业投资基本数据

地市	地区生产总值（亿元）	财政收入（亿元）	财政支出（亿元）	财政对文化产业的支出（亿元）	文化产业固定资产投资（亿元）	文化馆（座）	公共图书馆（座）	博物馆（座）
合肥	6274.38	614.8493	859.8503	8.7921	68.5666	11	9	8
淮北	799.03	59.1762	142.6554	2.2914	3.9044	2	5	5
亳州	1046.1	87.0239	278.5781	1.9456	7.617	4	5	4
宿州	1351.82	95.6248	311.3893	2.7549	8.2086	6	6	9
蚌埠	1385.82	133.8791	268.0543	2.3048	7.0848	7	5	8
阜阳	1401.86	133.4441	435.8049	2.9817	6.765	9	7	7
淮南	963.84	97.4455	218.0016	2.069	7.6802	9	10	2
滁州	1422.83	167.3062	335.0463	4.5641	7.3809	7	7	2
六安	1108.15	98.2613	341.9656	6.0904	8.8796	7	6	7
马鞍山	1493.76	140.3192	213.696	3.2297	35.69	7	7	4
芜湖	2699.44	298.7167	409.4405	3.4984	23.4155	8	10	3
宣城	1057.82	139.3237	254.7727	3.7925	15.8969	8	8	11
铜陵	957.25	80.7211	151.0941	1.9731	3.6452	44	6	8
池州	589.02	71.453	148.9985	1.7385	1.8137	6	5	4
安庆	1531.18	127.9945	337.1512	5.7639	15.7752	11	12	14
黄山	576.82	75.7948	171.0263	4.7534	19.0703	8	11	52

从各市对文化产业投资额来看，合肥市作为安徽的省会城市，经济发展水平较高，对文化产业的投资也比较重视，合肥无论是财政对文化产业的支出还是文化产业固定资产投资均处于安徽 16 个市第一的位置。六安、安庆财政对文化产业的支出也较高，相反池州处于最后

的位置，且亳州、铜陵政府财政对文化产业投资力度较小。各市发展文化产业水平不一的现象，很大程度上受到各市的经济发展战略的影响。

从文化馆拥有的个数来看，铜陵文化馆的个数最多，淮北文化馆个数最少，其余各市文化馆数量大体相当；从公共图书馆个数来看，安庆公共图书馆数量最多，黄山次之，其余各市相差无几；从博物馆数量来看，黄山博物馆数量多达 52 座，稳居第 1，安庆、宣城次之，且与黄山博物馆数量相差较大，其余各市博物馆数量基本持平，淮南、滁州等市博物馆数量最少，仅有 2 座，连黄山市博物馆数量的 4%都不到。

二、安徽文化产业投资的影响因素分析

经济社会中的各事物之间的联系是复杂的，寻求一个问题的主要影响因素通常存在着很大的困难。安徽文化产业投资的影响因素多种多样，为了进一步找到影响安徽文化产业投资的主要影响因素，采用主成分分析法对一众影响因素进行处理，主成分分析法是通过求解相关系数矩阵来确定主成分，可以作为选取综合指标的方法。主成分分析法根据各指标相关性的大小进行分组，在最大程度保留原有信息的基础上，充分考虑各指标之间信息的重叠，用少数几个代表性指标对高维变量进行降维，能够客观地确定各指标的权重，避免了人为赋值的随意性和主观性，主成分分析方法不仅能够提高变量选取的准确性，而且能够降低变量之间多重共线性的问题。本节对文化产业投资行业相关数据进行收集、整理，用 SPSS 22.0 进行操作。

（一）模型设定及指标选取

为了观察分析各种指标对文化产业投资的影响，笔者选取了 2007—2016 年的安徽文化产业增加值（Y）和人均文化产品消费支出（x_1）、财政对文化产业的支出（x_2）、外商直接投资（x_3）、文化产业机构个数（x_4）、文化产业从业人员数（x_5）、文化产业固定资产投资（x_6）、公共图书馆（x_7）、博物馆（x_8）等八个指标的数据资料。原始数据来源于《安徽统计年鉴》（2008—2017），《中国统计年鉴》（2008—2017），相关指标数据见表 7 - 16 所列。

表 7-16 相关指标数据

年份	文化产业增加值（亿元）	人均文化产品消费支出（元）	财政对文化产业的支出（亿元）	外商直接投资（万美元）	文化产业机构数（个）	文化产业从业人员数（个）	文化产业固定资产投资（亿元）	公共图书馆（个）	博物馆（个）
2007	61.2	726.58	26.26	11828	13906	62038	54.6	85	37
2008	39.5	727.49	32.75	12942	14949	75651	52.64	85	38
2009	51.9	768.71	42.14	8155	14751	77699	95.79	89	68
2010	64.3	921.84	51.68	9071	13395	84127	119.35	88	120
2011	81.2	1003.73	62.35	8705	13970	87718	105.68	100	131
2012	92.43	1159.33	71.43	6267	12950	84644	158.01	102	141
2013	127.7	1140.41	79.5	6665	13137	93121	187.81	107	154
2014	155	1157.3	82.25	6665	12261	81906	195.06	113	164
2015	199.3	1339.3	88.19	7762	14264	100413	201.57	122	171
2016	247.1	1591.21	84.23	9149	15613	108668	241.39	126	171

（二）研究方法

在实际经济问题的研究中，为了全面分析经济问题，往往涉及众多相关的变量，在回归分析中，自变量往往会导致共线性存在，共线性的存在使得回归方程不能准确反映自变量和因变量之间的关系，回归系数估计不稳定。为了避免这一问题，本节选择主成分回归分析方法进行研究。原理在于利用主成分分析把多个变量转化为少数几个能反映原始变量大部分信息的主成分，将因子分析得到的相互正交的因子得分变量代替原始变量进行回归分析，最后将因子得分建立的回归方程还原为原始变量的回归方程。

首先建立 Y 与各自变量 $x_i(1 \leqslant i \leqslant 8)$ 的回归模型如下：

$$Y = \beta_0 + \sum_{i=1}^{8} x_i \beta_i + \varepsilon,$$

其中，
$$\varepsilon \sim N(0, \sigma^2), \varepsilon > 0, E(\varepsilon \mid x_1, \cdots, x_8) = 0$$

为了避免模型中自变量之间存在多重共线性对回归分析结果的影响，所以本报告利用原始数据对自变量进行主成分回归分析。主成分分析法的核心思想主要是对原始数据进行降维处理，按照方差贡献率大于85%的原则选取主成分个数，把一些不相关的指标省去，将原来较多的指标转化成能反映研究现象的较少的综合指标。多元统计中的主成分回归法采用较少的新变量代替原来的变量，这些新变量是原来变量的线性组合，包含了初始变量的大部分信息，而且消除了原始数据可能出现多重共线性的问题。

（三）实证分析

首先将原始数据标准化，标准化后的数据见表7－17所列，用SPSS 22.0软件对其进行计算，结果见表7－18所列。从表7－18可以看出，前两个主成分的累计贡献率已经达到94.469%，说明前两个主成分已经基本包含全部指标具有的信息，且降维效果比较好，因此选择前两个主成分作为评价指标，并计算出其特征向量，见表7－19所列。

表7－17　标准化后的数据

ZX_1	ZX_2	ZX_3	ZX_4	ZX_5	ZX_6	ZX_7	ZX_8
－1.16066	－1.58102	1.41341	－0.01337	－1.79768	－1.32941	－1.10167	－1.56002
－1.15743	－1.29455	1.92017	1.01165	－0.759	－1.3595	－1.10167	－1.54111
－1.01113	－0.88007	－0.25743	0.81706	－0.60274	－0.69702	－0.8378	－0.97383
－0.46762	－0.45897	0.15926	－0.51555	－0.11228	－0.33531	－0.90377	0.00945
－0.17697	0.01201	－0.00723	0.04953	0.16172	－0.54518	－0.11215	0.21746
0.37531	0.4128	－1.11627	－0.95288	－0.07283	0.25824	0.01979	0.40655
0.30815	0.76902	－0.93522	－0.76911	0.57397	0.71575	0.34963	0.65237
0.3681	0.8904	－0.93522	－1.63	－0.28174	0.82706	0.74544	0.84146
1.01408	1.1526	－0.4362	0.33846	1.13036	0.92701	1.33916	0.97383
1.90819	0.9778	0.19474	1.6642	1.76022	1.53836	1.60303	0.97383

表7－18　各变量解释方差

成分	起始特征值			选取平方和载入		
	总计	变異的%	累加%	总计	变異的%	累加%
1	6.043	75.538	75.538	6.043	75.538	75.538

（续表）

成分	起始特征值			选取平方和载入		
	总计	变异的%	累加%	总计	变异的%	累加%
2	1.515	18.932	94.469	1.515	18.932	94.469
3	0.236	2.952	97.421			
4	0.118	1.477	98.898			
5	0.051	0.634	99.532			
6	0.027	0.342	99.874			
7	0.009	0.117	99.991			
8	0.001	0.009	100.000			

表 7－19　特征向量

	主成分	
	1	2
X_1	0.952	0.236
X_2	0.989	−0.092
X_3	−0.736	0.563
X_4	−0.148	0.963
X_5	0.887	0.381
X_6	0.979	0.036
X_7	0.947	0.199
X_8	0.976	−0.141

由表 7－19 可以得出主成分第一主成分和第二主成分的表达式：

$$F_1 = 0.952ZX_1 + 0.989ZX_2 - 0.736ZX_3 - 0.148ZX_4 + 0.887ZX_5 + 0.979ZX_6 + 0.947ZX_7 + 0.976ZX_8$$

$$F_2 = 0.236ZX_1 - 0.092ZX_2 + 0.563ZX_3 + 0.963ZX_4 + 0.381ZX_5 + 0.036ZX_6 + 0.199ZX_7 - 0.141ZX_8$$

其中 ZX_i 是 xi 标准化后的数据。

第一主成分的贡献率为 75.538%，它在 x_1、x_2、x_3、x_5、x_6、x_7、x_8等指标上载荷过高，反映了人均文化产品消费支出、财政对文化产业的支出、外商直接投资、文化产业从业人员、文化产业固定资产投资、公共图书馆个数、博物馆个数对文化产业增加值的影响，第二主成分的贡献率为 18.932%，它在 x_4这一指标上载荷过高，反映了文化产业机构数对文化产业增加值影响。将标准化后的原始数据带入到主成分表达式中，计算出第一、第二主成分的值，见表 7－20 所列。

表 7－20　文化产业增加值与两个主成分拟合结果

年份	标准化后文化产业增加值（Y）	F_1	F_2
2007	－0.7342	－9.1688	－0.0776
2008	－1.0480	－8.4967	1.5612
2009	－0.8687	－4.7253	0.2001
2010	－0.6894	－2.2145	－0.7110
2011	－0.4449	－0.4429	－0.0102
2012	－0.2825	2.3319	－1.5673
2013	0.2276	4.0337	－1.0432
2014	0.6225	4.2476	－2.1391
2015	1.2632	6.5051	0.8069
2016	1.9545	7.9299	2.9804

根据两个主成分对标准化后的文化产业增加值数据建立回归方程，回归结果见表 7－21 所列。

表 7－21　回归结果

Variable	Coefficient	Std. Error	t-Statistic	Prob.
C	8.36E-07	0.119641	6.99E-06	1
F1	0.146304	0.02087	7.010287	0.0002
F2	0.215946	0.083271	2.593291	0.0358
R-squared	0.888669	Mean dependent var		1.00E-06
Adjusted R-squared	0.85686	S. D. dependent var		1.000001

（续表）

Variable	Coefficient	Std. Error	t-Statistic	Prob.
S. E. of regression	0.378338	Akaike info criterion		1.13727
Sum squared resid	1.00198	Schwarz criterion		1.228045
Log likelihood	−2.686349	Hannan-Quinn criter.		1.037689
F-statistic	27.9378	Durbin-Watson stat		1.115505
Prob（F-statistic）	0.00046			

根据表 7－21，得出如下方程：

$$Y=8.36\times 10^{-7}+0.1463F_1+0.2159F_2$$

$$t=\ (6.99\times 10^{-6})\ (7.0103)\ (2.5933)$$

$$R^2=0.8887 \quad F=27.9378$$

从方程可以看出，F_1、F_2与 Y 高度相关，t 统计量、F 统计量均通过检验，方程拟合很好。还原成原始自变量，得 Y 的主成分回归模型。

$$\hat{Y}=-282.54-0.0493X_1-5.5799X_2+0.001X_3-0.0315X_4+0.0035X_5+0.5818X_6+8.2707X_7-0.0074X_8$$

（四）研究结果分析

主成分回归模型中可以得出人均文化产品消费支出、财政对文化产业的支出、文化产业机构数、博物馆个数均与文化产业增加值呈负相关关系，外商直接投资、文化产业从业人员数、文化产业固定资产投资、公共图书馆个数与文化产业增加值呈正相关关系，其中文化产业固定资产投资和公共图书馆个数对文化产业增加值的影响相对较大，而外商直接投资虽然对文化产业增加值的影响是正向的，但影响较小，要积极引进海外投资，扩宽外资引入渠道，增加外资对文化产业的投资，以达到促进文化产业发展的目的。文化产业从业人员数也亟待增加，积极引导人民群众从事文化产业，培育人民群众发展文化产业的思维，逐步将文化产业的发展落实到人民群众中去，增强人民群众在文化产业发展中的作用。

三、安徽文化产业投资存在的问题

近年来，随着安徽政府对文化产业发展的重视，安徽文化产业得到了进一步的发展，在文化产业发展取得成效的同时，文化产业投资也存在着许多的问题。

（一）文化产业基础设施薄弱

安徽公共图书馆个数、博物馆个数对文化产业增加值的贡献率极小，这表明公共图书馆个数、博物馆个数对文化产业增加值的影响较小，这说明文化产业基础设施比较薄弱。而文化产业投资会受到一个地区文化产业基础设施的影响，截至 2016 年，安徽常住人口数为 6196 万人，而公共图书馆只有 126 所，博物馆 171 所，图书馆总藏书量为 21625 千册，其他文化公共服务如文化设施、文化活动场所、公共广播娱乐场所等供给不足，质量不高。尤其是在县级及以下地区，公共文化基础设施更加落后，公共文化教育产品的供给严重不足。

（二）文化产业投融资渠道过于单一

文化产业是一种经济活动，因此它的投资和融资应该通过市场运作的多种渠道来筹措，而不应该仅依靠政府投资和向国家银行贷款。目前安徽文化产业的投融资体系尚未形成。根据中部六省的文化产业固定资产投资对比得出安徽文化产业固定资产投资最低，说明固定资产对文化产业投资力度小。从投资形式上来看，安徽文化产业投融资渠道过于单一，资金来源主要是政府投入和银行贷款，社会各界参与投资较少，与发展文化产业和扩大文化市场所需要的资本扩张能力不相适应。文化产业发展所需要的多渠道投融资体系尚未形成，文化产业在市场竞争中自我发展、自我完善的机制被削弱。

（三）文化产业政府投资不足

安徽政府对文化产业的投资从 2006 年的 138367 万元增加到 2016 年的 842323 万元，增加了 6 倍，但其占财政总支出的比重却一直处于低水平，最高为 2007 年 2.11％，最低为 2006 年 1.47％，总体上一直在 1.8％左右变动，从这一点可以看出政府对文化产业投资的资金和补助明显不足。政府财政投资对文化产业增加值影响甚小，需要加大财政扶持力度。

（四）文化产业人才缺乏

安徽文化产业从业人员数对文化产业增加值的贡献率较低，这表明文化产业从业人员对文化产业增加值的贡献极低。造成这一现象的原因主要有两个，一方面是文化产业从业人员数量少，发挥不了对文化产业发展的积极作用；另一方面是文化产业从业人员的文化水平较低，只能从事一些文化附加值低的行业，没有真正地挖掘出文化产业的高附加值。人才作为文化产业发展的保障和关键因素，也是实现投资价值增值的关键要素。安徽文化产业投资在人力资本方面重视不够，人才成为文化产业发展的瓶颈。

（五）文化消费水平低

收入是制约人民群众消费水平的主要因素，虽然近年来安徽人均收入有所增加，但主要还是用于不断提升自身的物质生活水平。尤其在广大的农村地区，人民的文化消费水平更低，这在某些方面与人们的受教育程度相关，由于教育资源的地区分配不公平现象的存在使得广大农村地区的农民受教育水平普遍偏低，农村人口教育水平低的现实决定了他们对一些文化产品和服务的品位鉴赏及消费能力的欠缺，加剧了农村文化消费不足，从而拉低了安徽整体的消费水平。直到 2016 年，安徽人均文化产品消费支出为 1591.21 元，而全国平均水平为 1947.21 元，仅占全国平均水平的 81.72%；安徽人均消费总支出为 14946.78 元，人均文化产品消费支出仅占 10.6%。人均文化消费水平低意味着对文化产品需求不高，这会阻碍外来资金对文化产业的投资。

（六）文化产业投资地区间发展不均衡

由于各地政府对文化产业发展的重视程度不同，实施政策不同及各地已有的文化产业资源等的差异，安徽各地区之间的文化产业投资发展有很大的差异。作为安徽省会城市的合肥市，无论是政府财政对文化产业的投资还是固定资产对文化产业的投资均处于安徽 16 市的领先地位，虽然马鞍山和芜湖次之，但仍与合肥财政在文化产业方面的支出有一定的差距，而池州则处于最后的位置，池州财政在文化产业发展方面的支出仅为合肥的19.77%。全省10市规模以上文化企业主营业务收入保持增长，最高的铜陵增长1.29倍，但淮北、安庆、六安、马鞍山、宣城和池州6市主营业务收入负增长，分别下降28.3%、25.1%、19.4%、17.4%、13.7%和0.1%。

四、安徽文化产业持续发展的对策建议

为了使安徽文化产业持续健康发展，安徽政府需要进一步重视文化产业的发展。在政策上要积极鼓励支持文化产业的发展，财政上要加大对文化产业的投资金额，进一步拓宽文化产业投融资渠道，提高文化产业从业人员素质，培育创新型人才，增加人民收入，刺激人民对文化产品的消费。

（一）加强文化产业基础设施建设

政府要对文化产业基础设施的建设引起足够的重视，增加资金对文化产业基础设施的投入，鼓励各级政府积极完善文化相关配套服务体系。一方面，增加图书馆、博物馆个数，增加文化活动场所，有效降低公共文化消费门槛，实现公共文化消费的大众化、多样化、个性化。另一方面，要创新文化发展手段，全面开展新农村文化建设。要利用好建设“农村书屋工程”“全国文化信息资源共享工程”的契机，切实加强新农村文化建设，缩小文化在城乡之间发展的差距，提高农村居民参与文化产业的积极性，增加农村居民对文化产品和服务的消费，全面推动文化产业的发展。

（二）拓宽文化产业投融资渠道

投融资渠道过于单一阻碍了安徽文化产业投资的增加，资金是目前安徽文化产业投资面临的主要问题，拓宽文化产业投融资渠道对促进安徽文化产业整体发展具有重要意义。为此，一要，建立和完善文化产业的财政投入扶持力度，通过加大对文化体制的改革、公共文化服务的投入力度，为文化产业的长期发展奠定基础。二要，充分利用金融工具，促进文化产业的发展，文化产业作为新兴产业，必须利用好金融的杠杆作用、融资作用，积极为文化产业发展的各个方面做好

服务。三要，吸引社会资金进入文化产业发展，尤其要充分利用民间资本，建立文化产业发展基金，通过民间资本的注入，进一步优化文化产业投融资结构。四要，适当放宽外商来安徽投资的要求，积极主动的吸引外资的流入，提高外资利用率。

（三）加大对文化产业投资的政策扶持力度

加大对文化产业投资的政策扶持力度，主要体现在两个方面：一方面是要加强和完善文化产品的知识产权保护；另一方面是深化财税体制，减小文化企业的经营投资负担。首先，要进行文化产品的知识产权保护，政府应当建立积极的保护机制，保护文化产品的一系列权益，尤其是在文化产品价值保护中的资产评估、流转、登记、质押等各个环节实行便捷式管理，通过提高文化产品的流通速度，使产品的市场价值得到提高；安徽需建立一批配套的文化产业拍卖、评估、咨询等中介机构，为文化产业的产品投融资打造平台。同时要深化财税体制改革，降低生产文化产品企业的经营投资费率，对文化产业投融资给予一定的税收优惠，如企业所得税抵扣、减免，以保护文化产业的发展。

（四）加强文化产业人才培养

无论什么产业的发展，都离不开人才，而对该产业进行投资，更是需要以人才为依托。懂得文化并且懂得文化产业发展和投资的人才培养，是需要以高等教育为基础进行的。据统计，安徽拥有中国科技大学、合肥工业大学、安徽大学等38所高等院校，教育是最富有外部经济和最具有投资价值的部门，其本身就是一个巨大产业，存在巨大的市场需求。目前的教育相对来说更加注重于专业性人才的培养，而对于综合性人才的培养则稍显逊色。高校作为人才培养的基地，应当在政府的支持下，进行相应的探索和发展，使得学生不仅对专业知识有所掌握，更重要的是如何将专业知识运用到实践中去。同时，个人也应该加强自身学习，坚决贯彻落实“活到老，学到老”的精神，不断提高自我的文化修养，并且培育自身的创新意识，力争使文化产业相关人才成为安徽文化产业吸引投资的一个重要因素。此外，要在政府的正确支持和引导下，大力推进文化科技的创新，加强文化与科技的融合，为安徽文化产业发展提供强有力的科技支撑，推动文化产业的业态创新和产业结构转型升级，从而达到提高安徽文化产业整体竞争力的目的。

（五）完善文化消费渠道，刺激人民文化消费需求

抓住国家拉动城乡居民文化消费试点这个契机，做好合肥、芜湖国家文化消费试点城市的工作，出台相关的促进文化产品消费的政策措施，加大财政、金融支持力度。积极引导和支持文化企业增加文化产品和服务的种类，满足人民群众不同层次的文化消费需求。改善文化消费条件，通过扩大政府投入、增加社会资本投入相结合的方式，不断提高文化设施的布局密度和质量。持续开展安徽文化惠民消费季等一系列相关活动，大力培育人民文化消费需求；加快推进文化产品和服务的生产、传播、消费的数字化、网络化进程，拓展新媒体文化消费。通过开展文化消费进校园、进企业、进乡村等活动，加强消费者和文化企业之间的交流。建设文化消费资源共享服务平台，完善文化消费配套服务，激发居民对文化消费的热情，释放文化产业发展活力和潜力。

（六）立足安徽内部投资结构优化，协调区域文化产业投资

政府应当以文化产业发展政策为导向，综合采取财政、金融、税收、贸易等政策措施，着力优化区域文化产业的内部投资结构，针对各个区域文化产业的发展优势，实行差别化的文化产业扶持发展政策，引导区域文化产业投资布局更加合理，加强区域文化产业协同发展。安徽内各地在发展文化产业过程中对于文化资源的依赖性都比较强，文化产业发展模式有一定的相似之处，因此，在规划文化产业发展、制定文化产业政策时应加强各市间的交流与沟通，取长补短，推进安徽区域文化产业的整体发展。同时，安徽各市还应进一步深化在文化产业领域的合作，以研讨会、论坛、博览会等活动为契机，整体上对外宣传安徽的文化魅力，塑造安徽文化产业的整体形象。此外，各市也应结合各自特色文化产业进行投资，在打造具有地方特色的文化产业的同时，也应提高文化产业投资区域间协调率，形成区域文化产业链，共谋发展。

参考文献

[1] 习近平．决胜全面建成小康社会　夺取新时代中国特色社会主义伟大胜利［N］．人民日报，2017-10-28.

[2] 江小国，顾青青，程佳韫．安徽省生产性服务业与制造业互动程度的实证分析［J］．安徽工业大学学报：社会科学版，2017（01）.

[3] 陈春，董冰洁，蔡叶．基于 Bloom 分析框架下地区产业承接研究——中部六省实证分析［J］．宏观经济研究，2017（09）.

[4] 梁雯，张勤，袁帅石．供给侧改革下基于 VAR 模型的现代物流与对外贸易关系研究——来自安徽省的样本数据［J］．经济与管理评论，2017（05）.

[5] 朱颖．贸易经济结构与经济增长结构关系的实证分析——以安徽省为例［J］．商业经济研究，2017（10）.

[6] 张晴．战略性新兴产业集聚与区域经济竞争力关系的实证检验［J］．统计与决策，2017（12）.

[7] 魏勇强，苗迎春．安徽省城乡收入差距研究［J］．现代管理科学，2017（09）.

[8] 王成军，潘燕，余晓芳，等．中部地区自主创新与经济增长——基于安徽区域面板数据的实证研究［J］．中国科技论坛，2016（08）.

[9] 李荣富，傅懿兵，王萍．提升安徽省经济增长质量的途径研究——基于 SUR 模型的多方程系统分析［J］．华东经济管理，2016（03）.

[10] 于志慧，杨鹏．安徽省城镇居民消费结构、产业结构与经济增长——基于 VEC 模型的实证分析［J］．吉林广播电视大学学报，2017（09）.

[11] 王斌．关于加快安徽省民间投资的对策建议［J］．时代金融，2017（08）.

[12] 吴根权．安徽出台“新政”激发民间投资活力［N］．安徽经济报，2017-12-26.

[13] 林文声，秦明，王志刚．农地确权颁证与农户农业投资行为［J］．农业技术经济，2017（12）.

[14] 张艳芳，林亚辉．陕西省农业投资活动碳排放时空变化与脱钩弹性［J］．陕西师范大学学报（自然科学版），2016（03）.

[15] 钱巨然．农户分化视角下连片特困地区农户农业投资影响因素比较研究［D］．昆明：云南财经大学，2016.

[16] 王士海，李先德，陈秧分．跨国农业土地权属交易及相关国际规则制定动向［J］．中国人口·资源与环境，2015（01）.

[17] 何安华，孔祥智．农户土地租赁与农业投资负债率的关系——基于三省（区）农户调查数据的经验分析［J］．中国农村经济，2014（01）．

[18] 李庆海，李锐．农户投资的微观计量分析［J］．经济科学，2012（06）．

[19] 杨峰．财政支农、农业投资对农业GDP的贡献——基于多变量VAR模型［J］．电子科技大学学报：社会科学版，2012（04）．

[20] 汪厚安．粮食主产区财政支农效果及政策优化研究［D］．武汉：华中农业大学，2010.

[21] 朱喜，史清华，李锐．转型时期农户的经营投资行为——以长三角15村跟踪观察农户为例［J］．经济学（季刊），2010（02）．

[22] 钟甫宁，纪月清．土地产权、非农就业机会与农户农业生产投资［J］．经济研究，2009（12）．

[23] 李嘉晓，秦宏，罗剑朝．财政对农业投资的理论阐析与行为优化［J］．经济问题探索，2005（08）．

[24] 高晓春．中国政府财政对农业投资的增长方式研究［D］．咸阳：西北农林科技大学，2002.

[25] 李嘉晓．中国政府财政对农业投资的效益评估研究［D］．咸阳：西北农林科技大学，2002.

[26] 陈工，唐飞鹏．公共政策对工业投资的效应分析——基才动态面板数据模型的经验分析［J］．财政研究，2011（05）．

[27] 韩国高，胡文明．去产能对中国工业投资效率的效应分析［J］．管理现代化，2015（6）．

[28] 余治国．安徽工业化进程的迟滞与原因考察——以芜湖为例［J］．重庆交通大学学报：社会科学版，2015（06）．

[29] 吴春益．江北区工业投资发展现状与对策研究［J］．科技视界，2013（23）．

[30] 方旖旎．“一带一路”战略下中国企业对沿线国家工业投资特征与风险［J］．宁夏社会科学，2016（03）．

[31] 高丽，峰赵晓，龙李丹．工业产业内升级与“一带一路”战略互动研究［J］．沈阳工业大学学报（社会科学版），2017（01）．

[32] 李祺，孙钰，崔寅．基于DEA方法的京津冀城市基础设施投资效率评价［J］．干旱区资源与环境，2016（02）．

[33] 黄群慧．论中国工业的供给侧结构性改革［J］．中国工业经济，2016（09）．

[34] 张斌，茅锐．工业赶超与经济结构失衡［J］．中国社会科学，2016（03）．

[35] 卢福财，徐远彬．环境约束下欠发达地区工业发展路径分析——以江西为例［J］．江西社会科学，2017（12）．

[36] 罗佑军．环境约束下中国省际工业效率和全要素生产率研究［D］．广州：暨南大学，2015.

[37] 查建平，唐方方．中国工业经济增长方式转变及其影响因素研究［J］．当代经济科学，

2014 (05).
[38] 代娟.中国工业反哺农业问题研究 [D].武汉:武汉大学,2014.
[39] 郭而郛.城市工业生态化评价研究应用 [D].天津:南开大学,2013.
[40] 汪龘.工业经济阶段增长推动城市空间跳跃拓展实证研究 [D].武汉:华中科技大学,2013.
[41] 徐建伟,王岳平,付保宗.改革开放以来我国工业发展的阶段性特征与未来展望 [J].经济纵横,2017 (03).
[42] 高田.安徽省房地产价格研究 [J].市场研究,2016 (05).
[43] 韩国高.房地产库存对我国房地产市场与经济增长的影响——基于PVAR模型的实证分析 [J].管理现代化,2015 (01).
[44] 阚天宇.区域冷热不均 结构分化明显 [N].中国信息报,2017-06-22 (003).
[45] 徐丽杰.城市化、房地产投资与经济增长关系的研究——以河南省为例 [J].地域研究与开发,2014 (03).
[46] 张立新,肖斌,赵晓磊.中国房地产走势:非常规空间聚集的视角 [J].财经科学,2014 (11).
[47] 张洪,金杰,全诗凡.房地产投资、经济增长与空间效应——基于70个大中城市的空间面板数据实证研究 [J].南开经济研究,2014 (01).
[48] 顾兴才.新经济形势下对我国房地产经济的理性分析 [J].商,2016 (15).
[49] 白慧琴.试论新形势下房产经济的发展趋势 [J].现代经济信息,2015 (13).
[50] 张传勇,丁祖昱,段芳.城市化、房地产市场成熟度与投资前景研究——基于中国286个地级城市的实证分析 [J].经济体制改革,2014 (06).
[51] 温尚锟,闫弘文,赵志英.中国房地产资金来源特征与调控政策 [J].中国房地产,2013 (06).
[52] 李增福,黄倩烁.我国房地产市场供给过剩了吗?——基于供给—有效需求比(S/ED)的测度 [J].经济问题,2012 (11).
[53] 徐利.借鉴国际经验 创新保障性住房供应管理模式 [J].财政研究,2014 (05).
[54] 虞巍青.我国中小房地产企业财务管理问题研究 [J].中国管理信息化,2015 (16).
[55] 张立新,秦俊武.城市化与房地产开发投资区域差异——基于动态面板数据模型的实证 [J].当代财经,2014 (11).
[56] 姚纾昊,李兴安,许海洋,等.安徽省房地产开发投资影响因素的计量分析 [J].山西农经,2017 (09).
[57] 高敬超,张洪.我国房地产投资区位差异的宏观因素分析 [J].中国市场,2017 (14).
[58] 工业和信息化部.中国电子信息产业年鉴(综合篇)2016 [M].北京:电子工业出版社,2016.
[59] 工业和信息化部.中国电子信息产业年鉴(软件篇)2016 [M].北京:电子工业出版社,2016.

[60] 曲文建，李琳倩．江西省信息产业升值空间的区域差异性研究［J］．科技广场，2017（02）．

[61] 罗永林，聂华成．合肥新航标：电子信息产业的逆袭之路［N］．安徽经济报，2017-11-24.

[62] 谷薇薇．合肥将创建“中国软件名城”［N］．合肥晚报，2017-02-16.

[63] 吴松飞．技术创新、研发投入与安徽省区域经济增长研究［J］．安徽农业大学学报：社会科学版，2017（03）．

[64] 周敬军，李珺．落实科技创新税收优惠政策效应分析——以安徽省政策落实情况为样本［J］．国际税收，2017（01）．

[65] 王艳．基于专利产出的安徽省创新能力研究［J］．安徽师范大学学报（自然科学版），2016（05）．

[66] 张亨明．国家级自主创新试验区发展存在的问题及对策建议——以“合芜蚌”自主创新综合配套改革试验区为例［J］．理论探讨，2016（02）．

[67] 韩剑尘，王从东．输入与反应：国家自然科学基金对安徽省属高校科技创新机制建设的促进——以安徽理工大学为切入点［J］．中国科学基金，2017（03）．

[68] 张荣天，焦华富．安徽县域城镇化空间集聚特征及其影响因素分析［J］．测绘科学，2017（01）．

[69] 张文连．安徽服务业发力三大领域［N］．安徽日报，2017-02-10.

[70] 朱炳玲．安徽省财政科技支出绩效评价［D］．合肥：安徽大学，2017.

[71] 张淑娟．安徽省自主创新能力评价及对策建议［J］．当代经济，2017（01）．

[72] 何学菊．财政性教育投资结构对经济增长的动态影响分析［J］．商业时代，2013，（08）．

[73] 唐建恩．安徽省财政性教育投资就业效应的实证分析［J］．企业导报，2013，（10）．

[74] 林权．政府教育投资分析［J］．中国管理信息化，2015（18）．

[75] 储一民．论教育投资对推动经济发展的作用［J］．科技经济导刊，2016（22）．

[76] 刘玲，陈术娜．教育投资与经济增长关系的实证研究——以内蒙古为例［J］．经济研究参考，2016（63）．

[77] 崔悦，陆通．我国义务教育投入问题与对策研究［J］．产业与科技论坛，2017（02）．

[78] 田家银．安徽省教育投资与经济增长的实证分析［J］．中国国际财经，2017（24）．

[79] 华晓霞．浙江省教育投入对经济增长的影响——基于 Feder 模型的实证［J］．现代交际，2018（02）．

[80] 高东．2018 年中国教育行业发展趋势和投资机会展望［J］．国际融资，2018（03）．

[81] 陈孝明，田丰．融资约束、投资契合与文化产业基金发展模式［J］．2013（01）．

[82] 高静．文化产业投资波动因素测度及其实证分析［J］．求索，2013（02）

[83] 袁放建，惠萌，韩丹．产业投资基金及其组建模式的探析——基于文化产业投资基金的角度［J］．上海管理科学，2013（03）．

[84] 赵敏鉴．文化产业发展战略亟待转型 [J]．经济纵横，2014 (04)．
[85] 林秀梅，张亚丽．文化产业发展影响因素的区域差异研究——基于面板数据模型 [J]．当代经济研究，2014 (05)．
[86] 朱尔茜．政府文化产业投资基金：基于公共风险视角的理论思考 [J]．财政研究，2016 (02)．
[87] 张桂玲．基于 DEA 的文化产业投融资效率研究 [J]．会计之友，2016 (21)．
[88] 詹一虹，周雨城．中国文化产业的管理问题及优化路径 [J]．广西社会科学，2017 (01)．
[89] 赵筱松．创意文化产业的发展现状及趋势 [J]．陕西教育，2017 (10)．
[90] 陈润红．中国文化产业投资基金运作机制相关问题分析 [J]．中国国际财经，2017 (20)．